1. 课题. 校企合作下专业健身教练运动指导工作室运营路径研究——以我校"诚毅运动"工作室为例(2019.7). 项目编号 SZIIT2019SK008.

2. 课题. 高职 AI 人工智能健身教练职业创新培养研究与实践.(2022 年 1 月—2024 年 1 月). 项目编号:2021—cxcy14.,BX22004650

健身教练
培训的理论与实务

赖丽新　著

吉林摄影出版社

·长春·

图书在版编目(CIP)数据

健身教练培训的理论与实务/赖丽新著. —— 长春：
吉林摄影出版社，2022.8
ISBN 978-7-5498-5475-2

Ⅰ. ①健… Ⅱ. ①赖… Ⅲ. ①健身运动－教练员－职
业培训－研究 Ⅳ. ①G831.32

中国版本图书馆 CIP 数据核字(2022)第 164930 号

健身教练培训的理论与实务
JIANSHEN JIAOLIAN PEIXUN DE LILUN YU SHIWU

著　　者：赖丽新
出 版 人：车　强
责任编辑：罗　晗
封面设计：刘　华
开　　本：787mm×1092mm　1/16
字　　数：325 千字
印　　张：13.5
版　　次：2022 年 8 月第 1 版
印　　次：2022 年 8 月第 1 次印刷

出　　版：吉林摄影出版社
发　　行：吉林摄影出版社
地　　址：长春市净月高新技术产业开发区福祉大路 5788 号
　　　　　邮编：130118
网　　址：www.jlsycbs.net
电　　话：总编办 0431—81629821
　　　　　发行科 0431—81629829
印　　刷：北京市兴怀印刷厂

ISBN 978-7-5498-5475-2　　　定　　价：48.00 元

前　言

进入 21 世纪，生活节奏越来越快，生活压力越来越大，曾几何时，人们突然发现自己精神越来越差，体力越来越不如从前，身上的脂肪越来越多，皮肤越来越差，身体也越来越差，一时间各种毛病纷至沓来。缺少锻炼已经成为现代都市人的流行病，人们的运动越来越少，缺乏运动导致肥胖人群不断增加，人们的健康状况每况愈下。缺乏运动已经成为导致人类死亡和伤残的主要原因之一。由于运动量大大减少，人们死于心脏病、脑卒中、糖尿病和癌症的概率大大增加，而这些疾病在几十年前还是较为罕见的。

世界卫生组织多次强调运动对于人类健康的重要性，并呼吁人们重视运动健身，同时，要利用一切机会运动，以步代车，多从事体育活动。每天至少要进行 30 分钟的适度运动。现在，全中国正掀起一股全民健身运动的热潮，让健身成为人们生活的一部分，使人民群众真正享受到体育带来的健康和快乐，让体育在人的全面发展与和谐社会构建中发挥更加积极的作用！

新形势下，随着人民生活水平的提高，健康意识和体育意识增强，大众不断提高体育消费水平，健身运动被提到日程中来，迎来了发展机遇期。体育健身是体育产业中重要的组成部分，健身教练是体育健身俱乐部的灵魂，是体育健身企业可持续发展的动力，随着体育健身业的蓬勃发展，健身教练短缺，已经成为制约健身市场健康发展的主要因素。作为体育健身休闲业的重要组成部分，健身教练的素质，影响了整个行业的发展。只有构建完善的人才培养体系，大刀阔斧的改革，才能培养更多高端技能人才，以真正满足健身市场需求。

本书着眼于当前社会的健身背景，基于培养新型全方面的健身教练人才，以健身教练概述为论叙起点，以健身教练培训为论点，不仅仅是对健身教练的职业方面知识进行了研究，分章节分解健身动作，解析健身要领；更是论叙了教练对于运动解剖方面、健身损伤风险等知识学习。全书共计十章，主要内容包括健身教练概述、运动的解剖与生理基础、运动的营养学基础、健康体适能测试与评估、健身指导技术、健身计划、常见运动损伤的预防与处理、体重控制以及对于不同人群的健身指导，文章最后对健身教练的职业规划进行了一番探讨。希望通过本教材能够让众多健身学员在操课学习过程中少走弯路、收获健康，也希望本书可以帮助到俱乐部的操课教练等从业人员。

在全书的撰写过程中，作者参考和借鉴了大量国内外相关专著、论文等理论研究成果，在此，向其作者致以诚挚的谢意。同时由于学术观点、资料代表性以及作者学科、文化水平的局限性，书中难免存在不足之处，敬请广大读者、学术研究者批评与指正。

作　者

2021 年 12 月

目 录

第一章　健身教练概述

运动健身就像一把双刃剑，科学合理地健身可以增强体质、增进健康，提高生命活力。不正确地健身不仅达不到健身的目的，而且还会导致身体不适，甚至造成身体的损伤。因此，科学的健身指导在大众体育运动中是至关重要的。目前，在健身房、健身俱乐部活跃着许多指导人们进行科学健身的人，他们被喻为指导人们健身的科学使者，他们就是健身教练。本章将详细解读健身教练的概念、健身教练如何兴起、健身教练有哪些种类、健身教练的职业特点、健身教练的工作内容与规范以及未来发展的走向。

第一节　健身教练兴起的背景

一、健身教练的兴起背景

健身教练源于 20 世纪 60 年代末期的西方经济发达国家，20 世纪 80 年代末期开始进入我国体育健身行业。健身教练的发展与整个人类社会经济、文化、科学的发展、变革和演进是分不开的，同时也与一个国家的总体发展形态、人们生活水平的提高以及生命质量意识的提高密切相关。科学的快速进展大大推动了世界工业和经济的发展，同时也带来了人类生活和生命状态的种种忧患和现实问题。

人类经济社会的迅猛发展和变革，大大改变或改善了人类的生活方式。在工业发达国家，随着机械化、电气化和自动化程度的提高以及现代化交通工具的普及和信息技术的发展，人们从事各种体力劳动的机会和时间大大减少。由于社会人口中从事脑力劳动的人数达到或超过了一半，家务劳动社会化和家用电器的普遍使用，使得人们用于家务劳动的时间也大大缩短。这一变化引发的结果是发达国家心脏病、糖尿病、高血压、肥胖症、恶性肿瘤成为常见病、多发病和高发病。[①] 这些被称为"现代文明病"的慢性病，其范围之广、危害之烈，令人触目惊心。

为减轻和减少"现代文明病"而求助于体育运动已逐渐成为健体和娱乐的一种方式，运动健身与人口的都市化倾向和脑力劳动化倾向有着十分密切的关系，同时运动健身作为人力资本的一种投资形式的理念成为大多数人的共识。

因此，从 20 世纪 60 年代末、70 年代初开始，以改善人们生活质量为目标的大众体育率先在联邦德国和挪威兴起，继而扩展到大多数西方发达国家。1960 年，联邦德国奥委会公布了发展大众体育的《黄金计划》。1966 年，欧洲议会（The Council of Europe）采用了"大众体育（Sport for All）"一语，号召成员国确定长远目标，为其国民参与体育活动创造机会。1967 年，挪威受联邦德国发动的"Second Way"运动的影响，推出全国性的大众体育运动计划。1976 年，欧洲议会起草了《欧洲大众体育宪章》。1977 年，欧洲

---

① 潘丽英. 全民健身服务体系构建与运动方法研究［M］. 北京：新华出版社，2018：4

议会成立常设的发展体育运动的机构，并通过了上述宪章，建议各成员国政府在宪章基础上确定自己的体育政策。[①] 1978 年，联合国教科文组织通过《体育运动国际宪章》，指出："体育运动作为教育与文化的一个基本方面，必须培养每个人作为与社会完全结合的成员所具备的能力、意志力和自律能力。必须由一项全球性的、民主化的、终身的教育制度来保证体育活动与运动实践得以贯彻于每个人的一生。"1989 年，在加拿大多伦多举行的第11 届世界健康大会上，有 89 个国家提出了大众体育的目标。1990 年 5 月，在美国芝加哥举行的世界大众体育健康与营养大会进一步提出：使全球发展大众体育的国家接近 100%。1995 年，在巴拉圭举行的第 5 届世界大众体育大会的主题是"大众体育与健康"，大会宣言指出了"通过体育活动促进和平、健康，达到提高生活质量的目的"，还提出了"体育为人人，健康为人人"的口号。

世界上许多国家都为了在 21 世纪成为健康国家而有组织、有计划地制定发展规划，提出长期奋斗目标，并相继推出符合本国实际的健身计划。如美国的《最佳健康计划》《2010 年国民健康计划》，日本的《东京都增进健康计划》《迈向 21 世纪体育振兴策略》，德国的《家庭体育奖章制》《黄金计划》，澳大利亚的《国家体育余暇指标》《生命在于运动计划》，英国的《90 年代体育战略规划》，比利时的《每家一公里计划》，法国的《大众体育奖状制度》，韩国的《小老虎体育健身计划》等。

伴随着世界性的大众体育广泛开展，在世界经济发达国家，健身教练越来越受到大众的追捧。例如，美国健身产品评审委员会的调查结果表明，健身教练已成为 21 世纪最具发展潜力的职业之一。据相关资料表明，2005 年，美国健身教练的数量已经达到近 50 万人。在欧洲和日本等国，健身教练发展的步伐也大大加快。

二、我国健身教练的发展概况

改革开放 30 年来，我国经济快速发展，居民收入水平不断提高，社会生活日益丰富，消费需求呈现多样化的发展趋势，我国居民用于体育消费的支出在收入中所占的比例不断上升，个性化健身健美消费的需求促使健身教练这一行业形成。尤其是我国于 1994 年开始推进《全民健身计划纲要》以来，伴随全民健身活动的兴起和快速发展，我国体育健身俱乐部迅猛发展，健身教练应运而生。2006 年，健身教练正式纳入国家职业行列。2007 年，国家体育总局职业技能鉴定指导中心启动社会体育指导员（健身教练）职业规范、鉴定细则和试题库的研制工作。2008 年，在中体倍力体育健身俱乐部进行了初级和中级健身教练的鉴定试点，并于 2008 年 10 月组织培训了首批健身教练考评员。2008 年 10 月，国家体育总局职业技能鉴定指导中心委托国家体育总局相关部门和相关培训单位举办了四期健身教练培训师的培训工作。种种迹象表明，健身教练在我国已经进入规范化、职业化的发展阶段。

一直以来，我国卫生及医疗水平得到了大幅提高，居民的主要健康指标总体已优于中高收入国家平均水平。但随着工业化、城镇化、人口老龄化发展和生态环境、生活行为方式的变化，慢性非传染性疾病（心血管疾病、癌症、糖尿病、肝炎、艾滋病等）已成为了居民的主要死亡原因和疾病负担。为积极应对当前突出的健康问题，努力使群众不生病、

---

① 李敬敬. 健美操健身研究与价值学解读 [M]. 长春：吉林文史出版社，2018：12

少生病，提高生活质量，延长健康寿命。为此，健康中国行动推进委员会特制定《健康中国行动（2019—2030 年）》。

随着我国经济平稳较快的发展以及人民群众生活水平不断提高，人们对于健身服务的需求正在从传统的疾病治疗转变为更加重视疾病预防和保健，以及追求健康的生活方式。[①]因此消费者对于健身俱乐部的需求也越来越普遍。在全民健身需求和政策效应的积极推动下，中国健身服务行业高速发展。因此，我们结合 2021 年 12 月发布的中国健身行业的发展报告，来谈谈健身俱乐部在未来的发展趋势。

其实，我国运营的健身俱乐部数量远远超过现有的统计数据：为了对我国当前的健身俱乐部数量有一个更客观的了解，我们在某网站统计了北上广深四个城市，以及 25 个主要二线城市的运营中的健身俱乐部数量。结果远远超过现有的研究机构所公布的健身俱乐部数量。

4 个城市：北上广深 4 个城市中共存在 7141 家健身俱乐部。其中北京和上海的健身俱乐部数量均超过 2000 家。这仍不包括今年开始兴起的，以私教课为主要产品的私教工作室。经过我们统计，4 个城市中的私教工作室数量已经达到了 1166 家。因此，如果将私教工作室也统计在内，城市的健身俱乐部的数量已经达到了 8307 家。

25 个主要二线城市：我们也统计了包括大多数省会城市和经济较发达城市在内的 25 个二线城市的健身俱乐部数量，发现这 25 个城市的健身俱乐部数量为 8589 家。平均每个二线城市的健身俱乐部数量超过 340 家。但是二线城市由于在经济发展水平上和一线城市仍存在较大差异，因此二线城市的私教工作室数量明显低于一线城市。经统计，这 25 个二线城市共有私教工作室 1880 家。因此，如果将私教工作室也统计在内，这 25 个二线城市的健身俱乐部的数量已经达到了 10478 家。

其他地级市：除去以上的 29 个城市外，我国仍有 258 个地级市。这些地级市的经济发展水平要落后于以上所统计的一二线城市，健身产业还处于起步阶段。但是我们的抽样调查显示这些城市也存在着相当数量的健身俱乐部。即便我们非常保守的估计这类地级市平均拥有 30 家健身俱乐部，那么这 258 家地级市也拥有 7740 家健身俱乐部。

对该网站的商家信息统计显示，我国运营中的健身俱乐部数量已经达到了 15679 家。如果将私教工作室也包括在内的话，健身俱乐部的数量将超过 18725 家。其中，仅 29 个一二线城市就拥有超过 1.5 万家俱乐部。这远远高于现有的研究机构所公布的健身俱乐部数量。市场中现有研究机构发布的中国健身俱乐部数据，严重低估了中国健身俱乐部的实际数量。

新华社最新发出的《2021 年度中国健身行业数据报告·五周年珍藏版》（以下简称"报告"）以及《2021 中国健身产业城市景气指数排行榜》的报告，该报告对 2021 年度中国健身行业的现状与数据进行了复盘和回顾，并对行业未来的发展趋势提出了猜想和预测。

报告显示，2021 年中国健身行业逐步回暖，健身会员和健身人口渗透率呈现出连续五年增长的态势，截至 2021 年 12 月，全国健身会员达到 7513 万人，相比 2020 年增长了6.89%，健身人口渗透率也从 2017 年的 3.46% 增长至 2021 年的 5.37%。

---

① 王金花. 健康中国与全民健身的融合发展研究 [M]. 北京：北京理工大学出版社，2018：7

亚洲健身健美联合会主席、中国健美协会主席张海峰表示，通过《2021 年度中国健身行业数据报告》我们了解到，我国日益扩大的内需推动着消费规模的稳健增长，正逐步恢复至疫情前水平，健身行业的表现与宏观经济发展的脚步基本保持一致，越来越多人被"激活"并投入到付费的运动锻炼和健身行列，中国健身行业正在稳健复苏。

上海体育学院党委副书记、副院长王继红表示，从报告可以看出，中国健身行业的主要发展特征，一是健身行业仍处于优胜劣汰，适者生存的持续竞争过程；二是健身行业经营战略和策略上变得更加稳重和健康；三是健身消费行为不断变化，健身需求持续多元，更多人愿意付费健身。

三体云动联合创始人窦赢表示，2021 年中国健身行业的发展呈现出三个特征：行业仍在"洗牌"、经营"稳扎稳打"、健身行为在变化。报告的发布将为每一位健身行业从业者、投资人等提供有价值的数据以做参考。

中国的健身俱乐部，经过近几年的高速扩张，在数量上已经有了非常显著的增长。而俱乐部如此之多，健身教练却极度的缺乏，已经制约了健身行业发展的速度和质量，很多俱乐部高薪竞争一个健身教练的情况并不少见。因此，当前国家需致力于培养优质的健身教练，解决目前健身教练紧缺的问题，为健身行业的蓬勃发展，提供保障。

第二节　健身教练的概念与分类

健身教练被称为"最时尚的钟点工"、"体育界的贵族"，因为他们不仅拥有扎实的专业知识和高超的执教指导能力，还有由此带来的丰厚收入。随着健身服务业的迅猛发展和服务产业链的逐步完善，健身教练在这个行业中的地位将越显重要。尤其在当今社会，健身教练在维护人们的身体健康、增强体质和体魄、塑造健美的人体曲线等方面越来越受到人们的青睐和推崇。

一、健身教练的概念

（一）基本概念

关于健身教练的概念有不同的定义与解释。如果严格地从字面上和内容上区分，健身教练和私人教练还是有区别的。例如，在西方发达国家，私人教练既可以是健身指导方面的教练，也可以是竞技运动训练方面的教练，还可以是舞蹈、影视、文艺等方面的教练。所以，私人教练的涵盖面较宽。[1] 目前，我国把在经营性健身行业和全民健身活动中从事有偿工作的健身指导人员定名为"健身教练"，其实主要是指在健身房、健身会馆以及与健身相关的场所指导群众健身的专门人员。

关于健身教练的定义，目前影响较大的有以下几种解释：

（1）国家体育总局社会体育指导中心在《健身私人教练培训管理工作规定》中对健身教练作出的定义是：在群众性健身消费和体能锻炼活动中从事健身健美指导、知识技能传授等活动，并对雇主个人直接负责的健身指导人员。

（2）中体健身管理集团编写的《健身教练》中对健身教练作出的定义是：指导人们通

---

① 惠清俊，惠浩，谢琪. 你会健身吗 [M]. 西安：陕西科学技术出版社，2020：21

过科学的运动锻炼，达到健身目标的职业人员。

（3）也有学者试图从广义和狭义两个方面来解读，从广义上讲，健身教练就是为特定雇主提供服务的教练，其内容可以是健身、健美指导，也可以是竞技运动训练；从狭义上讲，健身教练的服务领域只在健身领域而不是竞技领域。

健身教练的这些解释，虽然反映了健身教练的一些特征，但总体上看，还是不够全面、准确。关于健身教练，目前有两种基本的定位：一是传统意义上的健身教练，俗称为私人教练，这部分健身教练目前包括持证者和无证者两类。从现状看，持证者的证书大多没有经过我国劳动人事部门认证，属于过渡性证书，如亚洲运动及体适能专业学院、美国有氧体适能协会、澳洲体适能学院、香港体育教练员协会、英国健身协会等机构颁发的证书。这种局面在一定程度上导致我国健身教练领域和健身市场的混乱，证书满天飞，收费标准不一，甚至形成收费标准"天价"的情况。这种"证出多门"的情况已经引起国家相关部门的关注；二是由国家人力资源和社会保障部组织认证的健身教练社会体育指导员中国家职业资格证书。本书关于健身教练的所有阐述是指由国家人力资源和社会保障部组织认证的职业社会体育指导员（健身教练）。

由此，本书对健身教练给出的定义是：持有国家人力资源和社会保障部颁发的国家职业资格证书，在经营性健身场所对健身者进行科学的健身指导和体育锻炼知识、技能传授等活动的专业健身指导人员。健身教练对健身俱乐部的会员或健身雇主的指导和服务是有偿的。

这一定义揭示了健身教练职业的下述特征：[1]

（1）健身教练工作的领域是大众健身领域，而不是竞技体育领域；服务的对象是参加健身的群众，而非各类运动员。

（2）健身教练必须掌握职业所必备的基础知识、专业知识、行业知识，必须经过职业技能培训，并获得体育行业国家职业资格证书。

（3）健身教练在国家允许的经营性健身场所工作，从事健身指导和体育锻炼知识、技能传授等活动，受到国家相关法律、法规的保护和约束。

（4）健身教练是一种劳动职业，其工作是有偿的，并受到国家劳动法规的保护。

（5）健身教练的主要工作方式采用"一对一"式的直面服务，雇主（健身者）有选择或指定健身教练的权利。

（6）健身教练除了要对健身俱乐部或健身会所的会员进行健身知识和健身活动指导之外，还具有维护国家法律，保证教学安全，进行职业化、个性化的健身服务的责任和义务。

（二）基本要求

健身教练职业化是指健身教练具有自己独特的职业要求和职业条件，有专门的培养制度和管理制度。

健身教练在健身俱乐部或其他健身会所首要的任务就是要对健身者的工作性质、身体状况、健身目的、健身要求、健身时间、健身的次数和时间长短等基本情况进行必要的咨询和了解，以便给健身者提供一个基本的健身建议。如果建议得到健身者的认可，还可以

---

[1]　于载欣. 现代健身教练体适能训练原理［M］. 桂林：广西师范大学出版社，2020：13

提出一份系统、科学、有效的健身指导方案。这份方案不仅仅包括身体训练、形体塑造、增强体质等内容，还包括舒缓压力以及服装搭配上的辅导、建议等，有时还可能涉及心理辅导方面的内容。

为此，获得健身教练的资质首先需要考取资质证书，除了要学习和掌握人体解剖、运动生理、运动技能、运动教学等知识外，还需要学习医学、营养学等方面的知识。学习医学知识是为了解人体的状况，能够根据不同人群制定不同的健身方案；学习营养学知识是要给学员提供营养食谱和饮食建议。

一般而言，健身教练需要学习和掌握的知识和技能如下：[①]

（1）体育运动专业的基础知识、健身知识以及体育社会学、体育经济学等方面的知识。

（2）大众健身的指导技能、教学技能，大众体育活动的组织、社会交际和健身礼仪、一般健康咨询和营养配餐知识以及运动损伤处置和运动创伤预防等方面的技能。

健身教练应该具备良好的身体素质和职业形象。健康的职业形象是吸引健身者、激励健身者、引发健身者从事运动锻炼和健身的主要因素之一。健身教练目前还是一个新型职业，其知识体系、职业体系都还不很成熟，因此，健身教练本身也还处在一个发展的过程之中，不断学习、学会学习将是一个优秀的健身教练必须具备的品质。健身教练必须遵守国家相关的政策法规，必须遵守相关的道德操守与行为准则，如遵守国家对健身教练的职业资格规定和健身教练的基本职业道德规范等。

二、健身教练的分类

通常，人们把健身教练分成带操教练和器械教练两类。从专业的角度来看，可以按照健身教练的类型、水平或等级以及职业性质进行如下分类。

（一）按类型分类

按类型进行分类，健身教练可以分为俱乐部健身教练、私人健身教练公司教练和自雇健身教练三种。

1. 俱乐部健身教练

俱乐部健身教练是指在一个或多个健身俱乐部承担健身指导工作的全职或兼职的教练。其中俱乐部健身教练又可以分为巡场教练、器械教练和带操教练（包括健美操、瑜伽、普拉提、动感单车教练等）三种。这三种教练的水平和俱乐部对他们的要求是不同的。

（1）巡场教练。只要具备基本的健身知识、熟悉场内器械的一般使用方法、保证客人的健身安全即可。

（2）器械教练。与巡场教练相比，其要求更高，指导方法、内容也较巡场教练上了一个台阶。器械健身教练则通常采取一对一的方式，为健身者提供专业化的体能评估和个性化的运动指导。所以器械教练需要更全面的知识，除了拥有巡场教练应有的技能外，还要能为学员提供包括体能评估、运动营养搭配、运动处方的制定等帮助。

---

① （美）乔纳森·古德曼. 高秀琴，徐乐嫒，译. 从优秀到卓越：如何做一名成功的健身教练 第2版 ［M］. 北京：人民邮电出版社，2018：43

（3）带操教练。如健美操、瑜伽、普拉提、动感单车等项目的教练是健身俱乐部不可或缺的健身教练。带操教练一般采取带几个人到几十个人进行集体活动的方式开展健身指导工作。带操教练的技术水平和示范能力很强，而且大多青春、靓丽、动感。

2. 私人健身教练公司

私人健身教练公司也可能成为未来健身教练职业发展的另一主流模式。私人健身教练公司是为客户提供专业私人健身教练的专门机构。私人健身教练公司由于其规模效应，可以吸引更多的客户。公司会对旗下的私人健身教练进行包装和宣传，同时会对教练资格和能力进行严格的考核，以保证其专业水平和服务质量。在国外，已有较多的私人健身教练公司，国内目前还在尝试阶段。

3. 自雇健身教练

自雇私人健身教练可能是未来健身教练职业发展的主流模式之一。自雇私人健身教练通常被认为是"自由职业者"，主要是自己来开发客户群，其客户群有个人、公司团体或社会组织，服务场所可以在健身俱乐部、私人健身教练工作室、客户办公室或家中等。对于自雇健身教练来说，一方面，其工作时间自由，收入也比较高，上课地点较为灵活。另一方面，其工作压力、工作强度也相对较大。这种职业模式要求健身教练在具有较强的专业能力的同时，还必须具有良好的沟通技巧，这样才能更好地开拓并推广自己的业务。自雇健身教练首先要包装自己，需要有个性化的名片和宣传页，同时还要拥有自己的网页。自雇健身教练还可以为报纸杂志撰写文章，扩大自己在健身领域的知名度；也可以为公司、社区等作免费的有关健身知识的演讲或宣传。另外，与其他专业人士建立关系也是一种很有效的途径，如与康复医生、理疗按摩医师和其他健身教练互相宣传推广。自雇私人健身教练模式在国外已较为普遍，但在国内目前还较少。

（二）按水平或等级分类

根据《社会体育指导员国家职业标准》，社会体育指导员职业等级由低到高分为：初级社会体育指导员（国家职业五级）、中级社会体育指导员（国家职业资格四级）、高级社会体育指导员（国家职业资格三级）、指导师级社会体育指导员（国家职业资格二级）四个级别。

1. 初级社会体育指导员（健身教练）

具有初中毕业学历；了解体育锻炼和比赛一般知识，初步掌握某项体育活动的技能传授方法；能够承担基本的锻炼指导工作和根据计划组织实施基层组织的社会体育活动。

2. 中级社会体育指导员（健身教练）

取得初级社会体育指导员资格，连续工作至少3年；基本掌握体育锻炼和比赛的理论与方法，在某项体育活动的技能传授和锻炼指导中成效比较明显；具有指导初级社会体育指导员的能力。

3. 高级社会体育指导员（健身教练）

体育专业中等专科以上学历，取得中级社会体育指导员资格，连续工作至少5年；掌握体育锻炼和比赛的理论与方法，在某项体育活动较高水平的技能传授和锻炼指导中成效突出；具有指导中级社会体育指导员的能力。

4. 指导师级社会体育指导员（健身教练）

大学本科以上学历，取得高级社会体育指导员资格，连续工作至少5年；系统掌握体育锻炼和比赛的理论与方法，在某项体育活动的技能传授和指导中具有特殊技能和突出的成就；具有指导高级社会体育指导员的能力。

（三）按职业性质分类

1. 职业教练

以健身教练为主要职业，可能就职于一个或几个健身俱乐部。职业教练一般都在相对固定的体育健身俱乐部或体育健身会所工作，都有相对稳定的指导人群或雇主，并且根据水平的高低和健身服务的美誉度确定有偿工作的报酬定额。

2. 兼职教练

由于喜爱健身教练工作，所以利用工作以外的业余时间到体育健身俱乐部或体育健身会所做兼职教练。

第三节 健身教练的工作内容与规范

健身教练属于职业性的运动健身指导人员，工作的主要场所在健身俱乐部或健身会所，服务的主要人群是健身俱乐部的会员或健身活动者。界定健身教练的工作内容，规范健身教练行为准则是健身教练健康发展的基础。

一、健身教练的工作内容

（1）接待客户，介绍自身情况和健身俱乐部的基本情况。

（2）了解客户的健身目的和健身需求。

（3）制定"量身制作式"的健身方案。

（4）"一对一陪同式"的健身指导与服务（包括督促、鼓励）。

（5）全程记录客户执行健身方案的情况和身体反应状况。

（6）为客户提供后续健身建议和一般健康咨询。

二、健身教练的工作职责与行为准则

（一）工作职责

健身教练除了为客户进行个体指导服务外，更应该让客户体验科学健身所带来的自信心和成就感。因此，健身教练的工作职责一般包括如下内容：[①]

（1）全面了解客户的健康状况，包括生活习惯、饮食习惯和工作情况。制定一份健康档案和合适的健身指导方案。

（2）指导会员进行锻炼。在整个健身过程中健身教练都要全过程地为会员进行指导和帮助，及时纠正错误，保证会员安全，提高练习效果和避免受伤。

（3）有效跟踪记录锻炼过程，及时调整训练方案。

（4）为会员提供饮食咨询和健康咨询，帮助健身者建立良好的生活方式，调整饮食习惯和作息时间。

（5）帮助会员调节心情，缓解工作压力，舒缓心理紧张情绪。

---

① 杨国廷.健身瑜伽教练员培训教程［M］.北京：人民体育出版社，2019：14

（二）基本行为准则

作为一名健身教练，为了给健身房会员提供更优质的健身指导服务，在健身指导服务过程中必须做到：

（1）遵纪守法。

（2）不进行反科学、伪科学、封建迷信以及其他有碍精神文明建设的传播活动。

（3）热爱健身事业，工作认真负责，吃苦耐劳，富有团队精神和创新精神。

（4）服务态度热情周到，待人诚恳、平等，时刻以会员为中心。

（5）行为举止礼貌、大方，谈吐文明得体，仪表仪容整洁，保持良好形象。

（6）努力钻研业务，提高服务质量。

（7）以诚实、正直、公平的态度和方法与他人友好协作。

三、健身教练应具备的素质

（一）健身教练的理论素质

健身教练必须有深厚的专业基础，熟练掌握与专业相关的基础理论知识、健身知识以及丰富的社科知识，同时应该不断学习和了解当今体育发展新趋势，获取新信息，探索新的训练方法和手段，进行科学锻炼。

1. 专业基础知识

健身教练应扎实稳固地掌握健身专业理论基础知识，包括人体解剖学、运动生理学、运动处方学、体育保健学、运动营养学、体育心理学等方面的知识。[①] 健身教练具备雄厚的专业基础知识是保证健身指导的科学性，使会员安全训练的重要基础。

2. 专业健身知识

健身教练应该熟练掌握相关的专业健身知识，如运动健身指导方法、各种健身器械和设施的功能、健康和体适能评估方法、运动保健康复、健身方案和健身计划制定、运动损伤处置、健身效果评价等，这样才能针对个体会员进行有的放矢的健身服务。专业健身知识是衡量健身教练的工作水平高低的重要依据。

3. 社会科学知识

健身教练应该掌握相关的社会学知识，包括科学的世界观和方法论等，并且能够运用相关知识很好地解决问题。此外，还应掌握健身俱乐部管理知识、健身教练的沟通技巧、人际交往与客户服务知识以及了解相关的健身课程等。

4. 工具类知识

健身教练必须熟练运用计算机及网络知识，能用英语进行日常交流。时代的发展要求健身教练应该具有综合素质，而这些技能能够丰富健身教练的知识结构，提高工作效率，提升工作品质。除此之外，健身教练还应该了解一定的劳动法规知识。

---

① 相建华，李庆国. 中国私人健身教练职业模式 ［M］. 北京：中国社会出版社，2014：22

（二）健身教练的技术素质

1．教学技术

健身教练的教学能力体现在四个方面：讲解能力、示范能力、保护帮助能力、纠正错误能力。在健身指导过程中，不仅要"言传"，还要"身教"。"言传"也就是讲解，是讲解动作的重点难点，是给会员对于动作的初步印象，所以作为健身教练在健身训练的指导过程中，讲解要清晰干脆，表达明确。"身教"是指示范动作，无论是单个动作还是成套动作都要做到准确优美、干净利落，优美的示范动作能给健身者以美的感染，调动其积极性，激发健身者参加健身锻炼的热情。两者只有紧密配合，才能使健身者掌握更多的体育知识、技能以及锻炼身体的理论和方法。保护与帮助能力也是教学实施能力中的一个重要因素，健身教练如果能合理地运用保护与帮助，可以增强会员练习时的信心，维护会员的安全，使其在练习时能按标准更好地完成动作。因此，保护与帮助能力也是教学实施中必不可少的能力之一。最后是纠正错误能力，现场指导的工作性质要求健身教练要有很好的纠错能力。在健身指导过程中，私人健身教练应及时、准确地发现会员的错误，并帮助会员分析错误原因，采取有效方法加以纠正，以保证会员尽快形成正确的动作定型，顺利完成锻炼任务。

2．健身指导技术

健身指导技术主要是指运用科学的方法对不同人群进行科学的分类指导，不同年龄、不同性别、不同健身目的的会员要区别对待，要运用不同的锻炼方法与指导手段，对症下药，因材施教，不可千篇一律。会员需要健身教练服务，最关键的就是想获取健身教练的专业健身指导，从而帮助自己达到所期望的目标。

（三）健身教练的身体素质

1．健康的形象

作为一名健身教练，身体的外在形象是健身教练的一张名片，端庄的仪表、健美的体形、标准的身材是吸引会员的重要因素。健康活泼、富有朝气的外在形象能激发会员的健身热情。一个成功的健身教练首先要在外观上具有一个健康的形象，这是获得会员信赖的基础，优秀的健身教练会注意经常锻炼，保持良好体形，时刻给会员一个榜样。

2．优秀的身体素质

健身教练应该具有优秀的身体素质，在速度、力量、柔韧、耐力、灵敏等方面具有比较明显的特点。特别是力量、柔韧方面的素质，直接决定健身教练健身指导的能力。

（四）健身教练的职业道德素质

1．健身教练的职业道德

每种职业都要求人们具有与该种职业相适应的道德品质。健身教练的职业道德就是健身教练在职业活动中应遵守的行为规范，体现了健身教练对健身俱乐部承担的道德责任和道德义务。每一名健身教练都应该自觉遵守和忠诚履行责任和义务，这不仅是对自己负责，而且也是对会员负责，对所处的健身俱乐部负责。健身教练要敬业奉献，为人诚恳，有强烈的服务意识。随着现代社会专业化程度的加强，市场竞争日趋激烈，整个社会对从业人员的职业观念、职业态度、职业作风等的要求越来越高，职业道德的好坏直接影响了健身教练的服务质量。作为健身教练，其职业道德基本体现为爱岗敬业、诚实守信、办事公道、服务会员。

2. 健身教练的职业规范①

健身教练的职业规范包括专业规范、行为规范、服饰规范、授课规范等。

（1）专业规范。美国的全国运动医学协会（The National Academy of Sports Medicine，NASM）认为，健身教练应该具有多重角色，是老师（Teacher），又是劝导者（Adviser）；是监督者（Supervisor）、支持者（Supporter）、顾问（Coun selor）、协商伙伴（Negotiator），也是锻炼时的老师、生活中的朋友。但健身教练不要做自己专业范围外的事，健身教练的专业规范就是对健身教练工作的专业范围的限制与要求。

①健身教练不是医生，不能代替医生为客户进行医学诊断和治疗。

②健身教练不是营养师，除非已获得营养师资格，否则尽量避免为客户制定营养计划和兜售营养补剂。因为健身教练可能并没有足够的专业知识来处理诸如补剂与客户本身可能有的特殊疾病或潜在疾病的冲突、补剂和客户正在服用的药品的冲突。

③健身教练不是理疗师、按摩师，不应为客户进行理疗或按摩。

④健身教练不是心理治疗师，不应对客户进行心理疏导或治疗。

（2）行为规范。健身教练的行为规范是健身教练在工作中应遵守的行为准则。

①工作前严禁饮酒。

②在工作区域内不得倚靠器械、吃东西。

③注意个人卫生。

④注意个人形象，禁止在工作状态下吸烟、嚼口香糖、吹口哨、打响指。

⑤工作时，无特殊情况，谢绝亲友探访。

⑥使用文明用语，对所有客户、员工都要面带微笑，主动打招呼。

⑦不得贬低同事、同行，不得背后议论客户。

（3）服饰规范。健身教练的服饰规范是对健身教练在工作中的服饰要求。

①保持衣着干净整洁。

②手上不得佩戴任何戒指，颈前不得佩戴任何项链，耳环不得触及面颊。

③不得露出文身。

④男士不得留长发、留胡须；女士头发必须扎起来，头发颜色适当。

⑤不得留长指甲，不得化浓妆、涂有色指甲油。

⑥夏天禁止穿拖鞋，男士禁止穿跨栏背心，女士禁止穿过于暴露的服装到工作场地。

（4）授课规范。健身教练的授课规范是对健身教练在授课方面提出的具体要求。

①无特殊情况，不得更改与客户已约好的上课时间。

②应提前做好上课前各项准备工作。

③因特殊情况需要取消预约课程时，应提前4h通知客户。如临时取消预约课程，应为客户免费补一节课。

④确保与客户一对一的60min的上课时间，上课过程中不得以任何理由离开客户，以确保客户安全。

⑤上课过程中，应一直保持对客户的关注，严禁在上课过程中接打手机，接听电话，收发短信息。

① 国家体育总局职业技能鉴定指导中心组. 健身教练［M］. 北京：高等教育出版社，2009：10—12

⑥上课过程中，如需要与客户的肢体发生接触，之前应取得客户的同意；与客户的肢体接触应适当、得体。

⑦不得有任何骑跨客户身体的动作。

⑧上课过程中禁止倚靠器械。

⑨上课期间应注意语言的规范（文明、专业、无刺激性语言）。

⑩不给客户绝对的承诺。

⑪始终保持课程充满活力，每节课都要有互动式训练，禁止出现高危动作。

⑫每季度或定期对客户进行跟进测试，以检查课程效果。

第四节 健身教练的培训

培训工作是发展健身教练的基础性工作。无论是新进入健身教练行业，还是晋升高一等级的健身教练，培训是必不可少的前提条件。

一、职业资格证书与培训任务

职业资格证书是走进劳动力市场的迫切要求。从技术角度看，职业资格证书是根据其职业资格标准、对劳动力质量进行严格检测的结果；从经济关系看，职业资格证书是社会对劳动供给者拥有劳动力产权的核定和确认；在实践中，职业资格证书是劳动者从业和执业的依据。而获得职业资格证书，职业培训是一个不可逾越的过程。具体地说，健身教练职业培训有以下几个主要任务。

（一）"应知"和学会认知

"应知"就是指要使受训者达到某等级的工作所应具备的基础知识、专业知识、技术技能和其他相关知识。学会认知是指在当今知识更新速度加快，信息量越来越大的情况下，掌握知识和信息是重要的，但领会信息，分析信息，用某种价值取向去运用信息则更重要。从这个意义上讲，健身教练职业资格培训的首要任务是学习和掌握基本知识，并具备吸收和运用新信息、新知识的能力。

（二）"应会"和学会做事

"应会"是指使受训者达到某等级的健身教练应具有一定熟练程度的指导能力和实际工作经验。如何使受训者学以致用？如何使他们实践所学的知识和技能？如何使培训与实践、与实际工作相适应？健身教练的工作对象是人，是由不同的群体和阶层构成的人。例如，不同年龄、不同性别、不同职业、不同锻炼目的与要求、不同健康状况、不同体育锻炼基础和兴趣的人群等。因此，健身教练不仅要具备体育活动相关的知识和技能，而且要传授这些知识和技能，还要与各种人交流、对话，了解场地器械的特点和性能，具有一定的经营能力和策略。开发健身教练所需的能力是主要目的，提高健身教练的工作效率和社会效益是培训的重点所在。

（三）学会组织与管理

健身教练面临的对象是从事运动锻炼和健身的大众。健身教练一般的工作性质是一对一式的健身指导，但也要参与较大规模的群众体育活动。群众性体育活动的特点是人数多，要面对不同阶层、不同年龄、不同性别、不同种族、不同职业、不同健身目的与需要的多种人群。培训的任务之一就是要使健身教练学会理解差异性、多样性和相互依存性，学会正确、科学的组织与管理的方法。

（四）学会生存与发展

健身教练作为一种进入劳动市场的职业，必须学会生存与发展。走向市场就要受到市场的制约和市场规律的调节。"社会效益第一""服务质量第一"是面向市场的基本前提，也是生存与发展的前提。健身教练的培训和开发要使每个受训者都能发现、发挥和加强自己生存、创造和发展的潜能，使他们在激烈的竞争市场有立身之本和立身之能。

二、健身教练职业资格证书制度的基本特征与培训原则

健身教练在我国目前职业劳动体系中的地位，属于职业社会体育指导员的下位职业。因此，符合职业资格证书制度的基本特征与培训原则。

（一）我国社会体育指导员职业资格证书制度的基本特征

（1）从制度体系上看，我国社会体育指导员职业技能鉴定属于国家证书制度。

（2）我国社会体育指导员职业技能鉴定采用了国际通行的第三方认证的现代认证规则。

（3）从考试性质上看，我国社会体育指导员职业技能鉴定属于标准参照性考试。

（4）我国社会体育指导国家职业技能鉴定的内容主要以职业活动本身为导向来确定。

（二）培训的原则

1．理论与实践相结合

社会体育指导员的培训在教育内容上属于职业性教育。职业性教育的特点是更侧重于理论与实践的结合。坚持理论与实践相结合就是要求在培训的内容上做到一般知识、基本理论的学习与体育活动的技能传授、群众锻炼的实际指导、社会体育的组织管理相结合，在培训的方式方法上要以典型实例、实际问题分析、理论讲授与实际操作、技术技能的掌握和提高相结合。

2．学用一致

这一原则主要是针对社会体育指导员培训的目的而言，即把社会体育指导员的培训与从业和执业后的使用紧密结合起来，统一起来。这就要求培训大纲、培训教材、培训内容、培训手段、培训方法要具有鲜明的实用性和可参照性。在培训教学中要注意以问题为中心，而不是以学科为中心，不必过分强调教学内容的学术性、系统性或力量性。

3．标准参照

社会体育指导员培训的主要目的之一是使受训者通过社会体育指导员国家职业资格鉴定的考试并获得社会体育指导员国家职业资格证书。这一原则强调培训本身的方向，即考什么决定教什么，同时教什么也决定于考什么。因此，培训应以《社会体育指导员国家职业标准》的内容和要求为主体，附以相关的内容和信息介绍。

三、健身教练培训的类型与方法

（一）培训的类型

1．初级培训

初级培训是健身教练的入门培训。要求是使受训者了解和掌握健身教练最基本、最有

实用价值、最具应急性的知识和技能。重点在于使受训者学习与理解职业道德教育和体育法规、政策；了解体育锻炼和比赛的一般知识、体育技能的传授方法以及群众体育活动的一般组织管理方法。在教学方法上以课堂讲授和技能实践为主。集中培训的标准学时数最多。

2．升级培训

升级培训是健身教练的后继培训。根据《社会体育指导员国家职业标准》规定，高等级的社会体育指导员的技能要求和相关知识依次递进，高等级包括了低等级的要求。所以，升级培训具有一定的跳跃性，高一等级的培训是在低一等级培训终点的基础上进行的；另一方面，参加升级培训的受训者大多数都有一定的健身教练方面的实践经历、经验和知识。解决培训者实际工作中的疑难问题、扩大他们的职业视野、提高他们的理论和实际指导水平以及具备一定的社会体育产业和经营知识将是升级培训的重点。

（二）培训方法

1．初级健身教练的培训工作

初级健身教练的培训工作分为两个部分，专项理论和专项技术。专项理论包括运动人体科学基础知识、营养学基础知识、健康与体适能知识、运动技术的基础知识、运动计划原理与制定、销售与客户服务；专项技术包括抗阻力训练的基本技术、伸展练习基本技术、有氧运动基本技术、抗阻力训练器械的使用方法、有氧运动器械的使用方法。

2．中级健身教练的培训工作

中级健身教练的培训工作分为两个部分，专项理论和专项技术。专项理论包括运动人体科学知识、食物的营养价值、健康与体适能、运动技术的动作分析、运动计划的制定、销售与客户服务；专项技术包括小肌肉群抗阻力训练的技术、大肌肉群抗阻力训练的技术、伸展练习的方式、有氧训练计划。

3．高级健身教练的培训工作

高级健身教练的培训工作分为两个部分：专项理论和专项技术。专项理论包括健身服务场所的管理与经营、不同人群的健身指导、健身教练的职业规划；专项技术包括踏板阻力训练的技术、健身球阻力训练的技术、弹力带阻力训练的技术。

（三）健身教练的申报条件

1．初级健身教练的申报条件（具备以下条件之一者）

（1）经本职业初级正规培训达到规定标准学时数，并取得结业证书。

（2）取得高等院校体育专业专科以上毕业证书。

（3）连续从事本职业工作1年以上。

2．中级健身教练的申报条件（具备以下条件之一者）

（1）取得一级及以上运动员等级证书，经本职业中级正规培训达到规定标准学时数，并取得毕（结）业证书。

（2）取得本职业初级职业资格证书后，连续从事本职业工作2年以上，经本职业中级正规培训达到规定标准学时数，并取得结业证书。

（3）取得本职业初级职业资格证书后，连续从事本职业工作 3 年以上。

（4）连续从事本职业工作 4 年以上。

（5）取得高等院校体育专业本科及以上毕业证书。

3．**高级健身教练的申报条件（具备以下条件之一者）**

（1）取得本职业中级职业资格证书后，连续从事本职业工作 3 年以上，经本职业高级正规培训达到规定标准学时数，并取得毕（结）业证书。

（2）取得本职业中级职业资格证书后，连续从事本职业工作 5 年以上。

第五节　健身教练的发展走向

我国健身教练正处于起步阶段，且具有快速发展的趋势。因此，厘清我国健身教练发展中的问题，对于健身行业长期有序地发展是十分重要的。

一、我国健身教练发展中的问题

（1）我国健身教练的数量还很少，应对健身市场的需求缺口很大。

（2）健身教练的质量问题突出。我国健身教练从业经历短，经验不足，专业化水平较低，专业知识和技能难以满足大众日益增长的健身要求。

（3）健身教练的职业定位存在偏差，流动性过于频繁，从业压力大，对职业规划重视不足。

（4）健身教练发展缺乏相关政策和法规支持，培训机构杂乱、培训渠道不畅、培养质量难以保证。

（5）健身教练的社会保障问题凸显，面临的法律和管理风险严重。

（6）健身教练职业证书市场混乱，缺乏监管，证出多门，"黑私教"充斥市场，相关法律、法规不完善。

（7）健身房鱼目混珠，尤其是恶性价格竞争对健身行业的发展非常不利，也严重影响了健身教练正常的工作和发展。

二、健身教练的发展走向

（1）在我国未来相当长的一个时期，大力发展健身教练的数量是当务之急，只有经过培训的大量的健身教练走向健身市场，才能应对健身市场新的高品质和个性化的健身需求。

（2）政府关于群众体育市场的指导职能将逐步发挥效能，健身教练的职业培训市场日益繁荣，国家体育行业职业鉴定工作日益规范，健身教练的专业化水平将大大提升，健身教练的专业知识和指导技能将有效强化。

（3）健身行业的法律法规保障系统与监督体系逐步完善，政府主导、社会监督、行业自律的健身教练服务保障体系逐步形成，健身教练职业证书的规范化程度明显推进，变

"证出多门"为"一证统一"的目标初步实现，国家职业技能鉴定证书的权威性得到社会的基本认同。

（4）高等体育院校（系）体育学各专业的学生大量进入我国健身市场，健身教练的数量和质量大为提升。健身市场和健身教练职业不仅为体育专业的大学生的就业开辟了新的渠道，而且逐步使其成为健身行业和健身教练职业主流力量，对于我国健身行业和健身教练职业的后续发展有十分重要的意义。①

---

① 刘胜，贾鹏，张先松. 健身理论与方法指导［M］. 武汉：湖北人民出版社，2021：7

第二章　运动的解剖与生理基础

作为一名健身教练，需要掌握与人体运动关系最为密切的运动系统（包括骨、骨连接和骨骼肌）、心血管系统和呼吸系统的结构和功能等知识，这是理解和设计安全、有效的健身、运动技术动作以及制订科学的健身运动计划的基础。[①]

第一节　解剖学基本术语

人体器官系统结构复杂，在运动过程中，要描述人体姿势或各器官的结构和位置时，需要有统一的标准和描述的术语，以便于交流，避免误解。

解剖学中所规定的姿势、方位、面和轴的名词是健身教练必须掌握的描述术语。

一、人体标准解剖学姿势

人体的标准解剖学姿势是：身体直立，双眼平视，两足并拢，足尖向前，上肢下垂，掌心向前。

在描述各种不同的人体姿势或结构时，都应以此为标准。不论被观察的人体是俯卧的、仰卧的或倒置的，均要想象将其复位到标准解剖学姿势后进行描述。

二、常用方位术语

以人体的标准解剖学姿势为基准，定出下列一些解剖学方位术语。

上：靠近头部的为上。

下：靠近足部的为下。

前：靠近腹侧的为前。

后：靠近背侧的为后。

内侧：靠近身体正中面的为内侧。

外侧：远离身体正中面的为外侧。

近侧（端）：四肢靠近躯干的部分为近侧（端）。

远侧（端）：四肢远离躯干的部分为远侧（端）。

桡侧：前臂的外侧为桡侧。

尺侧：前臂的内侧为尺侧。

腓侧：小腿的外侧为腓侧。

胫侧：小腿的内侧为胫侧。

浅：靠近体表或器官表面的为浅。

深：远离体表或器官表面的为深。

---

① 贺明. 运动损伤的诊治 ［M］. 北京：中国纺织出版社，2020：30

三、人体基本切面

人体解剖学规定，人体有三个互相垂直的基本切面，亦称基本面。

矢状面：沿身体前后径所作的与地面垂直的切面。此面将人体分为左右两部分。沿身体正中线所作的矢状面，称正中面。

冠状面：沿身体左右径所作的与地面垂直的切面，亦称额状面。此面将人体分为前后两部分。

水平面：垂直人体纵轴与地面平行的切面，亦称横切面。此面将人体分为上下两部分。

四、人体基本轴

人体解剖学规定，人体有三个互相垂直的基本轴，这些基本轴在描述身体和关节运动时，非常重要，应充分理解和掌握。

冠状轴：左右方向垂直通过矢状面的轴，又称额状轴。

矢状轴：前后方向垂直通过冠状面的轴。

垂直轴：上下方向垂直通过水平面的轴。

第二节　骨与骨连接

一、骨

骨是人体重要的运动器官之一，活体骨坚硬而且富有弹性，表面和内部有丰富的神经、血管及淋巴管。科学的运动可以促进骨骼的发育和新陈代谢。

（一）骨的分类及名称

成年人全身共有 206 块骨，根据其所在的部位可分为中轴骨和四肢骨（附肢骨）两个部分。中轴骨包括颅骨和躯干骨，四肢骨包括上肢骨和下肢骨。

颅骨可分为脑颅骨、面颅骨和听小骨三部分。

躯干骨由椎骨、肋骨和胸骨组成。椎骨构成人体的中轴，包括 7 块颈椎、12 块胸椎、5 块腰椎、1 块骶骨（由 5 块骶椎融合而成）和 1 块尾骨（由 3 或 4 块尾椎融合而成）。肋骨与肋软骨连接成肋，共 12 对。胸骨只有 1 块。

上肢骨分为上肢带骨和自由上肢骨两部分。上肢带骨包括锁骨和肩胛骨，自由上肢骨包括上臂骨、前臂骨及手骨三部分。上臂骨即肱骨；前臂骨包括尺骨和桡骨；手骨包括腕骨、掌骨和指骨三部分。

下肢骨分为下肢带骨和自由下肢骨两部分。下肢带骨即髋骨。在幼年时髋骨由髂骨、坐骨和耻骨三部分通过软骨连接而成，成年后通过骨性结合而成为一块骨。自由下肢骨包括大腿骨、小腿骨和足骨三部分。大腿骨即股骨；小腿骨包括胫骨和腓骨；足骨包括跗骨、跖骨和趾骨。位于膝关中节前方参与组成膝关节的籽骨髌骨，也在自由下肢骨之列。

（二）骨的形态

人体全身骨的形态各种各样，大致可分为长骨、短骨、扁骨和不规则骨四类。

1．长骨

长骨一般呈长管状，可分为中部的骨体（或称骨干）和两端的骨骺。骨骺膨大，可增大骨与骨的接触面，还可分散震动力。长骨一般分布在四肢，在运动中起杠杆作用，如肱骨和股骨。

2．短骨

短骨一般呈立方体且成群分布。短骨主要分布于手腕和足踝部，具有使手和足灵活运动以及分散压力等作用，如腕骨和跗骨。

3．扁骨

扁骨一般宽扁呈板状，薄而坚固，面积较大。扁骨一般分布在人体中轴和上肢带等处，可参与构成腔壁，对腔内器官有保护作用，如颅骨；或作为肌肉的附着面，如肩胛骨。

4．不规则骨

不规则骨形状不规则，主要分布在躯干、颅部和下肢带等处，如椎骨和某些颅骨。有些不规则骨内含有空腔，称为含气骨，如上颌骨。

此外，还有些存在于肌腱内，由肌腱钙化而成的扁圆小骨，称为籽骨。籽骨有减少摩擦，保护肌腱的作用；还有改变肌肉牵引方向，增大力臂，提高肌肉工作效应的作用。髌骨是典型的籽骨。

（三）骨的结构

骨是一种器官，由骨膜、骨质、骨髓以及血管、神经等构成。

1．骨膜

骨膜由结缔组织构成，分为骨外膜和骨内膜。

（1）骨外膜：覆盖在除关节面外的骨表面，还可分为内外两层。外层较厚，由致密结缔组织构成，致密而坚韧，借许多胶原纤维固着于骨面；内层疏松。

有成骨细胞和破骨细胞，与骨的生长发育和修复有关，同时还分布有丰富的血管，神经，与骨的营养有关。

（2）骨内膜：分布于骨髓腔内表面，内有成骨细胞和破骨细胞，具有造骨和破骨等功能。

2．骨质

骨质是骨的主要成分，分为骨松质和骨密质。

（1）骨松质：分布在长骨的两端以及短骨、扁骨和不规则骨的内部。骨松质是由许多针状或片状的骨小梁相互交织构成的。骨小梁在骨中的排列和配布，与骨受到的压（重）力和肌肉牵拉的张力相适应。骨松质的这种结构，使骨以最少的骨质达到最大的坚固性，同时骨小梁之间的网眼还成为红骨髓的分布区。

（2）骨密质：主要分布在长骨的骨干以及短骨、不规则骨的表面和扁骨的内、外层，骨质厚而致密，由紧密且规则排列的骨板构成。各层骨板中纤维的排列方向不同，且相邻两层的纤维呈交叉状，因而具有较强的抗压力和抗扭转能力。

3．骨髓

骨髓分布在骨髓腔及骨松质的网眼中。胎儿和婴幼儿的骨髓都是红骨髓，以后随着年龄的增长，长骨骨髓腔中的红骨髓逐渐被脂肪组织所代替，变为黄骨髓。成人的红骨髓主要分布在扁骨、不规则骨和长骨骺端的骨松质中。红骨髓有造血的功能，而黄骨髓则没有。但当人体大量失血时，黄骨髓可转化为红骨髓，恢复造血功能。

（四）骨的功能

（1）支持作用：骨骼构成人体支架，具有支持体重的作用。

（2）杠杆作用：骨的外面都有肌肉附着，尤其是长骨，可作为杠杆，在肌肉收缩作用下，产生各种各样的运动。

（3）保护作用：骨可形成体腔壁，如颅腔、胸腔、盆腔壁，有保护脑、心脏、肺、子宫等重要器官的作用。

（4）造血功能：骨内红骨髓有造血的功能。

（5）储备作用：骨是人体钙磷的储备仓库，与体内的钙磷代谢有密切关系。钙离子与肌肉的收缩有关，在血中要保持一定的浓度，血中钙与骨中钙不断地进行交换。磷是神经组织的重要成分，同时与供能物质 ATP（adenosine triphos phate，三磷酸腺苷）的形成有关。[1]

（五）骨的化学成分和物理性质

骨的化学成分分为有机物和无机物两类。成人骨中有机物约占28%，主要为骨胶原纤维和粘多糖蛋白；无机物约占72%，其中主要是水（约占50%）和钙盐（主要为磷酸钙、碳酸钙等，约占20%）。骨的物理性质由其化学成分所决定，主要表现为弹性和硬度两方面。有机物使骨具有一定的弹性，无机物则使骨具有一定的硬度。

骨的化学成分随年龄增长而发生变化，物理性质亦有不同。儿童少年的骨中，有机物约占1/2，故硬度差，弹性大，不易发生骨折，但易变形。成年人的骨中，有机物约占1/3，无机物约占2/3，这种比例的骨最坚韧。老年人的骨中，无机物多，超过3/4，有机物少，骨质脆性大，易骨折，且不易愈合。

二、骨连结

（一）骨连结的分类

骨与骨之间借结缔组织相连，称为骨连结。骨连结依据连结组织的性质及活动情况，可分为无腔隙骨连结（直接骨连结）、有腔隙骨连结（间接骨连结）和过渡型骨连结。

1. 无腔隙骨连结

无腔隙骨连结也称直接骨连结，其特点是骨与骨的连结面上没有间断和缝隙，运动范围很小或完全不能活动，这种连结又称纤维连结，包括韧带连结、软骨连结和骨性结合。

（1）韧带连结：两骨之间借致密结缔组织直接相连，如前臂骨和小腿骨的骨间膜等。

（2）软骨连结：两骨之间借软骨组织相连，如胸骨与第一肋之间的软骨连结和椎间盘等。

（3）骨性结合：两骨之间借骨组织相连，一般由致密结缔组织韧带连结和暂时性软骨连结骨化而成，如颅骨缝的结缔组织骨化形成的骨性结合，骶椎之间的骨性结合，以及髂骨、坐骨和耻骨在髋臼处的骨性结合。

---

[1] 李新华，韩永明. 人体解剖学 ［M］. 上海：上海科学技术出版社，2019：35

2．有腔隙骨连结

有腔隙骨连结的特点是骨与骨借复杂的结构相连，出现腔隙并失去连续性。这类连结活动范围大，成为肢体运动的枢纽，又称关节。关节是骨连结的最高分化形式，人体中大部分的骨连结为此种类型，如肩关节、髋关节等。

3．过渡型骨连结

过渡型骨连结是介于上述两者之间的过渡连结形式，其特点是两骨间借软骨直接相连，但软骨内又有裂缝状腔隙，如耻骨联合。[①]

（二）关节的结构

关节的结构包括主要结构和辅助结构两部分。

1．关节的主要结构

人体关节的主要结构有关节面、关节囊和关节腔，即关节的三要素。

（1）关节面：构成关节的两骨相对应的接触面，多为一凸一凹，凸的为关节头，凹的为关节窝。关节面表面都被覆一层关节面软骨，多为透明软骨，少数为纤维软骨，其平均厚度为 1～5mm，最厚可达 7mm，终生不骨化。关节受压力较大的部位，如关节头中部和关节窝周缘关节面软骨较厚。关节软骨中无神经、无血管，损伤后较难修复，它获得营养的途径是与关节腔内的滑液进行液体交换。关节面软骨表面光滑，稍有弹性，对关节有减少摩擦，减轻冲击，吸收振荡的作用。

（2）关节囊：在关节四周包绕的结缔组织囊，分内外两层。外层为纤维层，由致密结缔组织构成，其厚薄及张弛各关节有所不同，可使关节两骨紧密相连。内层为滑膜层，由疏松结缔组织构成。滑膜层还形成滑膜绒毛，可增大滑膜层的面积，有利于分泌滑液。有的关节还形成滑膜襞和滑膜囊。滑膜层内有血管、淋巴管和神经，能分泌少量滑液，它有营养关节面软骨和在关节运动时减少关节面软骨之间摩擦的润滑作用。

（3）关节腔：关节囊和关节面之间密封的腔隙。腔内有少量滑液，可起润滑关节的作用。此外，关节腔内的压力比大气压低（为负压），对维持关节稳定起重要作用。

2．关节的辅助结构

有些牢固和灵活的关节还具有一些辅助结构，包括韧带、滑膜囊、滑膜襞、关节唇和关节内软骨等。

（1）韧带：大多数分布在关节囊外面，少数分布在关节囊内，由致密结缔组织构成，连结相邻骨，有加固关节和限制关节运动的作用。

（2）滑膜囊：关节囊滑膜层向关节囊外面突出的囊状结构，位于肌腱与骨之间，囊腔内有滑液，有减小肌腱与骨之间摩擦、保护肌腱的作用。

（3）滑膜襞：是关节囊滑膜层向关节腔内突入的皱襞结构。它有填充关节腔内空隙，使关节面更加适应，稳固关节缓冲振荡和减少摩擦的作用。

（4）关节唇：附于关节窝周缘的纤维软骨环，有加大加深关节窝的作用。人体的肩关节和髋关节都有关节唇。

（5）关节内软骨：存在于关节腔内的软骨，由纤维软骨构成。有两种结构，一种为圆盘状的关节盘，另一种为半月形的半月板。两者都有使关节面互相适应、减轻冲击、吸收

---

① 李新华，韩永明．人体解剖学［M］．上海：上海科学技术出版社，2019．：37

振荡和增加关节活动幅度的作用。

（三）关节的运动

关节的运动形式与关节的形态结构有关。每一种运动都是围绕某个运动轴在一定的基本平面进行的。关节的基本运动有屈伸、外展与内收、回旋、环转和水平屈伸。

（1）屈伸：运动环节绕额状轴在矢状面内做的运动。一般来说，向前运动为屈，向后运动为伸。但膝关节及其以下关节则相反。

（2）外展、内收：运动环节绕矢状轴在额状面做的运动。运动环节末端远离正中面为外展，向身体正中面靠近为内收。

（3）回旋：运动环节绕本身的垂直轴在水平面内做的运动。由前向内旋转为内旋（或旋前），由前向外旋转为外旋（或旋后）。

（4）环转：运动环节以近侧端为支点，绕额状轴、矢状轴以及它们之间的中间轴做连续的圆周运动。此运动可描绘成一个圆锥体图形的运动，故又称圆锥运动。如上肢在肩关节处做向前或向后的绕环运动。

（5）水平屈伸：运动环节在水平面内绕垂直轴做前后运动，是体育运动中的一种运动形式，生活中少见，如上肢在肩关节处，外展90°后再向前运动称水平屈，如向后运动则称水平伸。

（四）关节的分类

关节可依据不同的方式进行分类。

1. 按关节运动轴的数目和关节面的形状分类

关节按运动轴的数目和关节面的形状可分为单轴关节、双轴关节和多轴关节三类。

（1）单轴关节只能绕一个轴运动，包括滑车关节和圆柱关节（又称车轴关节）。

滑车关节：关节头呈滑车状，另一骨上有相应的关节窝。运动环节只能绕额状轴在矢状面内做屈伸运动。如肱尺关节、指间关节。

圆柱关节：关节头呈圆柱状，关节窝是相应的半环，运动环节只能绕本身的垂直轴在水平面内做回旋运动。如桡尺近侧和远侧关节。

（2）双轴关节可绕两个运动轴运动、包括椭圆关节和鞍状关节。

椭圆关节：关节头是椭圆体的一部分，关节窝为椭圆形的凹面。运动环节能做屈伸、内收、外展和环转运动。如桡腕关节。

鞍状关节：相对两骨关节面呈马鞍状，并做十字形交叉接合。运动环节可做屈伸、内收、外展和环转运动。如拇指腕掌关节。

（3）多轴关节可绕三个相互垂直的轴在三个平面上运动，包括球窝关节和平面关节。

球窝关节：关节头为球体的一部分，关节窝较浅，头与窝松弛相接。运动环节可绕3个基本轴做屈伸、收展、回旋和环转运动。运动幅度大，是最灵活的一种关节。如肩关节。杵臼关节，也是球窝关节，只是关节窝较深，运动幅度要小得多，如髋关节。

平面关节：关节面可看做直径很长的球体的一部分，但两骨的关节面曲度很小，接近平面，大小一致，关节囊紧张而坚固。这种关节运动范围很小，故又称微动关节。如肩锁关节、骶髂关节。

2. 按构成关节的骨数分类

关节按其构成骨数又分为单关节和复关节两类。

（1）单关节：由两块骨组成，即一个关节头和一个关节窝。如肩关节和髋关节。

（2）复关节：由两个以上的骨组成，且包在一个关节囊内，每一块骨都能单独活动。如肘关节。

3．按关节的运动方式分类

关节按其运动方式可分为单动关节和联合关节两类。

（1）单动关节：能单独进行活动的关节。人体大多数的关节均属此种关节。如肩关节、髋关节。

（2）联合关节：指两个或两个以上的关节，结构上是独立的，但机能上是联合的。如前臂的桡尺近侧关节和桡尺远侧关节必须共同活动，使前臂做旋前和旋后的运动；左右两侧的下颌关节共同活动，使口腔张合上下运动。

三、人体主要的骨连结（关节）

（一）上肢骨的连结

上肢骨的连结可分为上肢带骨的连结（上肢带关节）和自由上肢骨的连结（自由上肢关节）两部分。上肢带关节包括胸锁关节和肩锁关节。自由上肢关节包括肩关节、肘关节、前臂骨的连结、手关节（桡腕关节、腕骨间关节）、腕掌关节、掌指关节和指关节。

1．上肢带关节

（1）关节组成：胸锁关节由锁骨的胸骨端关节面与胸骨柄的锁骨切迹组成，肩锁关节是由锁骨的肩峰端关节面与肩胛骨的肩峰关节面组成。

（2）辅助结构。

韧带：在胸锁关节囊前、后面有胸锁前韧带和胸锁后韧带，防止关节前后脱位以及锁骨过度上举；两侧锁骨间有锁间韧带，限制两侧锁骨外侧过度下降；关节下方有肋锁韧带。这些韧带的共同作用是使关节更稳固。

关节盘：关节腔内纤维软骨构成关节盘，使关节头和关节窝更适应，防止锁骨向内上方脱位。

（3）结构特征：胸锁关节为球窝关节，活动范围小，是上肢与躯干间连结的唯一关节。肩锁关节为平面关节，活动范围很小。

（4）关节运动：肩胛骨与锁骨在肩锁关节连结紧密，可将肩胛骨与锁骨视为一个整体，共同以胸锁关节为支点运动，以此形成上肢带连结的整体运动。因为肩胛骨的运动较明显，故通常以肩胛骨的运动来描述上肢带的运动。肩胛骨的运动有上提和下降、前伸和后缩、上回旋和下回旋。

上提、下降是肩胛骨在额状面内上下的运动。向上为上提，向下为下降。

前伸、后缩是肩胛骨沿肋骨所作的运动。顺肋骨向前移动、内侧缘远离脊柱称为前伸或叫外展，反之为后缩或叫内收。

上回旋、下回旋是肩胛骨在额状面内绕矢状轴旋转的运动。肩胛骨关节盂向上、向下角转向外上方称上回旋，反之为下回旋。

2．肩关节

（1）关节组成：肩关节由肩胛骨的关节盂和肱骨头组成。

（2）辅助结构。

关节唇：在关节盂边缘由纤维软骨构成，可以加深加大关节窝，从而加固关节。

韧带：在肱骨大小结节间有一条用于加固肱二头肌长头肌腱的肱骨横韧带；在肩关节上方有一条连接喙突与肩峰的喙肩韧带，防止肱骨向内上方脱位；在关节囊上方连接喙突与肱骨的喙肱韧带，防止肱骨向上脱位；在关节囊前壁连接肩胛盂与肱骨的盂肱韧带，防止肱骨向前脱位。

滑膜囊：在肩胛下肌深层和肱二头肌长头肌腱穿过的结节间均有滑膜囊，它可以减小曲线。

（3）结构特征：肩关节是典型的球窝关节，相连两骨关节面大小相差较大（关节窝仅能容纳关节头的四分之一至三分之一），关节窝周缘有盂唇，关节囊薄弱松弛，内有肱二头肌长头肌腱通过，关节本身的韧带少而弱，是人体最灵活、稳固性较差的关节。

（4）关节运动：可绕三个运动轴做屈伸、收展、回旋、水平屈伸和环转运动。

3．肘关节

（1）关节组成：肘关节由肱骨远侧端和桡尺骨近侧端的关节面组成。包括肱尺关节、肱桡关节和桡尺近侧关节。

（2）辅助结构。

韧带：在桡骨环状关节面周围边缘，连结尺骨桡切迹前后缘的桡骨环状韧带，防止桡骨头脱出；在肘关节外侧，连结肱骨与桡骨坏状韧带的锐侧副韧带，防止肘关节被动内收以及桡骨小头向外下方脱位；在肘关节内侧，连结肱骨与尺骨的尺侧副韧带，防止肘关节被动外展。

（3）结构特征：肱尺关节为滑车关节，肱桡关节为球窝关节（受尺骨限制不能绕矢状轴运动），桡尺近侧关节为圆柱关节。三个关节包在一个共同关节囊内，彼此又可独立运动，为典型的复关节。关节囊前后薄弱松弛，两侧紧张，所有加固韧带均不与桡骨相连。

（4）关节运动：从肘关节整体运动来说，它有两个运动轴，可做屈伸运动（由肱尺关节和肱桡关节共同完成）；还可做旋内、旋外运动（由肱桡关节和桡尺近侧关节共同完成）。

4．桡腕关节

（1）关节组成：桡腕关节由桡骨的腕关节面和关节盘组成的关节，窝与近侧列腕骨的手舟骨、月骨和三角骨组成（各骨间由韧带连结，可看成一块骨）的关节头共同构成。

（2）辅助结构。

在桡腕关节的前后、两侧有四条韧带，分别是桡腕掌侧韧带、桡腕背侧韧带、腕尺侧副韧带和腕桡侧副韧带，四条韧带共同作用是加固桡腕关节。

（3）结构特征。桡腕关节是典型的椭圆关节。尺骨由于有关节盘所隔不参与桡腕关节的构成，因此，桡腕关节是单关节。关节囊前后松弛，前后内外均有韧带，加固。

（4）关节运动。可绕两个运动轴做屈伸、收展运动，还可做环转运动。

（二）下肢骨的连结

下肢骨的连结可分为下肢带骨的连结（下肢带关节）和自由下肢骨的连结（自由下肢关节）两部分。

下肢带关节包括骶髂关节和耻骨联合。下肢带骨（髋骨），下肢带关节和骶、尾骨等共同组成骨盆。自由下肢关节包括髋关节、膝关节、小腿骨的连结和足关节（踝关节、跖趾关节）等。

1. 骨盆

（1）骨盆组成：骨盆由骶骨、尾骨、两侧的髋骨，以及连结它们的关节（即下肢带关节，包括骶髂关节、耻骨联合）和韧带组成。

（2）辅助结构。在骶髂关节的后上方有骶髂骨间韧带；在前后方有骶髂腹侧韧带和骶髂背侧韧带。在髋骨与脊柱间有髂腰韧带、骶结节韧带和骶棘韧带，这些韧带的共同作用是加固骨盆以及加固骨盆与脊柱间的相对稳定。

（3）结构特征。形似拱形结构。两侧的髋骨和中间的骶骨类似拱形建筑结构的穹窿，两侧的髋臼架在股骨头上，股骨有如穹窿柱。它具有坚固、省材、防震的特点。

（4）骨盆功能。支撑人体上身的重量；传递和分散人体负荷的压力；保护腹腔和盆腔内脏器官；缓冲震荡；上连脊柱，下接股骨，活动时可增大躯干和下肢运动的幅度。

（5）骨盆运动。由于骶髂关节为微动关节、耻骨联合为半关节，因此下肢带关节的运动是以骨盆的整体运动进行的。

骨盆在髋关节处可做前倾、后倾运动（绕额状轴）、侧倾运动（绕矢状轴）、回旋运动（绕垂直轴），还可做环转运动（绕混合轴）。在足离开地面时，骨盆可绕腰骶关节带动下肢作前倾、后倾、侧倾和回旋运动。

2. 髋关节

（1）关节组成：髋关节由髋骨的髋臼和股骨头组成。

（2）辅助结构。

髋臼唇：关节盂边缘的纤维软骨，可以增加髋臼深度并且缩小口径，使股骨头与髋臼更加稳固。

韧带：在关节囊前方呈"人"字形，连结髂骨和股骨的髂股韧带，防止大腿过伸，有利于维持直立姿势；在关节囊前内侧，连结耻骨与股骨的耻股韧带，可限制大腿外展、外旋的运动；在关节囊后面，连结坐骨和股骨的坐股韧带，可限制大腿内收、内旋的运动；在关节内，连结股骨头和髋臼的股骨头韧带，可加固髋关节以及给股骨头提供营养。

（3）结构特征：典型的球窝关节。髋臼周缘有髋臼唇，关节窝较深，关节囊厚而坚韧，周围韧带较多，关节坚固性大，灵活性小。

（4）关节运动：可绕三个运动轴做屈伸、收展、回旋、水平屈伸和环转运动。

3. 膝关节

（1）关节组成：由股骨下端关节面、胫骨上端关节面及髌骨关节面组成，包括股胫关节和股髌关节。

（2）辅助结构。

半月板：由纤维软骨构成关节内的软骨，位于胫骨内外侧髁（平台）上，包括内侧和外侧半月板。内侧半月板较大，近似"C"形，外缘与关节囊以及胫侧副韧带相连；外侧半月板较小，近似"O"形，外缘厚内缘薄。半月板具有加深关节窝，使上、下关节面吻合，缓冲震动和保护关节面的作用。

韧带：在股四头肌肌腱的延续部位，连结髌骨与胫骨的髌韧带，可从前方加固关节并限制膝关节过度屈，防止髌骨从侧方脱位；在膝关节内后方，连结股骨与胫骨的胫侧副韧带，可限制膝关节过伸并从内侧加固关节；在膝关节外后方，连结股骨与腓骨的腓侧副韧带，可限制膝关节过伸并从外侧加固关节；在半膜肌肌腱的延续部位，连结胫骨与股骨的腘斜韧带可限制膝关节过度伸并从后方加固关节；在关节囊内，连结胫骨与股骨之间有两条相互交叉的韧带，前交叉韧带在屈膝过程中可限制股骨向后移动，避免股骨相对于胫骨向后脱位；后交叉韧带在伸膝过程中可限制股骨向前移动，避免股骨相对于胫骨向前脱位。

滑膜襞：膝关节关节腔内空隙较多，需要含有脂肪组织的滑膜襞进行填充，滑膜襞有填充关节腔空隙、稳定关节、缓冲减震并调节关节内压力等作用。

滑膜囊：膝关节周围有很多滑膜囊，如髌上囊与髌下囊，关节囊有减少肌肉、肌腱与骨之间摩擦的功能。

（3）结构特征：膝关节属椭圆滑车关节（股胫关节为椭圆关节，股髌关节为滑车关节）。膝关节是人体中结构最复杂的关节，关节囊内外有许多辅助结构，如半月板、韧带、滑膜襞、滑膜囊。

（4）关节运动：可做屈伸运动。在屈膝位时，可做轻度旋内和旋外运动。髌骨在小腿屈伸运动时，可做上下滑动。

4．踝关节（又名距骨小腿关节或距上关节）

（1）关节组成：由胫骨的下关节面、内踝关节面和腓骨的外踝关节面共同形成的叉状关节窝，以及距骨滑车的关节头构成。

（2）辅助结构。

在踝关节内侧的三角韧带可以限制足过伸及过度外翻；在踝关节外侧的前、中、后有三条韧带，分别是距腓前韧带、跟腓韧带和距腓后韧带，三条韧带可以限制足过度内翻并防止小腿骨移位。

（3）结构特征：属滑车关节。关节囊前后松弛，两侧有韧带加固。在踝关节韧带损伤中，以外侧最为常见。

（4）关节运动：足绕此关节可做屈伸运动。足向下为屈，或称跖屈；足向上为伸，或称背屈。由于距骨滑车关节面前宽后窄，当足跖屈时，窄的部分进入关节窝，因此足还可做侧方运动（即内收、外展）。

（三）躯干骨的连结

躯干骨借其骨连结构成脊柱和胸廓。脊柱的连结包括一般椎骨间连结和特殊部位的连结（寰枕关节、寰枢关节、腰骶连结和骶尾连结）。胸廓的连结包括胸骨与肋骨的连结、肋骨与椎骨的连结。胸骨与肋骨的连结又称胸肋关节。肋骨与椎骨的连结又称肋椎关节，包括肋头关节和肋横突关节。

1．脊柱

（1）脊柱组成。脊柱由24块独立的椎骨、1块骶骨、1块尾骨以及连结它们的23块椎间盘、关节和韧带构成。

（2）连结方式。

①一般椎骨间的连结。

椎间盘：在第 2 颈椎至第 1 骶椎之间都是通过纤维软骨盘相连结。椎间盘由周围的纤维环和中央的髓核两部分组成，髓核是柔软且富有弹性的胶状物，纤维环保护髓核并防止髓核向周围膨出。椎间盘抗压且富有弹性，有承重、缓冲减震、传递力并参与脊柱形成生理弯曲等功能。椎间盘胸部较薄，腰部最厚，23 个椎间盘总厚度相当于脊柱全部长度的 1/4。随着年龄的增长椎间盘会发生退行性改变。当纤维环破裂时，髓核会从侧后方突入椎间孔或椎管，压迫脊髓或神经根导致牵涉性痛，临床成为椎间盘突出症。

前纵韧带：在椎体前面，宽而坚韧的纤维束，是人体中最长的韧带。前纵韧带附着在椎体和椎间盘上，防止椎间盘向前脱出并限制脊柱过度后伸。

后纵韧带：在椎管内椎体后面，细长而坚韧的纤维束。后纵韧带与椎间盘及椎体上下缘相连结，可限制脊柱过度屈。

关节突关节：由相邻的上位椎骨的下关节突与下位椎骨的上关节突借关节囊连接而成。该关节属于平面关节，脊柱运动时两侧关节突关节同时活动，故功能上属于联合关节。

黄韧带：在椎管内相邻两个椎弓板之间，由弹性纤维构成的黄色韧带，可限制脊柱过度前屈并协助封闭椎管。

棘间韧带：连结棘突根部棘突尖之间的韧带，可限制脊柱过度前屈。

棘上韧带：连结胸、腰和骶椎的棘突尖，向前与棘间韧带融合，可限制脊柱过度前屈。

项韧带：连结枕骨与第 7 颈椎棘突之间的三角形弹力纤维膜，可限制脊柱过度前屈并协助支撑头颈部。

横突间韧带：连结相邻的椎骨横突之间，可限制脊柱过度侧屈。

②特殊椎骨间的连结。

寰枕关节：寰椎两侧与枕骨髁构成的联合关节，寰枕关节属于椭圆关节，可使头做屈伸、侧屈运动。

寰枢关节：由 2 个寰枢外侧关节和 1 个寰枢正中关节组成的圆柱关节，寰枢关节可使头和寰枕关节共同做回旋运动。寰枕与寰枢两关节联合活动，可使头做屈伸、侧屈、环转和回旋运动。

腰骶连结和骶尾连结：第 5 腰椎与第 1 骶椎之间由椎间盘和骶尾前、后、两侧等数条韧带连接而成。成年后，若出现腰椎骶化或骶椎腰化，均可能引发慢性腰痛。

结构特征：前面观察脊柱，椎体自第 2 颈椎至第 1 骶椎逐渐增大，第 2 骶椎以下逐渐变窄，这与人体直立负重有关。后面观察脊柱，棘突在正中形成一条纵崎，崎的两侧为脊柱沟。侧面观察脊柱，可见 4 个生理弯曲，即颈曲、胸曲、腰曲和骶曲。颈与腰曲凸向前，胸曲和骶曲凸向后。

（3）脊柱功能：构成人体躯干的中轴与支柱，支撑体重。构成椎管、胸腔、腹腔、盆腔等腔壁，借以容纳、保护脊髓和内脏器官等。是一拱形结构，有良好弹性，起着传递压力、缓冲震动的作用。它还是许多肌肉的附着点，可完成各种基本运动，成为运动时的杠杆。

（4）脊柱运动：各椎骨间的运动幅度虽然有限，但整个脊柱的运动范围仍很大。绕额状轴可做屈伸运动，绕矢状轴可做侧屈运动，绕垂直轴可做回旋运动。此外，还可做环转运动。

2. 胸廓。

（1）胸廓组成：胸廓由 12 个胸椎、12 对肋骨、1 块胸骨以及关节和韧带等组成。

（2）连结方式。

肋头关节：由肋头关节面与同节椎体侧面肋凹组成，属于球窝关节。

肋横突关节：由肋结节关节面与同节椎体横突肋凹组成，属于平面关节。

胸肋连结：肋骨前端借肋软骨与胸骨相连，第 1 肋软骨与胸骨肋切迹相连；第 2～7 肋软骨分别与同节胸骨肋切迹相连；第 8～10 肋软骨不直接与胸骨相连，而是连结到上一节肋软骨；第 11、12 肋软骨不连结胸骨，游离在腹壁肌肉内。

（3）结构特征：整个胸廓似扁圆锥状。前后稍扁，上窄下宽，上口小而下口大。

（4）胸廓功能：由胸廓围成的胸腔，具有保护心肺及重要血管和神经的功能。此外，胸廓还参与呼吸运动。

（5）胸廓运动：胸廓的运动是以肋骨的上、下运动来进行的。当吸气时，肋骨上提、外翻，使胸腔扩大（前后径、左右径增大）。当呼气时，肋骨下降、内翻，使胸腔变小（前后径、左右径缩小）。

第三节　肌肉

一、肌肉概述

（一）肌组织

肌组织广泛分布于骨骼、内脏和血管等处。肌组织由有收缩能力的肌细胞组成，肌细胞之间有少量的结缔组织、毛细血管和神经。肌细胞呈细长纤维形，又称肌纤维。肌纤维的细胞膜称肌膜，细胞质称肌浆，肌浆中有许多与细胞长轴平行排列的肌丝，它们是肌纤维收缩的主要物质基础。肌组织的主要功能是收缩与舒张。人体的各种运动，如行走、跑跳、呼吸、排泄和循环等活动，都是依靠肌组织的收缩来实现的。根据结构与功能特点，将肌组织分为三类：骨骼肌、心肌和平滑肌。骨骼肌和心肌属于横纹肌。骨骼肌受躯体神经支配，为随意肌，心肌和平滑肌受植物神经支配，为不随意肌。

人体的肌肉绝大多数附着在骨骼上，所以主体为骨骼肌。骨骼肌在人体中约有 600 余块，呈对称分布。骨骼肌在神经系统的支配下收缩牵引骨以关节为支点发生转动，从而可引起人体的各种随意运动。人体各种动作都是由众多骨骼肌协同工作而实现的，同时运动又可明显改善骨骼肌的形态及功能。

骨骼肌在人体内分布极为广泛，成年人的骨骼肌约占体重的 40%（女性为 35%），而四肢肌又占全身肌肉的 80%，其中下肢肌占全身肌肉的 50%。

（二）肌肉的分类

肌肉的形态多种多样，往往与其功能相适应。

肌肉根据外形可分为长肌、短肌、扁肌和轮匝肌四类。长肌主要分布于四肢，收缩时可引起大幅度的运动。短肌主要分布于躯干深部，能持久收缩，并发挥巨大的力量。扁肌主要分布于胸、腹壁，有保护内脏器官的作用。轮匝肌分布于孔裂周围，纤维呈环状，收缩时可使孔裂缩小或关闭。

长肌根据头数又可分为二头肌、三头肌和四头肌；根据肌纤维排列方向还可分为梭形肌、多羽状肌、羽状肌（单羽状肌）、半羽肌等。

（三）肌肉分布规律

肌肉的分布有一定的规律，首先按关节运动轴对应分布，一般是以相互对抗的形式分布于关节运动轴两侧。如额状轴前有屈肌、后有伸肌（膝及其以下的关节相反）；矢状轴外侧有外展肌、内侧有内收肌；垂直轴前外侧有内旋肌、后外侧有外旋肌。由于人体直立和劳动的结果，使得上肢屈肌较伸肌发达有力；而躯干和下肢的伸肌则强于屈肌。

（四）肌肉的协作关系

一个简单的动作，往往不是一块肌肉所能完成的，而复杂的身体动作，则是在数块或数群肌肉的协调工作下，使运动环节产生各种各样的运动，或使人体维持某种姿势。根据肌肉在运动中所起的作用，可将其分为原动肌、主动肌、次动肌（副动肌）、对抗肌、固定肌及中和肌等。

1. 原动肌、主动肌和次动肌

直接完成某动作的肌肉叫做原动肌。如肱肌、肱二头肌、肱桡肌和旋前圆肌 4 块肌肉是屈肘关节的原动肌。其中前两块在原动肌中起主要作用，因此叫主动肌；后两块起次要作用，故叫次动肌（或副动肌）。

2. 对抗肌

与原动肌功能相反的肌肉叫对抗肌。如肱三头肌就是屈肘关节肌的对抗肌。当肘关节做伸的动作时，则肱三头肌为原动肌。

3. 固定肌

将原动肌定点所附着的骨固定起来的肌肉叫固定肌。如做前臂弯举动作时，肩关节周围的肌肉必须固定肱骨，才能更好地完成这一动作，这时肩关节周围的肌肉就是固定肌。

4. 中和肌

有的原动肌具有数种功能，如斜方肌除了可使肩胛骨后缩外，还能使它上回旋。在进行扩胸运动时，只要求肩胛骨后缩，不要求上回旋。这时有另一些肌肉（如菱形肌和胸小肌）参与工作以抵消斜方肌上回旋的作用，使斜方肌充分发挥肩胛骨后缩的功能。这些限制或抵消原动肌发挥其他功能的肌肉就叫做中和肌。

有时两块原动肌都具有多种功能，其中有一种（或两种）功能是共同的，其他则是互相对抗的。如胸大肌可使上臂屈、内收和内旋。背阔肌可使上臂伸、内收和内旋。因此胸大肌和背阔肌在上臂内收和内旋方面为原动肌，这时屈、伸方面的功能则相互限制或抵消，因此互为中和肌。

（五）肌肉工作术语

1. 起点和止点

每块肌肉两端在骨骼上的附着点可分为起点和止点。对于躯干肌，通常将靠近人体正中面骨上的附着点，称为起点，远离人体正中面骨上的附着点，称为止点。对于四肢肌，将靠近近侧端骨上的附着点，称为起点，远侧端骨上的附着点，称为止点。

2. 定点与动点

每块肌肉附着在两块或两块以上骨面上，中间跨过一个或多个关节。肌肉收缩时，可牵引它所附着的骨运动。在运动过程中，多半有一骨的位置相对固定，另一骨相对移动。相对固定骨上的肌肉附着点叫定点，相对移动骨上的肌肉附着点叫动点。动点和定点不是固定不变的，随着肌肉工作条件发生变化，定点和动点是可以互换的。

3. 近固定与远固定

肌肉收缩时，其定点在近侧端的称近固定，定点在远侧端的称远固定。如"弯举"的屈肘动作，肱肌收缩可以引起前臂向上臂运动，定点在上臂，这时肱肌是在近固定进行工作，而"引体向上"屈肘动作，肱肌收缩可引起上臂向前臂运动，定点在前臂，这时肱肌是在远固定进行工作。

4. 上固定与下固定

在分析附着在躯干上的肌肉工作时，常使用上固定和下固定名称。例如腹直肌，它的上端附着在第5~7肋软骨和胸骨剑突，下端附着在耻骨上。做悬垂举腿时，胸廓固定，腹直肌是在上固定条件下工作的；做仰卧起坐时，骨盆相对固定，腹直肌是在下固定条件下工作的。

5. 无固定

无固定是指肌肉工作时，它的两端都不固定而做相向运动。如挺身式跳远或"燕式"跳水的折体动作。

6. 肌拉力线

肌肉两个附着点中心之间的连线（或肌肉合力作用线）称肌肉拉力线。如果肌肉在某骨突处转弯，则在肌肉开始转弯处的横切面中心与动点中心之间的连线，就是该肌的肌拉力线。

（六）肌肉的结构

1. 肌肉的基本结构

每块肌肉都是一个器官，主要由肌组织构成。每块肌肉都可分为中部的肌腹和两端的肌腱（阔肌的腱呈膜状，名为腱膜）。肌肉中还分布有血管和神经。

（1）肌腹：肌腹由许多肌纤维（包括红肌纤维和白肌纤维）构成。肌纤维最短的仅1mm，最长的可达30cm。其表面包裹着结缔组织膜。上百条肌纤维集合起来，由结缔组织薄膜包裹构成小肌束；许多小肌束集合起来，也由结缔组织薄膜包裹构成大肌束；若干大肌束集合起来，最后由结缔组织薄膜包裹构成整块肌肉的肌腹。包裹在每条肌纤维外面的薄膜叫肌内膜，包裹在大小肌束外的薄膜叫肌束膜，包裹在整块肌肉外面的薄膜叫肌外膜。在肌内膜、肌束膜和肌外膜中都分布有丰富的血管和神经，与肌肉的营养和神经支配有关。

（2）肌腱：肌肉借肌腱附着于骨或筋膜上。肌腱缺乏收缩性，但很坚韧，可抵抗较大的张力，人体肌腱每平方厘米的抗张力强度为611~1265kg。肌腱是由许多胶原纤维构成的，而且是互相交织排列形成辫状，这种结构可使肌肉力量均匀地作用于肌腱在骨上的附着处，同时不因运动时关节角度变化而使肌肉力量受到影响。

（3）肌肉中的血管：肌肉中含有丰富的血管，尤其是毛细血管。在人体的肌肉中，每平方毫米约有毛细血管3000条。但在安静时，肌肉中的毛细血管并不是全部开放的，一般每平方毫米只有约100条毛细血管开放。当激烈运动时，肌肉中的毛细血管才有可能全部开放。

（4）肌肉中的神经：肌腹内分布有运动神经末梢，来自中枢神经系统的冲动经此传至肌肉，支配肌肉活动。肌腹和肌腱中均有感觉神经末梢，它们能感受肌纤维张力变化的刺激，将冲动传到中枢神经系统，以实现各肌肉之间的协调运动。此外，肌肉血管还分布有交感神经纤维，它能调节骨骼肌的代谢，实现营养功能，促进生长发育。

2. 肌肉的辅助结构

肌肉周围有一些利于肌肉活动的结构，称为肌肉的辅助结构，包括筋膜、腱鞘、滑膜囊和籽骨等。

（1）筋膜：筋膜是包在肌肉外面的结缔组织，分为浅筋膜和深筋膜。

浅筋膜：又叫皮下筋膜，位于皮下，由含脂肪成分的疏松结缔组织构成。它对深面的肌肉、血管、神经具有保护的功能。

深筋膜：位于浅筋膜深面，由致密结缔组织构成。它在骨突之间增厚形成假韧带，包被肌肉成肌鞘；插入肌群之间，形成肌间隔，以约束肌肉牵引方向，并保证肌肉或肌群单独活动，互不干扰。深筋膜还可被肌肉附着，增大肌肉附着面积，利于肌肉收缩时更好地发挥力量。深筋膜还具有限制炎症的扩散，保护健康的功能。

（2）腱鞘：腱鞘是套在活动性较大的腕、踝、手指和足趾肌腱周围的密封双层筒状长管。其外为纤维鞘，内为滑膜鞘。滑膜鞘又分为两层，内层紧贴肌腱，叫脏层，外层衬于纤维鞘内面，叫壁层。脏、壁两层之间为一裂隙，内有少量滑液，可减小运动时肌腱与骨面之间的摩擦。有的一个腱鞘包绕一条肌腱，有的包有两条或多条肌腱。

（3）滑膜囊：滑膜囊为内有滑液的结缔组织囊，位于软组织与骨之间，可减少二者之间的摩擦。滑膜囊有肌下滑膜囊、腱下滑膜囊和皮下滑膜囊等。

（4）籽骨：由肌腱骨化而成，通常位于肌肉止点处肌腱与骨之间，其可以改变肌腱的抵止角度，加大肌肉的力臂，增大肌肉的牵引力量，为肌肉工作创造有利条件。人体中最大的籽骨为髌骨。

（七）骨骼肌纤维的结构

每块肌肉的表面覆有结缔组织，称为肌外膜。肌外膜包裹整块肌肉，从而使肌肉成为一个整体。把肌外膜切开，可以看见许多由结缔组织包裹的肌纤维束，称为肌束。包裹在肌束表面的结缔组织，称为肌束膜。把肌束膜切开，在显微镜下才可以观察到单个的肌细胞（或称肌纤维）。每条肌纤维表面也都由结缔组织包裹，称为肌内膜。显微镜下，肌细胞（肌纤维）可见许多明暗相间的横纹，肌节是肌纤维最小的结构和功能单位。

1. 肌膜

每条肌纤维都有肌膜包裹。在肌纤维末端，肌膜与肌腱相融合，嵌入骨骼内。肌腱则由结缔组织纤维束构成，可将肌纤维产生的动力传递给骨骼，引起运动，肌纤维则通过肌腱与骨骼相连。

肌膜的特性对肌纤维非常重要。肌膜表面有许多皱褶，这些皱褶在肌纤维拉长时变平整，皱褶的存在是防止肌纤维拉长时受到牵拉损伤。肌膜在运动终板处也会形成皱褶，这有助于动作电位从神经元传到肌纤维上。

2. 肌浆

在肌纤维内还包含许多更小的单位，其中最大的是肌原纤维。肌原纤维内部及肌原纤维之间都有凝胶样物质，称为肌浆。肌浆内主要包含可溶性蛋白质、糖原、脂肪、无机物及细胞器。肌浆含有大量糖原和肌红蛋白，肌红蛋白的功能与血红蛋白相似，可结合并储存氧气。

3. 横小管

肌膜横向嵌入肌浆内形成的网状小管结构，称为横小管（亦称 T 小管）。横小管穿梭于肌原纤维间，可快速将从肌膜传递过来的神经冲动传遍每一根肌原纤维，横小管还是细胞内外物质与代谢废物进出的通道。

4. 肌浆网

肌纤维内还有纵向的网状小管结构，称为肌浆网。这些管道与肌原纤维平行排列并包裹肌原纤维。肌浆网在靠近横小管处会形成特殊的膨大，称为终池。肌浆网的终池是钙离子的储存库，钙离子在肌肉收缩时发挥着重要作用。

5. 肌原纤维

每条肌纤维由成百上千条肌原纤维组成。肌原纤维是由大量肌节相连接而成的。

（1）横纹及肌节：在显微镜下，骨骼肌纤维有明显的横纹，所以骨骼肌是横纹肌。显微镜下心肌也可见横纹，也是横纹肌。一条肌纤维内有许多明暗带相间的横纹出现。暗带也叫 A 带，明带也叫 I 带。暗带中央部分有一个色浅区域，称为 H 带，H 带在肌原纤维舒张时清晰可见。H 带的中间有一条深色的线，叫 M 线。完整的明带的中央有一条色深的线，叫 Z 线。肌节与肌节借 Z 线相连接。肌节指的是两条 Z 线之间的部分，包括二分之一 I 带＋A 带＋二分之一 I 带。电子显微镜下，肌原纤维由两种丝状蛋白组成，而这两种蛋白（粗肌丝、细肌丝）负责肌肉的收缩。明带内只包含细肌丝，暗带内既包含粗肌丝也包含细肌丝。暗带中央的 H 带只包含粗肌丝。

（2）粗肌丝：粗肌丝的主要成分为肌球蛋白，占骨骼肌总蛋白量的 2/3。肌球蛋白由两条蛋白链相互缠绕而成。粗肌丝有大量突出于表面的肌球蛋白头，称为横桥。在骨骼肌收缩时，它与细肌丝暴露的特定激活位点结合。

（3）细肌丝：细肌丝由三种蛋白组成，分别是肌动蛋白、原肌球蛋白和肌钙蛋白。细肌丝一端嵌入 Z 线，另一端延伸至肌节中央。肌动蛋白是形成细肌丝的主干，肌动蛋白为球形蛋白，连接在一起形成肌球蛋白链，两条肌球蛋白链互相缠绕形成螺旋状。原肌球蛋白为管状蛋白，盘绕在肌球蛋白链上。肌钙蛋白较复杂，以一定间距规律地附着于肌球蛋白链和原肌球蛋白链上。原肌球蛋白、肌钙蛋白和钙离子共同以一种复杂的方式引发肌原纤维的收缩和舒张。

（八）骨骼肌纤维的收缩机理

一个运动神经元和它所支配的全部肌纤维称为一个运动单位。运动神经元与肌纤维相连结之间的间隙称为神经－肌肉接头，是神经和肌肉进行信息交互的部位。

1. 动作电位

肌肉收缩是一连串复杂的过程，它由脑或脊髓产生动作电位，首先传到神经元的树突，然后沿着轴突传到轴突终末。当动作电位到达轴突终末时，神经末梢就会分泌神经递质——乙酰胆碱，乙酰胆碱释放后与肌膜上的受体结合。当肌膜上的受体接收到乙酰胆碱后，动作电位将迅速传遍整条肌纤维，肌膜上的离子通道打开，在肌纤维收缩之前必须有动作电位产生。

2. 钙离子在肌纤维中的作用

在静息状态下，原肌球蛋白覆盖住了肌动蛋白上的肌球蛋白结合位点，阻止肌球蛋白横桥与此位点结合。当终池释放出钙离子后，钙离子与附着在肌动蛋白上的肌钙蛋白结合，使原肌球蛋白从肌动蛋白上的肌球蛋白结合位点移开，从而引发肌肉的收缩。

3. 肌丝滑动原理

当肌肉收缩时，肌纤维会缩短，机制为肌丝滑动原理。肌球蛋白与肌动蛋白相结合，导致肌球蛋白横桥被激活，肌球蛋白横桥发生屈动，拉动细肌丝向肌节中央靠拢。细肌丝滑向粗肌丝，肌节缩短并且产生力量。肌纤维放松时，肌球蛋白头横桥仍可能与肌动蛋白接触，但其结合位点会被原肌球蛋白覆盖。

肌球蛋白头横桥屈动后，立即与结合位点分离，回到原来位置，再与相邻的一个肌动蛋白结合位点结合。如此反复进行，肌丝之间会产生滑动，就形成了肌丝滑动原理。这一收缩过程将一直持续，直到肌球蛋白的一端到达 Z 线或钙离子重新回到终池。肌丝滑动过程中，细肌丝向肌节中央滑动，进入到 H 带，并与 H 带重叠，此时 H 带消失。

4. 肌肉收缩的能量供应

肌肉收缩是主动过程，需要消耗能量。肌球蛋白头横桥除了与肌动蛋白结合外，还必须与 ATP 结合，为肌肉收缩提供能量。位于肌球蛋白头部的 ATP 酶，能够分解 ATP，产生 ADP 和无机磷，同时释放能量。ATP 分解释放的能量保障肌球蛋白头横桥的屈动，它是肌肉收缩化学性能量的来源。

5. 肌肉收缩的结束

只要肌浆中的钙离子存在，肌肉就会持续收缩。当钙离子返回到终池内储存起来，肌肉收缩便结束，直到有新的动作电位再次传到肌膜。钙离子返回终池，是钙泵的主动运输过程，需要有 ATP 供能才可以完成，因此，肌肉收缩或舒张都需要消耗能量。

当钙离子返回到终池，原肌球蛋白和肌钙蛋白恢复到安静状态。此时，肌球蛋白横桥与肌动蛋白的结合会受阻，ATP 也停止供能，细肌丝和粗肌丝也就恢复到静息状态。

（九）肌肉的物理特性

肌肉在受到外力牵拉或负重时可被拉长，这种特性称为伸展性。而当外力或负重取消后，肌肉的长度又可恢复，这种特性称为弹性。虽然肌肉具有伸展性和弹性，但肌肉的伸展程度和所受外力或负荷并不呈线性关系，而是当外力和负荷逐渐增大时，其长度增加幅度逐渐降低。而且，当外力或负荷取消后肌肉的长度也不是立即恢复，这种现象是由于肌肉在被拉长或回缩时肌浆内各分子间的摩擦力造成的。除上述两种物理特性外，肌肉还具有黏滞性。黏滞性是由于肌浆内各分子之间的相互摩擦作用产生的。可见肌肉不是一个完整的弹性体，而是一个黏弹性体。肌肉肉的物理特性受温度影响。当温度下降时，肌浆内各分子间的摩擦力加大，肌肉的黏滞性增加，伸展性和弹性下降；当温度升高时，肌肉黏滞性下降，伸展性和弹性增加。在运动实践中，做好充分准备活动，使肌肉温度升高，降低黏滞性，提高肌肉伸展性，有利于运动表现。

（十）肌肉的收缩形式

肌肉收缩可表现为整块肌肉的长度发生变化，也可不发生变化。根据肌肉收缩时的长度变化，把肌肉收缩分为四种基本形式，即向心收缩、等长收缩、离心收缩和等动收缩。

1. 向心收缩

肌肉收缩时，长度缩短的收缩为向心收缩。向心收缩时肌肉长度缩短、起止点相互靠近，因而引起身体运动。而且，肌肉张力增加出现在前，长度缩短发生在后。但肌肉张力在肌肉开始缩短后不再增加，直到收缩结束。这种收缩形式又称等张收缩，有时也称动力性或相性收缩。肌肉向心收缩时，其做功的数值为负荷重量与负荷移动距离的乘积。在向心收缩过程中，所谓的等张收缩是相对的。肌肉在收缩过程中，往往是通过骨的杠杆作用克服阻力做功的。在负荷不变的情况下，要使肌肉在整个关节活动范围内以同样的力量收缩是不可能的。如当肌肉收缩克服重力垂直举起杠铃时，随着关节角度变化，肌肉做功的力矩也会发生变化，因此，肌肉用力的程度也不同。在整个运动范围内，肌肉用力最大的一点称为"顶点"。出现"顶点"主要是因为在此关节角度下杠杆效率最差加上肌肉缩短损失一部分力量，而促成了"顶点"的产生。当肱二头肌收缩时肘关节屈曲举起某一恒定负荷时，它产生的张力随着关节角度变化而变化。肱二头肌收缩时所产生的张力，在关节角度为 120°时最大，而在 30°时最小。因此，在整个关节的运动范围内，只有在"顶点"肌肉才有可能达到最大力量收缩。这是等张训练的不足之处。

2. 等长收缩

肌肉在收缩时其长度不变，这种收缩称为等长收缩，又称为静力收缩。肌肉等长收缩时由于长度不变，因而不能克服阻力做机械功。等长收缩有两种情况：其一，肌肉收缩时对抗不能克服的负荷，如试图拉起根本不可能拉起的杠铃时，肱二头肌所进行的收缩就是等长收缩。其二，当其他关节由于肌肉离心收缩或向心收缩发生运动时，等长收缩可使某些关节保持一定的位置，为其他关节的运动创造适宜的条件。要保持一定的体位，某些肌肉就必须做等长收缩。如做蹲起动作时，肩带和躯干的某些肌肉发生等长收缩以保证躯干的垂直姿势，同时腿部和臀部的某些肌肉做向心收缩。当蹲下时，肩带和躯干的某些肌肉同样发生等长收缩以保证躯干的垂直姿势，但腿部和臀部的某些肌肉做离心收缩，在更复杂的运动中，身体姿势不断发生变化，因此肌肉的收缩形式也不断发生变化。在体育运动中，如体操中的"十字支撑""直角支撑"和武术中的站桩，参加工作的肌肉就在进行等长收缩。

3. 离心收缩

肌肉在收缩产生张力的同时被拉长的收缩称为离心收缩。如下蹲时，股四头肌在收缩的同时被拉长，以控制重力对人体的作用，使身体缓慢下蹲，起缓冲作用。因此，肌肉做离心工作也称为退让工作。再如搬运重物时，将重物放下，以及下坡跑和下楼梯等也需要肌肉进行离心收缩。肌肉离心收缩可防止运动损伤。如从高处跳下时，脚先着地，通过反射活动使股四头肌和臀大肌产生离心收缩。由于肌肉离心收缩的制动作用，减缓了身体的下落速度，防止对身体造成损伤。离心收缩时肌肉做负功。

4. 等动收缩

在整个关节运动范围内肌肉以恒定的速度，且肌肉收缩时产生的力量始终与阻力相等的收缩称为等动收缩。由于在整个收缩过程中收缩速度是恒定的，等动收缩有时也称为等速收缩。在运动实践中，自由泳的划水动作就具有等动收缩的特点。要让肌肉做等动收缩，必须有专门的仪器设备，即等动练习器。

（十一）骨骼肌纤维的类型

并不是所有肌纤维都是同一类型的，每块肌肉中都含有不同收缩速度和收缩力量的肌纤维：Ⅰ型肌为慢缩型，Ⅱ型肌为快缩型。慢缩纤维在接受刺激时约需要 110 毫秒才达到最大收缩状态，而快缩纤维仅需要 50 毫秒。尽管"慢缩型"和"快缩型"仍在沿用，但目前更倾向于使用"Ⅰ型肌纤维"和"Ⅱ型肌纤维"。

Ⅰ型肌纤维只有一种，Ⅱ型肌纤维可以再分出许多亚型，主要有Ⅱa 和Ⅱb 两种。可以把人体骨骼肌做横断面切片，再利用化学染色法来区分肌纤维类型。Ⅰ型肌纤维几乎被染成黑色，Ⅱa 型肌纤维大致呈灰色，Ⅱb 型肌纤维几乎成白色。

通常，人体大多数肌纤维里含有 50％的Ⅰ型肌纤维、25％的Ⅰa 型肌纤维，剩余的 25％是Ⅱb 型肌纤维。个体不同、部位不同的肌肉，各种类型肌纤维的比例是不同的，上述的比例只是平均值。运动员的肌纤维类型差异化最大。

1. Ⅰ型肌纤维与Ⅱ型肌纤维的特性（表 2-1）

（1）ATP 酶：Ⅰ型肌纤维和Ⅱ型肌纤维收缩的速度不同，主要是因为肌球蛋白 ATP 酶不同。肌球蛋白 ATP 酶用来分解 ATP 释放能量，引起骨骼肌收缩。Ⅱ型肌纤维分解 ATP 的速度比Ⅰ型肌纤维分解 ATP 的速度快，因此，Ⅱ型肌纤维横桥循环使用的频率更快。

（2）肌浆网：Ⅱ型肌纤维比Ⅰ型肌纤维的肌浆网要发达。Ⅱ型肌纤维在接受刺激时，钙离子更易进入肌细胞中，这也是Ⅱ型肌纤维在收缩时具有更快的收缩速度的原因，Ⅱ型肌纤维收缩的速度约为Ⅰ型肌纤维的 5～6 倍。Ⅱ型肌纤维和Ⅰ型肌纤维产生的收缩力量基本相同，但因为Ⅱ型肌纤维有更快的收缩速度，所以它的功率约为Ⅰ型肌纤维的 3～5 倍。这就解释了为什么优秀的短跑运动员腿部肌肉中Ⅱ型肌纤维比常人多。

（3）运动单位：一个运动神经元以及它所支配的所有肌纤维。运动神经元决定其所支配的肌纤维是Ⅰ型还是Ⅱ型。Ⅰ型肌纤维内运动单位的运动神经元胞体较小，所支配的肌纤维数量不多于 300 条。而Ⅱ型肌纤维内运动单位的运动神经元胞体较大，所支配的肌纤维数量不少于 300 条。Ⅰ型运动神经元刺激肌纤维时，只能引起少量的肌纤维收缩，而Ⅱ型运动神经元刺激肌纤维时，能引起更多的肌纤维收缩。Ⅱ型肌纤维达到最大收缩力量的速度要快于Ⅰ型肌纤维，产生的力量也更大。

表 2-1 肌纤维的分类及结构功能特性

肌纤维的分类			
按 Brooks 教授方法分类	Ⅰ	Ⅱa	Ⅱb
按收缩速度分类	慢缩	快缩 a	快缩 b
按收缩及代谢分类	慢氧化型	快氧化/酵解	快酵解型
肌纤维的结构功能特性			
运动神经元大小	小	大	大
神经传导速度	慢	快	快
肌球蛋白 ATP 酶类型	慢	快	快
肌浆网发达程度	低	高	高
氧化能力	高	中高	低
糖酵解能力	低	高	最高
收缩速度	慢	快	快
耐受疲劳能力	高	中	低
运动单位的力量	低	高	高

2. 肌纤维的募集

运动神经元把动作电位传递给其支配的肌纤维时，运动单位支配的所有肌纤维会同时收缩产生力量。被激活的运动单位越多，产生的力量就越大，如果需要产生较小的力量，此时只需要激活少量的运动单位。Ⅱa 和Ⅱb 型运动单位相比Ⅰ型运动单位有更多的肌纤维，骨骼肌募集哪种类型肌纤维是由运动强度决定的，运动强度增加，募集的肌纤维也会增加，并按照Ⅰ－Ⅱa－Ⅱb 的顺序募集。

3. 肌纤维的有序募集及大小原则

运动单位工作时肌纤维是按照固定顺序募集的，称为有序募集原理。以股四头肌为例，假设股四头肌共有200个运动单位，1～200顺序排列，如果需要肌肉收缩产生极小的力量，那仅需募集1个运动单位，随着需要的力量增加，运动单位第2、3、4……依次被募集，当达到最大收缩时，所有的运动单位都要被募集。

大小原则能够解释运动单位有序募集的机制，运动单位有序募集与运动神经元的大小相关。肌肉收缩时，Ⅰ型运动单位的运动神经元小，所以首先被动员，随着力量的增加，Ⅱ型运动单位才会逐渐被动员。

在次最大强度运动较长时间后，随着运动的继续进行，Ⅰ型和部分Ⅱa型肌纤维的糖原被耗竭，神经系统会募集更多的Ⅱa型肌纤维来维持运动。最后，当Ⅰ型和Ⅱa型肌纤维能量都被耗竭时，Ⅱb型肌纤维将被募集来维持肌肉运动。

二、人体的主要肌肉

人体的肌肉按部位可分为躯干肌、上肢肌、下肢肌和头颈肌。

（一）躯干肌

躯干肌包括背肌、胸肌、腹肌和会阴肌。

1. 背肌

背肌分为浅、深两层。背浅层肌包括斜方肌、背阔肌、肩胛提肌和菱形肌等。背深层肌分为背长肌和背短肌。背长肌包括竖脊肌和头夹肌。背短肌包括横突棘肌、棘间肌和横突间肌（包括半棘肌、回旋肌和多裂肌三部分）。

（1）斜方肌

部位：项部及背上部皮下，一侧为三角形，两侧相合呈斜方形。

起点：上项线、枕外隆凸、项韧带、第7颈椎棘突、全部胸椎棘突及其棘上韧带。

止点：锁骨外侧1/3、肩峰和肩胛冈。

功能：近固定时，上部肌纤维收缩，使肩胛骨上提、上回旋和后缩；中部肌纤维收缩，使肩胛骨后缩；下部肌纤维收缩，使肩胛骨下降、上回旋和后缩。远固定时，一侧肌纤维收缩，使头和脊柱向同侧屈和对侧回旋；两侧收缩，使头和脊柱伸。

（2）背阔肌

部位：腰背部和胸部后外侧皮下。

起点：第7—12胸椎及全部腰椎棘突、骶正中嵴、髂嵴后部和第10—12：肋外侧面。

止点：肱骨小结节嵴。

功能：近固定时，使上臂在肩关节处伸、内收和内旋。远固定时，拉躯干向上臂靠拢，并可辅助吸气。

（3）肩胛提肌

部位：斜方肌上部深层。

起点：第1—4颈椎横突。

止点：肩胛骨上角。

功能：近固定时，使肩胛骨上提和下回旋。远固定时，一侧收缩，使脊柱颈段向同侧屈和轻度回旋；两侧收缩，使脊柱颈段伸。

（4）菱形肌

部位：斜方肌深层。

起点：第 6、7 颈椎和第 1—4 胸椎棘突。

止点：肩胛骨内侧缘。

功能：近固定时，使肩胛骨上提、后缩和下回旋。远固定时，两侧收缩，使脊柱伸。

（5）竖脊肌

部位：脊柱两侧，由棘肌、最长肌和髂肋肌三部分组成。

起点：骶骨背面、髂嵴后部、腰椎棘突和胸腰筋膜。

止点：颈、胸椎的棘突与横突、颞骨乳突和肋角。

功能：下固定时，一侧收缩，使脊柱向同侧屈；两侧收缩，使头和脊柱伸。上固定时，使骨盆前倾。

2．胸肌

胸肌分为胸上肢肌和胸固有肌。胸上肢肌包括胸大肌、胸小肌、前锯肌等。胸固有肌包括肋间外肌、肋间内肌和膈肌等。

（1）胸大肌

部位：胸前上部皮下。

起点：锁骨内侧半、胸骨前面和第 1—6 肋软骨以及腹直肌鞘前壁上部。

止点：肱骨大结节嵴。

功能：近固定时，使上臂在肩关节处屈、水平屈、内收和内旋。远固定时，拉躯干向上臂靠拢，提肋助吸气。

（2）胸小肌

部位：胸大肌深层。

起点：第 3—5 肋骨前面。

止点：肩胛骨喙突。

功能：近固定时，使肩胛骨前伸、下降和下回旋。远固定时，提肋助吸气。

（3）前锯肌

部位：胸廓侧面浅层。

起点：上位第 8—9 肋骨外侧面。

止点：肩胛骨内侧缘和下角前面。

功能：近固定时，使肩胛骨前伸；下部肌纤维收缩可使肩胛骨下降和上回旋。远固定时，可提肋助吸气。

（4）肋间外肌

部位：各个肋间隙浅层，共 11 对。

起点：上位肋骨下缘。

止点：肌纤维斜向前下，止于下位肋骨上缘。

功能：仅在上固定时，提肋助吸气；与肋间内肌协同发挥作用。

（5）肋间内肌

部位：肋间外肌的深层，共 11 对。

起点：下位肋骨上缘。

止点：肌纤维斜向前上，止于上位肋骨下缘。

功能：仅在下固定时，降肋助呼气；与肋间外肌协同发挥作用。

（6）膈肌

部位：胸腹腔之间。

起点：前部起自剑突后面，侧部起自第 7 — 12 肋内侧面，后部起自第 1 — 3 腰椎椎体前面。

止点：中心腱。

功能：收缩时，膈穹窿下降，使胸腔容积增大，吸气。放松时，膈穹窿上升，使胸腔容积缩小，呼气。还参与维持腹压。

3．腹肌

腹肌包括腹前壁的腹直肌、腹外斜肌、腹内斜肌、腹横肌和腹后壁的腰方肌。

（1）腹直肌

部位：腹前壁正中线两侧。

起点：耻骨上缘。

止点：胸骨剑突及第5—7肋软骨前面。

功能：上固定时，两侧收缩，使骨盆后倾。下固定时，一侧收缩，使脊柱向同侧屈；两侧收缩，使脊柱屈。还可降肋助呼气。

（2）腹外斜肌

部位：腹前外侧壁浅层。肌纤维由外上向前内下斜行。

起点：第5—12肋骨外侧面。

止点：髂嵴、耻骨结节及白线，其腱膜参与构成腹直肌鞘前壁。

功能：上固定时，两侧收缩，使骨盆后倾。下固定时，一侧收缩，使脊柱向同侧屈和向对侧回旋；两侧收缩可使脊柱屈以及降肋助呼气。

（3）腹内斜肌

部位：腹外斜肌深层。肌纤维由后外下向前内上斜行。

起点：胸腰筋膜，髂嵴和腹股沟韧带外侧。

止点：第 10 — 12 肋骨下缘和白线，其腱膜参与构成腹直肌鞘前、后壁。

功能：上固定时，两侧收缩，使骨盆后倾。下固定时，一侧收缩，使脊柱向同侧屈和同侧回旋；两侧收缩使脊柱屈。

（4）腹横肌

部位：腹内斜肌深层。肌纤维横向分布。

起点：第 7 — 12 肋骨内面，胸腰筋膜、髂嵴和腹股沟韧带外侧。

止点：白线。其腱膜参与构成腹直肌鞘后壁。

功能：维持腹压。

（5）腰方肌部位：腹后壁，脊柱两侧，后为竖脊肌，前为腰大肌。

止点：第 12 肋骨及第 1—4 腰椎横突。

功能：下固定时，一侧收缩，使脊柱向同侧屈；两侧收缩，可降肋助呼气，并维持腹压。

（二）上肢肌

上肢肌包括肩带肌、上臂肌、前臂肌和手肌。

1. 肩带肌

肩带肌起自锁骨和肩胛骨，止于肱骨，包括三角肌、冈上肌、冈下肌、小圆肌、大圆肌和肩胛下肌。其中，冈上肌、冈下肌、小圆肌和肩胛下肌的肌腱共同构成一种叫做"肌腱袖"（又称"肩袖"）的结构，有加固和保护肩关节的作用。

（1）三角肌

部位：肩部皮下，呈倒三角形。

起点：锁骨外侧半、肩峰和肩胛冈。

止点：肱骨体三角肌粗隆。

功能：近固定时，前部纤维收缩使上臂在肩关节处屈、水平屈和内旋；中部纤维收缩使上臂在肩关节处外展；后部纤维收缩使上臂在肩关节处伸、水平伸和外旋；整体收缩，可使上臂在肩关节处外展。

（2）冈上肌部位：肩胛骨冈上窝内。

起点：肩胛骨冈上窝。

止点：肱骨大结节。

功能：近固定时，使上臂在肩关节处外展。

（3）冈下肌

部位：肩胛骨冈下窝内。

起点：肩胛骨冈下窝。

止点：肱骨大结节。

功能：近固定时，使上臂在肩关节处外旋、内收和伸。

（4）小圆肌

部位：冈下肌下方。

起点：肩胛骨外侧缘背面。

止点：肱骨大结节。

功能：近固定时，使上臂在肩关节处外旋、内收和伸。

（5）大圆肌

部位：冈下肌、小圆肌下方。

起点：肩胛骨下角背面。

止点：肱骨小结节嵴。

功能：近固定时，使上臂在肩关节处内旋、内收和伸。

（6）肩胛下肌

部位：肩胛骨肩胛下窝内。

起点：肩胛下窝。

止点：肱骨小结节。

功能：近固定时，使上臂在肩关节处内旋、内收。

2. 上臂肌

上臂肌包绕在肱骨周围，分前、后两群。前群（屈肌群）包括肱二头肌、肱肌、喙肱肌。后群（伸肌群）包括肱三头肌和肘肌。

（1）肱二头肌

部位：上臂前面浅层，有长、短两头。

起点：长头起自肩胛骨盂上结节，短头起自肩胛骨喙突。

止点：桡骨粗隆和前臂筋膜。

功能：近固定时，使上臂在肩关节处屈，使前臂在肘关节处屈和外旋。远固定时，使上臂向前臂靠拢。

（2）肱肌

部位：肱二头肌下半部分深层。

起点：肱骨前面下半部分。

止点：尺骨粗隆和冠突。

功能：近固定时，使前臂在肘关节处屈。远固定时，使上臂向前臂靠拢。

（3）喙肱肌

部位：上臂上半部前内侧。

起点：肩胛骨喙突。

止点：肱骨中部内测。

功能：近固定时，使上臂在肩关节处屈、内收和外旋。

（4）肱三头肌

部位：上臂后面，有长头、外侧头和内侧头三个头。

起点：长头起自肩胛骨盂下结节，外侧头起自肱骨体后面桡神经沟外上方，内侧头起自桡神经沟内下方。

止点：尺骨鹰嘴。

功能：近固定时，使前臂在肘关节处伸，长头还可使上臂在肩关节处伸。远固定时，使上臂在肘关节处伸。

3. 前臂肌

前臂肌分化程度较高，多为具有长腱的长肌，分为前后两群，每群又分为浅深两层。前群肌位于前臂前面及内侧，主要有屈腕、屈指和使前臂内旋的功能；后群肌位于前臂后面及外侧，主要有伸院、伸指和使前臂外旋的功能。前群肌的找原生要有肱桡肌、桡侧腕屈肌、尺侧腕屈肌、旋前圆肌等。后群肌的浅层法主要有尺侧院伸肌、桡侧腕长伸肌、桡侧腕短伸肌等。

（1）肱桡肌

起点：肱骨外上髁上方。

止点：桡骨茎突。

功能：近固定时，使前臂在肘关节处屈，并使前臂内旋、外旋和保持正中位。

（2）桡侧腕屈肌

起点：肱骨内上髁及前臂筋膜。

上点：第二掌骨底。

功能：近固定时，使桡腕关节屈，参与手关节外展、辅助肘关节屈和前臂内旋。

（3）尺侧腕屈肌

起点：肱骨内上髁、前臂筋膜和尺骨鹰嘴。

止点：豌豆骨、第二掌骨底。

功能：近固定时，使桡腕关节、参与桃腕关节内收和肘关节节屈。

（4）旋前圆肌

起点：肱骨内上髁和尺骨冠突。

止点：桡骨外侧面中部。

功能：近固定时，使前臂内旋，辅助肘关节屈。

（5）尺侧腕伸肌

起点：肱骨外上髁、前臂筋膜及肘关节囊。

止点：第五掌骨底。

功能：近固定时，使桡腕关节伸、内收。

（6）桡侧腕长伸肌

起点：肱骨外上髁。

止点：第二掌骨底。

功能：近固定时，使桡腕关节伸、外展，辅助肘关节伸。

（7）桡侧腕短伸肌

起点：肱骨外上髁。

止点：第三掌骨底。

功能：近固定时，使桡腕关节伸、外展，辅助肘关节伸。

（三）下肢肌

下肢肌包括盆带肌、大腿肌、小腿肌和足肌。

1. 盆带肌

盆带肌分前后两群，前群起自骨盆内面，后群起自骨盆外面。前群（内侧群）有髂腰肌、梨状肌。后群（外侧群）有臀大肌、臀中肌和臀小肌。

（1）髂腰肌

部位：腰椎两侧和髂窝内，由腰大肌、髂肌组成。

起点：腰大肌起自第12胸椎和第1－5腰椎体侧面和横突；髂肌起自髂窝。

止点：股骨小转子。

功能：近固定时，使大腿在髋关节处屈和外旋。远固定时，一侧收缩，使脊柱向同侧屈，两侧收缩，使脊柱屈和骨盆前倾。

（2）梨状肌

部位：骶骨前面、小骨盆后壁。

起点：第2－5骶椎前侧面。

止点：股骨大转子。

功能：近固定时，使大腿在髋关节处外展和外旋。远固定时，一侧收缩，使骨盆转向对侧；两侧收缩，使骨盆后倾。

（3）臀大肌

部位：骨盆后外侧，臀部皮下。

起点：髂骨翼外面及低、尾骨背面。

止点：股骨臀肌粗隆和髂胫束。

功能：近固定时，使大腿在髋关节处伸和外旋；上部肌纤维收缩可使大腿外展，下部肌纤维收缩可使大腿内收。远固定时，侧收缩，使骨盆转向对侧；两侧收缩使骨盆后倾。

（4）臀中肌和臀小肌

部位：髂骨翼外面，臀中肌后部位于臀大肌深层，臀小肌位于臀中肌深层。

起点：髂骨翼外面。

止点：股骨大转子。

功能：近固定时，使大腿在髋关节处外展；前部使大腿在髋关节处屈和内旋，后部使大腿在髋关节处伸和外旋。远固定时，一侧收缩使骨盆向同侧倾；两侧前部肌纤维收缩，使骨髋前倾，后部肌纤维收缩使骨盆后倾。

2．大腿肌

大腿肌可分为前外侧群、后群和内侧群。前外侧群有股四头肌、缝匠肌、阔筋膜张肌。后群有股二头肌、半腱肌、半膜肌。股二头肌、半腱肌和半膜肌三块肌合在一起称为腘绳肌或股后肌群。内侧群有耻骨肌、长收肌、短收肌、大收肌、股薄肌。

（1）股四头肌

部位：大腿前面，有四个头。

起点：股直肌起自髂前下棘；股中肌起自股骨体前面；股外侧肌起自股骨粗线外侧唇；股内侧肌起自股骨粗线内侧唇。

止点：四个头合并成一条肌腱，包绕髌骨，向下形成髌韧带止于胫骨粗隆。

功能：近固定时，股直肌可使大腿在髋关节处屈，整体收缩使小腿在膝关节发伸。远固定时，使大腿在膝关节处伸，维持人体直立姿势。

（2）缝匠肌

部位：大腿前、内侧浅层。

起点：髂前上棘。

止点：胫骨粗隆内侧面。

功能：近固定时，使大腿在髋关节处屈和外旋，并使小腿在膝关节处屈和内旋。远固定时，两侧同时收缩使骨盆前倾。

（3）股二头肌

部位：大腿后外侧浅层，有长、短两个头。

起点：长头起自坐骨结节，短头起自股骨粗线外侧唇下半部。

止点：腓骨头。

功能：近固定时，使小腿在膝关节处屈和外旋，长头还可使大腿在髋关节伸。远固定时，两侧收缩，使大腿在膝关节处屈；当小腿伸直时，使骨盆后倾。

（4）半腱肌和半膜肌

部位：大腿后内侧，半膜肌在半腱肌深层。半腱肌下半为腱，半膜肌上半为腱膜。

起点：坐骨结节。

止点：半腱肌止于胫骨上端内侧，半膜肌止于胫骨内侧髁后面。

功能：近固定时，使小腿在膝关节处屈和内旋，还可使大腿在髋关节处伸。远固定时，两侧收缩，使大腿在膝关节处屈；当小腿伸直时，使骨盆后倾。

（5）耻骨肌

部位：大腿内侧上部浅层。

起点：耻骨上支。

止点：股骨粗线内侧唇上部。

功能：近固定时，使大腿在髋关节处内收、外旋和屈。远固定时，两侧收缩，使骨盆前倾。

（6）长收肌、短收肌

部位：长收肌位于耻骨肌内侧。短收肌位于耻骨肌和长收肌深层。

起点：长收肌起自耻骨上支外面，短收肌起自耻骨下支外面。

止点：长收肌止于股骨粗线内侧唇中部，短收肌止于股骨粗线上部。

功能：近固定时，使大腿在髋关节处内收、外旋和屈。远固定时，两侧收缩，使骨盆前倾。

（7）大收肌

部位：大腿内侧深层。

起点：坐骨结节、坐骨支和耻骨下支。

止点：股骨粗线内侧唇上 2/3 及股骨内上髁。

功能：近固定时，使大腿在髋关节处内收、伸和外旋。远固定时，两侧收缩，使骨盆后倾。

3．小腿肌

小腿肌分前群、后群和外侧群。前群有胫骨前肌、趾长伸肌、踇长伸肌。后群有小腿三头肌、趾长屈肌、踇长屈肌、胫骨后肌。外侧群有腓骨长肌和腓骨短肌。

（1）胫骨前肌

部位：小腿前外侧浅层。

起点：胫骨体外侧的上 2/3。

止点：内侧楔骨内和第 1 跖骨底。

功能：近固定时，使足在踝关节处伸（背屈）、内翻。远固定时，使小腿在踝关节处伸，维持足弓。

（2）趾长伸肌

部位：胫骨前肌外侧。

超点：胫骨体内侧面的上 2/3 及小腿骨间膜。

止点：第 2—5 足趾的中节及远节趾骨底。

功能：近固定时，使足在踝关节处伸（背屈）外翻。远固定时，使小腿在踝关节处伸。

（3）踇长伸肌

部位：胫骨前肌与趾长伸肌之间。

起点：腓骨内侧面中部及小腿骨间膜。

止点：踇趾远节趾骨底。

功能：近固定时，使足在踝关节处伸（背屈）、内翻，并使趾伸。远固定时，使小腿在踝关节处伸。

（4）小腿三头肌

部位：小腿后部。包括浅层的腓肠肌和深层的比目鱼肌。

起点：腓肠肌内、外侧头分别起自股骨内、外上髁。比目鱼肌起自胫骨和腓骨后上部。

止点：跟结节。

功能：近固定时，使足在踝关节处屈（跖屈），腓肠肌还可使小腿在膝关节外屈。远固定时，可使小腿在踝关节处屈，协助膝关节伸，维持人体直立。

（5）趾长屈肌部位：小腿三头肌深层内侧。

起点：胫骨体后面中部。

止点：第2—5趾的远节趾骨底。

功能：近固定时，使足在踝关节处屈（跖屈），并屈第2—5趾，同时协助足内翻。远固定时，可使小腿在踝关节处屈，维持人体直立并维持足弓。

（6）踇长屈肌

部位：小腿三头肌深层外侧。

起点：腓骨体后下部。

止点：踇趾远节趾骨底。

功能：近固定时，使足在踝关节处屈（跖屈），并屈趾，同时协助足内制。固定时，可使小腿在踝关节处屈，并维持人体直立。

（7）胫骨后肌

部位：小腿三头肌深层，踇长屈肌和趾长屈肌之间。

起点：胫、腓骨后面及小腿骨间膜。

止点：足舟骨及三块楔骨。

功能：近固定时，可使足内翻，并协助足在踝关节处屈（跖屈）。远固定时，可使小腿在踝关节处屈，维持人体直立并维持足弓。

（8）腓骨长肌

部位：小腿外侧浅层。

起点：腓骨体外侧面上部。

止点：内侧楔骨及第1跖骨底。

功能：近固定时，使足外翻，并协助足在踝关节处屈（跖屈）。远固定时，可使小腿在踝关节处屈，维持人体直立并维持足弓。

（9）腓骨短肌

部位：腓骨长肌深层。

起点：腓骨体外侧面下部。

止点：第1跖骨底。

功能：近固定时，使足外翻，并协助足在踝关节处屈（跖屈）。远固定时，可使小腿在踝关节处屈，维持人体直立。

（四）头颈肌

头颈肌中，头肌可分为表情肌和咀嚼肌；颈肌分浅、中、深三群，颈浅肌群有颈阔肌、胸锁乳突肌。

胸锁乳突肌部位：颈阔肌深层，颈部两侧。

起点：胸骨柄和锁骨胸骨端。

止点：颞骨乳突。

功能：下固定时，一侧收缩，使头和颈向同侧屈，并转向对侧；两侧收缩，肌肉合力作用线在寰枕关节额状轴的后面使头伸，肌肉合力作用线在寰枕关节额状轴的前面使头屈。上固定时，上提胸廓，助吸气。

三、杠杆原理及其在体育运动实践中的应用

（一）杠杆原理

一根直的或弯曲的硬棒，在力的作用下，能够绕着一个固定点（支点）或固定轴（支轴）转动，并克服阻力做功，这根硬棒就叫作杠杆。在人体内，骨可在肌拉力的作用下绕关节转动，并克服阻力做功，叫作骨杠杆。骨、关节、肌肉的运动符合杠杆原理，可以用杠杆原理加以说明。

人体骨杠杆有支点、力点和阻力点以及力臂和阻力臂。支点是杠杆绕着转动的点，骨杠杆的支点是关节中心，可用"O"表示；力点是动力作用点，骨杠杆上的力点就是肌肉（原动肌）附着于骨上的动点，可用"F"表示；阻力点是阻力作用点，骨杠杆上的阻力点可以是运动环节的重力，或是其他物体的阻力，或是本身对抗肌的张力等的作用点，可用"R"表示。力臂是从支点到动力作用线的垂直距离，骨杠杆上的力臂是从关节中心到肌拉力线的垂直距离；阻力臂是从支点到阻力作用线的垂直距离，骨杠杆上的阻力臂是从关节中心到阻力作用线的垂直距离。肌力与力臂的乘积为肌力矩，阻力和阻力臂的乘积为阻力矩。

一根杠杆要保持平衡，肌力矩必须等于阻力矩，这就是杠杆原理。

肌力矩和阻力矩分别表示肌力和阻力对骨杠杆所产生转动作用的大小。当肌力矩等于阻力矩时，肌肉做静力性工作；当肌力矩大于阻力矩时，肌肉做克制性工作（向心工作）；当肌力矩小于阻力矩时，肌肉做退让性工作（离心工作）。

（二）骨杠杆的种类

根据骨杠杆上支点、力点和阻力点的位置关系，可将其分为三种类型。

（1）第一类杠杆——平衡杠杆：支点在力点和阻力点之间。例如颅与脊柱的连结，支点位于寰枕关节的额状轴上，力点在枕外隆突（斜方肌、项肌的附着点）。阻力点（头的重心）位于支点的前方。

平衡杠杆的主要作用是传递力和平衡力，支点可以靠近力点，也可以靠近阻力点；除平衡作用外，又具有加快速度和增大幅度（支点靠近力点）的作用，并且有省力（支点靠近阻力点）的作用。平衡杠杆在人体中较少见。

（2）第二类杠杆——省力杠杆：阻力点在力点和支点之间。例如，站立时提踵，以距趾关节为支点，人体重力通过距骨体向下，位于支点和力点（小腿三头肌在跟骨上的止点）的中间。

省力杠杆因为阻力点在中间，阻力臂始终小于力臂，所以用较小的力就能克服较大的阻力，故称省力杠杆。平衡杠杆在人体中也较少见。

（3）第三类杠杆——速度杠杆：力点在阻力点和支点的中间，这类杠杆在人体上最为普遍。例如，肱二头肌屈前臂的动作，支点在肘关节的中心，力点（肱二头肌在桡骨粗隆上的止点）在支点和阻力点的中间。又如三角肌外展上臂的动作，支点在肩关节中心，力点（三角肌在肱骨上的止点）在支点和阻力点（手臂重心）的中间。股四头肌伸小腿踢球动作也属于这类杠杆。

速度杠杆因为力点在中间，所以力臂始终小于阻力臂，一定要用较大的力才能克服较小的阻力，不能省力（故又称为费力杠杆），但可使阻力点移动的速度和幅度增大，故称速度杠杆。

由此可见，利用杠杆省力不省功，得之于力则失之于速度（或幅度），得之于速度（或幅度）则失之于力，这就是机械学中的等功原理。

（三）杠杆原理在体育运动实践中的应用

在体育运动中，我们可以应用杠杆原理省力、获得速度和进行肌肉力量训练。

（1）省力：要使动力减小（省力），可使力臂增大，或者使阻力臂缩短。

力臂长能省力。虽然在人体杠杆中，肌拉力的力臂一般很短，但仍然能通过一系列方法得到增长。例如，通过籽骨增长力臂，人体最大一块籽骨——髌骨，就增长了股四头肌的力臂。此外，还可以通过肌肉在骨上附着点的隆起、突出等来增长力臂。根据研究，股骨颈原来是股骨的弯曲部分，大转子和小转子是附加上去的，是由臀中肌、臀小肌（止于大转子）和髂腰肌（止于小转子）拉出来的。有了大小转子，就增长了臀中肌、臀小肌和髂腰肌的力臂。研究表明，活动多、肌肉强壮的人，其骨上的粗隆、结节就明显。所以，通过锻炼能增长肌肉的力臂，改善肌肉发力条件。此外，骨的形态也会影响肌肉的力臂。例如，髋关节外展肌（臀中肌等）的力臂同股骨颈的长度、股骨颈和股骨干之间的角度有关。有些肌肉力臂非常长，很有利于发力，例如腹直肌力臂很长，屈躯干省力。

缩短阻力臂同增长力臂一样能够省力。例如提重物时，让重物越靠近身体，就越省力；在举重提杠铃时，技术关键是让杠铃尽可能贴近身体，因阻力臂缩短，就省力，用同样的力量可以举更大的重量。

（2）获得速度：体育运动中，许多动作不要求省力，而要求获得较大的运动速度和运动幅度。例如投掷、踢球、挥拍击球等。要使阻力点移动距离变长和阻力点移动速度增大，就要增长阻力臂，缩短力臂。

人体中骨杠杆大多数是速度杠杆，有利于获得速度。但在运动中，为了获得更快的速度，需要使几个环节组成一个长的杠杆臂，这就要求肢体伸展，如掷铁饼时，手臂就要伸展。有时甚至要求附加阻力臂，如在棒球、曲棍球、链球等项目中，球棒、球棍和链索等"延长"了人体手臂，使阻力臂变长，可以使球的运动速度增快。

（3）进行肌肉力量训练：阻力臂增长后使阻力点移动的距离和速度都增大了，但也要求动力增大。因此，在力量训练中，除使用增大阻力的方法外，还使用增长阻力臂的方法。例如训练腹肌力量的仰卧起坐练习可将两手臂抱在胸前或将双手放在头上，将双手放在头上的姿势，重力矩较大（因阻力臂增长），所以腹肌的负担量较大。同样原理，悬垂举腿时，直腿的阻力臂就比屈腿的长，因此髂腰肌的负担量也大。

四、肌肉活动的神经调控

（一）神经系统的组成及功能

神经系统由中枢神经系统和周围神经系统组成。

中枢神经系统由位于颅腔里的脑和位于椎管里的脊髓组成，是神经系统重要的组成部分，在人体活动的神经调节中起着主导作用。

周围神经系统是中枢神经系统以外的神经系统的总称。根据连结部位不同可分为与脑相连的脑神经和与脊髓相连的脊神经；根据分布范围可分为分布于体表、骨、关节和骨骼肌的躯体神经和分布于心肌、平滑肌和腺体的内脏神经。

机体是由不同的器官和系统组成的，各器官和系统都有其特殊的功能。这些功能不是孤立的，而是互相影响、互相制约、互相协调地完成各种功能活动。机体所处的内、外环境是不断变化的，它必须通过调节系统对环境的变化迅速作出反应，以适应环境，才能得以生存。神经系统是控制和协调全身各种功能活动的主要调节系统。

神经系统在控制和调节有机体的活动过程中，首先借助人体的各种感受器，把不断变化着的自身和外界信息通过周围神经的传入部分及时传递到中枢神经系统。经过脑和脊髓对这些信息进行分析整理、综合判断并发出指令，再经周围神经的传出部分以及间接经内分泌系统的作用到达效应器，从而使人能够对身体内外的各种刺激作出相应的行为反应。

（二）神经元

神经元即神经细胞，是神经系统的基本结构和功能单位。它由胞体和突起两部分组成。胞体是合成各种蛋白质（包括各种酶类）的中心。蛋白质首先在胞体中合成，然后再经过运输系统运送到突起之中。

突起可分为树突和轴突。树突的分枝较短，由胞体发出后逐渐变细，不断分枝。其功能是接受信息，并将其传向胞体。轴突是一条较长的突起，在末梢处形成一些终末侧支。其主要功能是将胞体加工、处理过的信息传出，输向另一个神经元或效应器。轴突因细长如纤维状，又称神经纤维。神经元按其功能可分为三大类：接受外来刺激的感觉神经元，亦称传入神经元；将神经冲动传给效应器的运动神经元，亦称传出神经元；以及中枢神经系统内起联络作用的中间神经元，亦称联络神经元。

（三）神经和神经末梢

周围神经系统中的神经纤维集合在一起，被结缔组织包裹成束，构成神经，分布到全身各器官和组织。一条神经内可以含有感觉神经纤维（传入纤维）或运动神经纤维（传出纤维），但大多数神经是同时含有感觉神经纤维和运动神经纤维的。在结构上，多数神经同时含有有髓和无髓两种神经纤维。

周围神经纤维的终末部分终止于全身各组织或器官内，形成各式各样的神经末梢，按其功能可分为感觉神经末梢和运动神经末梢。

感觉神经末梢是感觉神经元周围突的终末部分，该终末与其他结构共同组成感受器。感受器能接受内外环境的各种刺激，并将刺激转化为神经冲动，传向中枢，产生感觉。按其分布和功能可分为内感受器、外感受器和本体感受器。

运动神经末梢是运动神经元的长轴突分布于肌组织和腺体内的终末结构，支配肌纤维的收缩和腺的分泌。肌纤维的收缩和腺的分泌。神经末梢与邻近组织共同组成效应器。运动神经末梢又分为躯体运动神经末梢和内脏运动神经末梢。

（四）反射与反射弧

反射：在中枢神经系统的参与下，机体对内、外环境刺激做出的规律性应答。

反射弧：反射的结构基础叫反射弧，由感受器、传入神经、神经中枢、传出神经末梢与经和效应器五个部分组成。感受器是指接收各种刺激的特殊装置，效应器为产生效应的器官。神经中枢是指脑和脊髓灰质内的调节某一功能的神经元群。传入神经是指从感受器到神经中枢的神经通路，传出神经则是从神经中枢到效应器的神经通路。

（五）神经－肌肉接头

神经－肌肉接头的结构称为运动终板。运动神经末梢发出很多细小分支，并且在终末端变得膨大。神经元之间以突触相互连接，而运动神经元通过神经－肌肉接头与骨骼肌纤维相连接。神经－肌肉接头的功能基本与突触类似，在神经－肌肉接头靠近神经这端，运动神经元的轴突末端在动作电位到达时，会释放神经递质乙酰胆碱到运动神经元与肌纤维的间隙，再通过乙酰胆碱将信号传递给骨骼肌纤维。

（六）运动单位

运动单位可根据它受支配的运动神经元和肌纤维的特性分成两类：一类称快运动单位，由大运动神经元连同它所支配的快肌纤维组成；另一类称慢运动单位，由小运动神经元连同它所支配的慢肌纤维组成。

在肌肉收缩时，若刺激的强度足够引起某一运动神经元兴奋而发出冲动时，该运动单位的全部肌纤维都同时参加收缩活动。若刺激的强度过弱而不足以引起某运动单位的运动神经元兴奋而无冲动发出时，则该运动单位的全部肌纤维都无一参加收缩活动。这就是运动单位活动的"全或无"原则。这也说明，当肌肉进行收缩活动时，参与收缩活动的肌纤维是以运动单位为基本单位被募集参加的，参与收缩的运动单位越多，肌肉收缩产生的力量也越大。而且，一个快运动单位产生的力量大于一个慢运动单位。

（七）运动单位刺激的速率编码

单一的运动单位产生的肌力大小取决于它受刺激的频率。一个运动单位或一条肌纤维受到单个电刺激后引起的收缩反应称为单收缩。连续三个快速的刺激、后一个刺激落在前一个刺激的舒张期，后一次产生的肌张力就会比前一次更大，称为收缩总和。持续的高频率收缩可以引起强直收缩，使运动单位或肌纤维产生最大收缩力。速率编码是指通过增加刺激的频率，使一个运动单位或一条肌纤维从单收缩到强直收缩的过程。

（八）本体感受器

本体感受器是指位于骨骼肌、肌腱、关节囊、韧带内的一些感受器，如肌梭、腱梭，它们能分别感受肌肉被牵拉的程度以及肌肉收缩和关节伸展的程度。这种本体感受器受到刺激所产生的躯体感觉，称为本体感觉。

1. 肌梭

肌梭是分布在骨骼肌内的梭形小体，在肌纤维之间并与肌纤维平行排列。肌梭内含6~12根肌纤维，称为梭内肌纤维。肌梭外的肌纤维称为梭外肌纤维。肌梭是一种感受长度变化或牵拉刺激的特殊感受器。当肌肉被拉长时肌梭也随之拉长，于是肌梭的感受部分受到刺激而发生兴奋，冲动经感觉神经传入中枢，反射性地引起被牵拉肌肉的收缩。当骨骼肌受到牵拉时会产生反射性收缩，这种反射称为牵张反射。当肌肉收缩时，肌纤维长度缩短，肌梭也随之缩短，于是消除了对肌梭的刺激，使传入冲动停止。因此，肌梭能够防止肌肉被牵拉的程度过大或速度过快。正是由于肌梭的功能原因，在进行伸展练习时，提倡使用静力性伸展练习，以避免引起牵张反射而导致肌肉拉伤。

2. 腱梭

腱梭又称腱器或高尔基腱器官。腱梭与肌梭相似，亦呈梭形，位于肌腹与肌腱的连接处，分布在腱胶原纤维之间，与梭外肌纤维串联，是一种张力感受器。当肌肉收缩张力增加时，腱梭因受到刺激而发生兴奋，冲动沿着感觉神经传入中枢，反射性地引起肌肉舒张。这是人体的一种保护机制。例如，当举起一个很重的哑铃而有可能受伤时，腱器官就会引起肌肉放松而不能继续用力。

当肌肉被牵拉或主动收缩与放松时，均会对肌梭和腱梭构成刺激产生兴奋，兴奋冲动传到大脑皮质的运动感觉区，经过分析综合活动，能感知人体的空间位置、姿势以及身体各部位的运动情况。在机体的随意运动和反射活动的控制中，来自肌梭和腱梭的传入信息，使运动动作协调一致，密切配合。当肌肉被牵拉时，首先引起肌梭感受器兴奋，引起牵张反射，使受牵张的肌肉收缩以对抗牵拉。当牵拉量继续加强到一定负荷时，可兴奋腱器官，冲动通过抑制性中间神经元，使牵张反射受到抑制，避免被牵拉的肌肉受伤。例如，当举起哑铃时，如果负荷很重，牵拉也很重，那么将动员更多的运动单位来举起哑铃；如果负荷较轻，牵拉也较轻，那么仅有少数运动单位参加工作就能举起哑铃。

五、肌肉活动的能量供应

能量供应是维持人体各种生理机能的基本保证，亦是维持人体运动能力的重要前提。人体运动时，能量消耗明显增加，能耗的增加受制于运动强度、运动持续时间等因素。

（一）骨骼肌收缩的直接能源——ATP

肌肉活动的直接能量来源是三磷酸腺苷，即 ATP（adenosine triphosphate）。事实上，人体各种生理活动所需要的能量，基本上均由 ATP 供给。例如，神经冲动传导时离子的转运、腺体分泌时分泌物透过细胞、消化道内食物的吸收以及肌肉收缩过程等均需要 ATP 供能。人体 ATP 最终来源于糖、脂肪、蛋白质的氧化分解。

（1）ATP 的贮备及输出功率：细胞内 ATP 的浓度很低，肌肉活检测定，安静肌肉 ATP 含量约为 6mmol/kg（毫摩尔/千克）。ATP 的最大输出功率达 11.2mmolATP/kg/s（每千克肌肉每秒动用 ATP 的毫摩尔数），启动极为迅速。但由于 ATP 贮量颇少，运动中 ATP 消耗后的补充速度成为影响运动能力的重要因素。

（2）ATP 的分解供能及补充：ATP 在酶的催化下，迅速分解为二磷酸腺苷（adenosine diphosphate，简称 ADP）和无机磷酸，并释放出能量。$ATP+H_2O \rightarrow ADP+Pi$，每克分子 ATP 可释放 $29.26 \sim 50.16$ kJ（$7 \sim 12$kcal）的能量。ATP 一旦被分解，便被迅速补充。这一直接补充过程由肌肉中的另一高能磷酸化合物磷酸肌酸（creatine phosphate，简称 CP）完成。CP 释出能量用以将 ADP 再合成为 ATP。$CP+ADP \rightarrow C+ATP$。肌肉中 CP 的再合成则要靠三大能源物质的分解。

（二）三个能源系统的特征

人体在各种运动中所需要的能量分别由三种不同的能源系统供给，即磷酸原系统、糖酵解系统、有氧氧化系统（表2-2）。

表2-2 人体三个能源系统的基本特征

能源系统名称	底物	贮量（mmol/kg）	可合成 ATP 量（mmol/kg）	可供运动时间	供给 ATP 恢复的物质和代谢产物
磷酸原系统	ATP	$4 \sim 6$		$6 \sim 8$ 秒	CP
	CP	$15 \sim 17$	100	<10 秒	$CP+ADP \rightarrow ATP+C$
糖酵解系统	肌糖原	365	250	$2 \sim 3$ 分钟	肌糖原→乳酸
有氧氧化系统	肌糖原	365	13000	$1 \sim 2$ 小时	糖→CO_2+H_2O
	脂肪	49	基本不受限制	>$1 \sim 2$ 小时	脂肪→CO_2+H_2O 蛋白质→CO_2+H_2O+尿素

1. 磷酸原系统

磷酸原系统又称 ATP-CP 系统。该系统主要是由结构中带有磷酸基团的 ATP（包括 ADP）、CP 构成，在供能代谢中均发生磷酸基团的转移，故称之为磷酸原。肌肉在运动中 ATP 直接分解供能，为维持 ATP 水平，保持能量的连续性供应，CP 在肌酸激酶作用下，参与再合成 ATP。

CP 在肌肉中贮存量很少，约 $15 \sim 17$mmol/kg。实际上，磷酸原在运动中的可用量只占 1% 左右。磷酸原系统作为极量运动的能源，虽然维持运动的时间仅仅 $6 \sim 8$ 秒，但却是不可替代的迅速能源。运动训练中及恢复期，既应设法提高肌肉内磷酸原的贮备量，又要重视提高 ATP 再合成的速率。

2. 糖酵解系统

糖酵解系统又称乳酸能系统。运动中骨骼肌糖原或葡萄糖在无氧条件下酵解，生成乳酸并释放能量供肌肉利用。该系统尽管生成能量不多，但在极量运动的能量供应中具有特殊的重要性。一般认为，在极量强度运动的开始阶段，该系统即可参与供能，在运动 30 秒左右供能速率达最大，其输出功率可达 5.2mmol ATP/kg/s，维持运动时间 2～3 分钟。

糖酵解系统与磷酸原系统共同为短时间高强度无氧运动提供能量，中距离跑等运动持续时间在 2 分钟左右的项目，主要由糖酵解系统供能。而篮球、足球等非周期性项目在运动中加速、冲刺时的能量亦由磷酸原及糖酵解系统提供。

3. 有氧氧化系统

糖类、脂肪、蛋白质在氧供充分时，可以氧化分解提供大量能量。该能源系统以糖和脂肪为主，尽管其供能的最大输出功率仅达糖酵解系统的 1/2，但其贮备量丰富，维持运动的时间较长（糖类可达 1～2 小时，脂肪可达更长时间）。它为长时间运动提供主要能源。

（三）能源系统与运动能力

人体运动中能量输出的基本过程为无氧代谢和有氧代谢两个过程，不同运动项目需要不同代谢过程作为其能量供应的基本保证，但一切运动过程的能量供应，都由三个能源系统按不同比例提供，比例的大小则取决于运动的性质和特点。因此，人体不同能源系统的供能能力决定了运动能力的强弱。

1. 不同运动项目的能量供应

尽管不同运动项目运动中能量供应具有各自的特征，但运动中不存在绝对的某一个单一能源系统的供能。例如，100m 跑是典型的速度性项目，要求高输出功率的能供，磷酸原系统为首选能源，但糖酵解系统在运动中仍占有一定比例。马拉松跑的持续时间长，运动中机体的能量供应以有氧氧化系统为主，但糖酵解系统供能亦占有一定比例。而且，随着训练水平的提高，马拉松运动中糖酵解系统供能所占比例会进一步增加，有利于满足途中加速和终点冲刺时的能量需求。

2. 运动中能源物质供能的顺序

就人体糖、脂肪、蛋白质三大能源物质在运动中的利用速率来比较，糖的利用速率最快，是一种非常经济的能源。一般运动开始时机体首先分解肌糖原，如 100m 跑在运动开始 3～5 秒，肌肉便通过糖酵解方式参与供能；持续运动 5～10 分钟后，血糖开始参与供能，当运动强度达到最大摄氧量强度时，可达安静时供能速率的 50 倍；运动时间继续延长，由于骨骼肌、大脑等组织大量氧化分解利用血糖，而致血糖浓度降低时，肝糖原分解补充血糖，其分解速率较安静时增加 5 倍。脂肪在安静时即为主要供能物质，在运动 30 分钟左右时，其输出功率达最大。脂肪的分解利用对氧的供应有严格的要求，因而通常在长时间运动中，当肌糖原大量消耗或接近耗竭，氧供充足时方大量动用。蛋白质在运动中作为能源供能时，通常发生在持续 30 分钟以上的耐力项目中。随着耐力水平的提高，可以产生肌糖原及蛋白质的节省化现象。

3. 健身运动的能量供应

健身运动的形式多种多样，运动强度均比较低，运动持续时间比较长，动用的能源物质亦与运动的特点相适应。研究表明，运动强度低于 50％ VO_2max 时，脂肪氧化分解成为主要能源，血浆中游离脂肪酸的浓度每 2 分钟就更新 50％，说明脂肪代谢非常活跃。当运动强度超过 50％ VO_2max 时，糖的分解供能显著加强。健身运动的强度基本处于 50％～70％VO_2max 范围内，而且较理想的运动时间应在 30 分钟～1 小时，因此，运动中可大量分解脂肪作为能源。这也是为何健身运动在增强体质的同时，亦能产生减肥效果的原因。

第四节 心血管系统和呼吸系统

一、心血管系统

（一）心血管系统的组成及其功能

心血管系统由心脏和血管组成。血管又包括动脉、静脉和毛细血管。血液在心血管系统内连续不断、周而复始地按一定方向流动，称为血液循环。

心血管系统的主要功能是通过体循环和肺循环完成体内的物质运输，包括氧和营养物质的送达以及二氧化碳和其他代谢废物的排除，保证机体新陈代谢不断进行；运送内分泌腺分泌的激素到相应的靶细胞（靶器官），调节其生理功能，实现机体的体液调节机能；维持机体内各项理化环境的相对稳定；帮助血液实现防卫机能。[①]

1. 心脏

心脏是一个主要由心肌组织构成并具有瓣膜结构的中空器官，是血液循环的动力装置。心脏不断做收缩与舒张的交替活动，收缩时把血液射入动脉，舒张时将血液由静脉吸入，为血液流动提供能量。通过心脏的这种节律性活动以及由此引起的瓣膜的节律性开启和关闭，推动血液沿单一的方向在心血管内连续不断地循环流动。心脏的活动形式与水泵很相似，因此可以把心脏看作是实现泵血功能的肌肉器官。

心脏位于胸腔的纵隔内（两肺之间），下方为隔，约 2/3 位于身体正中线的左侧，1/3 在正中线右侧。心脏似倒置的圆锥体，大小稍大于本人的拳头，心尖朝左前下方。

心脏有四个腔，右侧为右心房和右心室，左侧为左心房和左心室。同侧的房、室借房室口相通，但左右侧有中隔分开互不相通。房室口周围纤维环上附有三角形，如四节心血管系统和呼吸系统的房室瓣膜，右边是三尖瓣，左边是二尖瓣。每一心室的出口为大动脉口，口周缘有袋状半月形瓣膜，右心室出口（肺动脉口）上的为肺动脉瓣，左心室出口（主动脉口）上的为主动脉瓣。瓣膜的功能是保证血流在心脏内朝着一个方向流动，防止血液逆流。这些瓣膜朝着一个方向的启闭是由于心房、心室和大动脉之间的压力差所引起的。心室壁乳头肌与房室瓣相连的腱索仅仅起着防止房室瓣翻转的作用，并不主动参与瓣膜的开闭。

心房主要是贮血器，仅起着辅助泵的作用，泵血功能主要是由肌肉较厚的心室来完成的。左心室壁的肌肉比右心室的厚 2～3 倍，因此左心室收缩力比右心室强。

---

① 胡红梅. 运动 营养与健康 ［M］. 广州：华南理工大学出版社，2021：37

2. 动脉

动脉是由心室发出的血管，在行程中不断分支，愈分愈细，最后为毛细血管。动脉壁因承受较大的压力，管壁较厚，可分三层：内膜较薄，表面是一层内皮细胞，光滑，能减少血流的阻力；中膜最厚，大动脉以弹性纤维为主，中、小动脉以平滑肌为主；外膜主要由纤维结缔组织构成，特别是大动脉外膜内的胶原纤维具有很大的抗张力强度，可以防止血管的过度扩张。动脉壁的结构特点与其机能密切相关。大动脉中膜弹力纤维多，心室收缩射血时管壁扩张，心室扩张时管壁回缩，以促使血液继续向前流动。中、小动脉，特别是小动脉平滑肌层比较发达，可以在神经、体液调节下收缩或舒张，改变管腔的大小，影响局部的血流量和血流阻力，借以维持和调节血压。

3. 静脉

静脉是引导血液流回心房的血管。小静脉起于毛细血管，在回心过程中逐渐会合成中静脉、大静脉，最后注入心房。静脉壁因承受压力较小，与同级动脉比较，管径较大，管壁薄。管壁也分为三层，其中膜弹力纤维和平滑肌均较少，收缩性和弹性均较小。

一般中静脉的内膜常向腔内突出形成静脉瓣，可防止血液逆流，特别是血液回流较困难和受地心引力较大的部位，静脉瓣较多，例如上、下肢的静脉。

4. 毛细血管

毛细血管是极细微的血管，管径平均 $6\sim9\mu m$（微米），连于小动脉与小静脉之间，互相连通吻合成网，分支数量多。管壁最薄，主要由一层内皮细胞组成，有一定的通透性，血流速度缓慢，血液中的营养物质与组织液中的代谢产物均通过毛细血管壁进行交换。

（二）血液循环途径

血液由心脏射出，经动脉、毛细血管、静脉再回心脏，循环不止。根据其循环途径可分为体循环和肺循环，两种循环同时进行。

1. 体循环

体循环又称大循环。其途径是：当心室收缩时，含氧和营养物质丰富的动脉血，自左心室射入主动脉，经其各级分支到达全身各部的毛细血管网，血液在此与周围的组织和细胞进行气体和物质交换，变成含二氧化碳和代谢产物较多的静脉血，最后汇集到上、下腔静脉流回右心房。体循环的特点是路程长，流经范围广，以动脉血滋养全身各部，并将其代谢产物运回心脏。

2. 肺循环

肺循环又称小循环。其途径是：从体循环回心的静脉血，自右心房进入右心室。当心室收缩时，血液由右心室射出，经肺动脉及其各级分支进入肺泡壁周围的毛细血管网，在此进行气体交换，使静脉血变成含氧丰富的动脉血，经肺静脉流回左心房。肺循环的特点是路程短，只通过肺，主要是使静脉血转变成含氧丰富的动脉血。

（三）心脏泵血功能的相关概念

1. 心率

心率是每分钟心脏搏动的次数。健康成年人静息心率在 $60\sim100$ 次。心率有阳显的个体差异，不同年龄、性别和不同生理状况，心率都不相同。新生儿的心率可达 130 次以上，随着年龄增长，心率逐渐减缓，到 $15\sim16$ 岁时，已经接近成年人水平。在成年人中，女性的心率较男性快 $3\sim4$ 次。训练良好的耐力性项目运动员，静息心率较慢。同一人在不同的生理条件下，心率也有很大差别，熟睡时心率最慢，卧位比站立时慢；体力活动、进食后、体温升高时，以及情绪激动、精神紧张时心率都可以加快。

每个人的心率增加都有一定的限度，这个限度叫最大心率（又称极限心率），最大心率（次/分）＝220－年龄（岁）。

心率是了解心血管系统机能的简单易行指标。在运动实践中常用心率来反映运动强度和生理负荷量，并用于运动者的自我监督或医务监督。

2. 每搏输出量

一侧心室每次收缩所射出的血量为每搏输出量，简称搏出量。通常健康成年人静息时的每搏输出量约为 70mL。

3. 射血分数

心室每次收缩并不能将血液全部射出，会有部分血液留在心室内，称为余血量。每搏输出量占心室容积的百分比，称为射血分数。它是反映心脏泵血功能的重要指标，通常健康成年人安静时的射血分数为 55％～65％。

4. 心输出量

心输出量一般是指每分钟一侧心室所泵出的血液总量，通常把心输出量又叫做每分输出量。每分输出量等于每搏输出量与心率的乘积。心输出量除与机体代谢水平相适应外，还因性别、年龄和生理状况不同而有差异。健康成年人静息时的心输出量平均为 5L/min（升/分）左右，女性比同体重男性的心输出量约低 10％，青年时期的心输出量高于老年，优秀运动员在剧烈运动时，心输出量可达 25～35 L/min。

（四）血压与动脉脉搏

1. 血压

血压是指血管内的血液对单位面积血管壁的侧压力（压强）。一般所谓血压，多指体循环中动脉血压。心室收缩时，动脉血压的最高值称为收缩压，心室舒张时动脉血压的最低值称为舒张压。收缩压与舒张压之差称为脉搏压或脉压。

动脉血压是推动血液循环和保持各器官组织足够血流量的必要条件之一。正常人安静时的动脉血压较为稳定，变动范围较小，收缩压为 100～120 mmHg，舒张压为 60～80 mmHg，脉压为 30～40 mmHg。正常人的血压随性别、年龄及其他生理情况而改变。男性一般比女性略高。年龄增长动脉血压也逐渐升高，但收缩压的升高比舒张压的升高更加显著。体力劳动、运动或情绪激动时，血压可暂时升高。安静时，收缩压≥140 mmHg，舒张压≥90 mmHg，即可认为是高血压；如收缩压＜90 mmHg，舒张压＜60 mmHg，则认为是低血压。

2. 动脉脉搏

在每个心动周期中，动脉内的压力发生周期性的波动，这种周期性的压力变化可引起动脉血管发生搏动，称为动脉脉搏。动脉脉搏产生后沿着血管壁向末梢传播出去，因此在浅表的动脉上可用手触摸到这种搏动。在运动实践中，常用测定脉搏来了解运动的训练强度、运动训练后的恢复状况和运动者的运动训练水平。

（五）运动对心血管系统的影响

1. 运动时心血管系统的反应

骨骼肌收缩时，耗氧量明显增加，心血管系统的反应就是提高心输出量以增加血液供应，从而满足肌肉组织的氧耗，并及时运走过多的代谢产物，否则肌肉运动就不可能持久。

（1）运动时心输出量的变化：运动一开始，心输出量就急剧增加，通常一分钟后达到高峰，并维持在该水平。运动时心输出量的增加与运动量或耗氧量成正比。运动时，由于肌肉的节律性舒缩和呼吸运动加强，回心血量大大增加，这是增加心输出量的保证。在回心血量增多的基础上，心率加快，心肌收缩力加强，因此心输出量增加，心肌的兴奋作用也进一步加强。心输出量对急性运动有着敏感反应，其目的在于迅速适应机体活动的需要。运动初期心输出量快速增加，之后缓慢递增并逐渐达到稳定，此时机体血流状态与肌肉活动的代谢需求达到相对平衡的状态。

（2）运动时各器官血液量的变化：运动时心输出量增加，但增加的心输出量并不是平均分配给全身各个器官的。通过体内的调节机制，各器官的血流量将进行重新分配。其结果是使心脏和进行运动的肌肉的血流量明显增加，不参与运动的骨骼肌及内脏的血流量减少。在运动开始时，皮肤血流也减少，但以后由于肌肉产热增加，体温升高，通过体温调节机制，使皮肤血管舒张，血流增加，以增加皮肤散热。运动时各器官血液量的重新分配具有十分重要的生理意义，即通过减少对不参与活动的器官的血流分配，保证有较多的血流分配给运动的肌肉。运动时血流量重新分配的生理意义，还在于维持一定的动脉血压。

（3）运动时动脉血压的变化：在有较多肌肉参与运动的情况下，如步行时，肌肉血管舒张对外周阻力的影响大于其他不活动器官血管收缩的代偿作用，故总的外周阻力仍有降低，表现为动脉舒张压的降低；另一方面，由于心输出量显著增加，故收缩压升高，而平均动脉舒张压则可能比安静时稍低。

运动时的动脉血压的变化取决于心输出量和外周阻力两者变化之间的关系，并与运动强度和运动方式等有关。逐渐增加强度的运动开始阶段，收缩压由安静状态迅速升高，之后随着运动强度的增加而增加，最高可达到 200 mmHg 以上、尽管此时总外周阻力有所下降，但是舒张压维持稳定或轻度增加。

在运动方式方面，动力性运动时，由于心输出量增加，外周血管总阻力变化不大，故血压升高，但以收缩压升高为主；静力性运动时，心输出量增加幅度较小，但由于肌肉持续收缩压迫血管和腹腔内脏血管收缩，使外周总阻力升高，故血压升高以舒张压为明显。此外，与下肢大肌肉群的运动相比，机体在完成相同最大摄氧量强度的上肢运动时，动脉血压变化明显增强；与直立运动相比，倒立运动时收缩压和舒张压明显增高。

2．心血管系统对运动的适应

经常进行健身锻炼或运动训练，可促使人体心血管系统的形态、机能和调节能力产生良好的适应，从而提高人体工作能力。运动对心血管的长期性影响概括起来有以下几个方面。

（1）窦性心动徐缓：健身锻炼或运动训练，特别是耐力练习可使静息心率减慢。某些优秀的耐力运动员静息心率可低至 40～60 次，这种现象称为窦性心动徐缓。窦性心动徐缓是经过长期训练后心功能改善的良好反应。窦性心动徐缓是可逆的。

（2）运动性心脏增大：健身锻炼或运动训练可使心脏增大。运动性增大的心脏，外形丰实，收缩力强，心力贮备高。运动性心脏增大是对长时间运动负荷的良好适应。

运动性心脏增大在一定程度上具有运动专项特异性。经常进行有氧运动的人，其心脏增大以心室腔增大为主，心容积增大，但心室室壁却不增厚或仅轻度增厚；经常进行力量性练习的人，其适应表现在心室壁增厚，而心腔不扩大或稍有扩大。

（3）心血管机能改善：静息时，每分输出量相同的一般人和运动员，虽然他们每分输出量无多大区别，但由于运动员的心率较低，故其每搏输出量较大。从事最大运动时，两者的心率都可达到同样的高度，但运动员的每搏输出量可比静息时增加 79mL，每分输出量可高达 35 L。无训练者的每搏输出量只比静息时增加 42 mL，每分输出量只能提高到 22 L。运动员每搏输出量及心输出量的增加是心脏对运动训练的适应。

此外，经过训练，心肌微细结构也会发生改变，使心肌收缩力增加。

运动训练不仅使心脏在形态和机能上产生良好适应，而且也可使调节机能得到改善。有训练者在进行定量工作时，心血管机能动员快、潜力大、恢复快。运动开始后，能迅速动员心血管系统功能，以适应运动活动的需要。进行最大强度运动时，在神经和体液的调节下可发挥心血管系统的最大机能潜力，充分动员心力贮备。运动后恢复期短，也就是说运动时机能变化很大，但运动一停止就能很快复到安静时水平。

二、血液

（一）血液的组成

血液是由血浆和血细胞组成的液态组织，并在心血管系统内进行循环流动。血细胞包括红细胞、血小板和白细胞。血浆是除血细胞之外的液体部分。血浆除了含有大量的水分外，还有多种化学物质、激素和抗体等。血细胞内的物质透过细胞膜与血浆中的物质进行交换。

从人体中取出的血液，称为全血。如在全血中加入适量抗凝剂，经离心沉淀后，血液会分为两层，上层淡黄色的透明液体称为血浆，占全血的 50%～60%，下层暗红色的不透明固体称红细胞。红细胞的上方，有薄薄的一层白色物质，是血小板和白细胞。血细胞占全血的 40%～50%。血细胞主要由红细胞组成，血细胞在全血中所占容积的百分比称为血细胞比容。健康成年男子的红细胞比容为 40%～50%，女子为 37%～48%。血小板和白细胞约占全血的 1%。

（二）血液的功能

1. 维持内环境的相对稳定

血液能维持水、酸碱度、渗透压和体温等的相对稳定。这些因素的相对稳定可以使人体的内环境相对稳定。只有内环境相对稳定，人体组织细胞才能具有正常的兴奋性和进行生理活动。

2. 运输

血液将消化系统吸收的营养物质和从呼吸器官吸入的氧气，运送到全身各处供组织细胞进行代谢，又将全身各组织细胞的代谢物（二氧化碳、尿素、水等）运输到肾、肺、皮肤等器官排出体外。

3. 调节

血液将内分泌器官所分泌的激素运输到全身，作用在相应的器官上（称靶器官）改变其活动，起着体液调节作用。所以，通过血液可以完成神经－体液调节。

血液在体温调节过程中也发挥重要作用。当温度升高时，皮肤上的血管舒张，血液将体内产热器官产生的热运到体表散发；当温度降低时，皮肤上的血管则收缩，减少皮肤上的血流量，以维持体温。

4. 防御和保护

血液中白细胞对体内的坏死组织和侵入人体的微生物都有吞噬分解作用，称为细胞防御。血浆中含多种免疫物质（总称为抗体），能对抗及消灭外来的毒素和细菌（总称为抗原），血小板有止血的作用，人体损伤出血时，血小板能够让血液在伤口发生凝固，阻止继续出血，从而对人体起到保护作用。

（三）红细胞与运动

1. 红细胞的生理特性

正常的成熟红细胞没有细胞核，呈扁圆形，边缘较厚，中央薄。红细胞的平均寿命为120 天。健康成年男子每立方毫米血液中含有 $450\sim550$ 万个红细胞，健康成年女子每立方毫米血液中含有 $380\sim460$ 万个红细胞。红细胞可以运输氧和二氧化碳以及缓冲血液的酸碱度。

2. 血红蛋白的功能

血红蛋白是红细胞的主要成分，红细胞能够携带 O_2 和 CO_2，这一机能是靠红细胞内的血红蛋白完成的。血红蛋白在氧分压高时（肺内），容易与氧结合，生成氧合血红蛋白（HbO_2），此现象称为氧合作用。在氧分压低时（组织内），容易与氧分离，释放出氧，供细胞代谢需要，此现象称为氧离作用。

3. 运动对红细胞数量的影响

（1）短期运动训练对红细胞数量的影响。短时间大强度运动与长时间的耐力运动相比，红细胞增加得更明显。运动后即刻观察到红细胞数的增多，主要是由于血液重新分配引起的。一般认为，这是贮血库释放出较浓缩的血液进入循环血，提高了红细胞的浓度。同时，运动过程中，血浆中水分的渗出，也使血液出现浓缩。

运动中红细胞数量的暂时性增加，在运动停止后便开始恢复，$1\sim2$ 小时后可恢复到正常水平。

（2）长期运动训练对红细胞数量的影响。经过长期系统的运动训练、耐力性训练的运动员在安静时，红细胞数并不比一般人高，有些甚至低于正常值，被诊断为运动性贫血。这是因为目前国内运动员是按照临床医学的方法和标准来检测贫血的，即用单位体积中红细胞的数量以及单位容积中血红蛋白的含量进行评定。但由于运动员红细胞量增加很大程度上是以增加血浆量为前提的，所以安静时红细胞比容、血红蛋白含量比一般人有降低的趋势。安静时运动员的红细胞比容下降具有一定的意义，因为它降低了血黏度，从而减少血循环的阻力，减轻了心脏的负荷。而在运动时，优秀运动员血黏度、红细胞比容等没有明显变化。这种现象是运动员血液系统对训练的一种适应性反应。

由上述原因造成的血红蛋白含量下降或红细胞数量偏低而诊断为运动性贫血者，称为假性贫血。

（四）运动对血量的影响

健康成年人的血量占体重的 $7\%\sim8\%$。人在安静状态下，大部分的血都在心血管中流动，这些血量称为循环血量。还有一些血量潴留在肝、脾等处，血流速慢，红细胞较多，血浆较少，这些血量称为贮存血量。

运动时贮存血量被动员，使循环血量增加。一般人增加 10％左右，而运动员可增加 25％～30％。同时，各部位血管口径发生了改变，使血液大部分流向工作肌。运动时骨骼肌的血流量比安静时增加 4～20 倍，心肌增加 3～5 倍，而皮肤、内脏等部位的血流量却比安静时大大减少。

从事短时间大强度的运动时，血浆容量和血细胞容量都明显增加，而血细胞容量增加更明显，其原因是储血库中血浆量相对少，血细胞容量大，进入循环血中使血细胞浓度增高。

长时间的耐力性运动，血容量的改变主要由血浆中水分的转移而决定。如果体内产热明显增加，人体会以出汗的方式散热，汗液中 99％为水分。周围环境温度在 35℃时每蒸发一克汗水，散放约 0.58 千卡（2.43 千焦耳）的热量。一次性长时间的运动可使血浆容量减少 10％左右。高温环境下运动脱水时若体重下降 3％～8％，血浆容量会减少 6％～25％。脱水会使人体有氧能力及心输出量下降，代谢产物不断增多，加剧疲劳，运动能力下降。

三、呼吸系统

（一）呼吸系统的组成与功能

呼吸系统包括呼吸道和肺。呼吸道是传送气体的管道，肺是进行气体交换的器官。人体在新陈代谢过程中，不断地从外界环境中摄取氧气并排出二氧化碳，这种机体与环境之间的气体交换过程，称为呼吸。呼吸系统具有呼吸功能。

呼吸道是传送气体的通道，由鼻、咽、喉、气管和支气管组成。呼吸道分为上下两部分，通常将鼻、咽、喉称为上呼吸道，气管和支气管称为下呼吸道。呼吸道有加温、润湿和净化空气的功能，有通过调节支气管平滑肌的舒缩来改变呼吸道的口径进而影响气流阻力的功能，但呼吸道不具备气体交换的功能。

肺是呼吸系统的呼吸部，是人体进行气体交换的重要器官。肺位于胸腔内、左右各一，分居于纵隔两侧，呈圆锥形。肺由肺内支气管及其分支形成的支气管树和无数肺泡及围绕肺泡外的毛细血管网组成。支气管分支直径在 1 毫米以下的称为细支气管。每一细支气管及其分支与所连肺泡组成一个肺小叶。肺小叶是肺的结构和功能单位。每个肺含有 50～80 个肺小叶。肺泡是半球形泡囊，成年人约有 3～4 亿个，平均直径约为 0.2 毫米，总面积为 70～100 平方米，是气体交换的主要原场所。

（二）呼吸运动

肺存在于密闭的胸腔中，其本身无平滑肌，不能主动扩大和缩小。但肺富有弹性纤维，肺泡具有一定的表面张力，因此可以被动地扩大和缩小。胸廓的节律性扩大和缩小称为呼吸运动，它是通过呼吸肌的舒缩活动来实现的，构成肺的通气动力。呼吸肌分主要吸气肌、辅助吸气肌和呼气肌：主要吸气肌由膈肌和肋间外肌组成，辅助吸气肌由胸肌、斜方肌、胸锁乳突肌和背阔肌等组成，呼气肌由肋间内肌和腹壁肌组成。按照呼吸的深浅，可把呼吸运动分为平静呼吸与用力呼吸。

1. 平静呼吸

安静状态下的呼吸运动称为平静呼吸，其特点是：吸气时，依靠膈肌和肋间外肌的收缩使胸廓扩大，完成吸气过程；呼气时通过膈肌和肋间外肌的舒张，使扩大的胸廓回位

（恢复），完成呼气过程。胸廓扩大时，肺随之扩张，肺容积的增大使肺内压下降，当低于大气压时，空气进入肺泡，形成吸气；膈肌和肋间外肌的舒张，加之肺和胸廓的弹性回缩与重力作用，以及腹腔脏器恢复到原状的作用，使得膈肌、肋骨回位，胸廓缩小，肺亦随之缩小，随着肺容积的缩小，肺内压上升，当高于大气压时，肺内气体排出体外，形成呼气。

2. 用力呼吸

用力呼吸的特点是吸气与呼气过程均伴有肌肉的收缩活动。用力吸气时，除主要的吸气肌膈肌和肋间外肌加强收缩外，辅助吸气肌也参与收缩，使胸廓进一步扩大，从而增加吸气量。用力呼气时，除上述吸气肌舒张外，还有肋间内肌与腹壁肌的同时收缩，前者使肋骨充分下降，后者牵动胸骨向下，并使腹内压增加，使内脏推挤膈肌上移，从而促使胸廓进一步缩小，呼气加深。

3. 呼吸形式

膈肌舒缩时，腹部随之起伏，以膈肌活动为主的呼吸运动称为膈式呼吸或腹式呼吸。肋间肌的活动使肋骨发生提降移动，胸部也随之起伏，以肋间肌活动为主的呼吸运动称为肋式呼吸或胸式呼吸。儿童以腹式呼吸为主，成年人的呼吸形式一般都是混合式的，但女性偏重胸式呼吸，男性偏重腹式呼吸。

（三）肺通气机能的相关概念

1. 肺容量

肺所容纳的气量称为肺容量。在呼吸运动中，肺容量发生周期性变化，变化的大小取决于呼吸的深度。

（1）潮气量：每一呼吸周期中，吸入或呼出的气量称潮气量。平静呼吸时的潮气量为400～600mL。潮气量与年龄、性别、体表面积及情绪等因素有关，运动时潮气量增大。

（2）补吸气量和深吸气量：平静吸气之后，再做最大吸气时，增补吸入的气量，称为补吸气量，正常成人为1500～2000mL。补吸气量与潮气量之和称为深吸气量。深吸气量是衡量最大通气潜力的一个重要指标，胸廓的形态和吸气发达程度是影响深吸气量的重要因素。

（3）补呼气量：平静呼气之后，再做最大呼气时，增补呼出的气量，称为补呼气量。正常成人为900～1200mL。补呼气量的大小反映了呼气的贮备能力。

（4）肺活量：最大深吸气后，再做最大呼气时所呼出的气量，称为肺活量。肺活量为潮气量、补吸气量和补呼气量之和。正常成人肺活量的平均值，男性约为3500mL，女性约为2500mL，运动锻炼既能使人的肺活量水平提高，也能延缓肺活量的衰减，高水平的运动员肺活量可达7000mL之多。

肺活量的大小与性别、年龄、体表面积、胸廓大小、呼吸肌发达程度以及肺和胸廓的弹性等因素有关，而且有较大的个体差异。

（5）余气量和功能余气量：尽最大力呼气之后，仍潴留于肺内的气量，称为余气量。正常成年男性约为1500mL，女性约为1000mL。余气量随年龄和健康状况而异，老年人大于青壮年，男性高于女生。平静呼气之后，存留于肺中的气量，称为功能余气量。安静时正常成年男性约为2500mL，女性约为2000mL。呼吸的深浅，决定着功能余气量的多少。运动时若呼吸阻力越大、呼吸深度越浅，功能余气量将会越多。

（6）肺总容量：肺所能容纳的最大气量为肺总容量，肺总容量是肺活量和余气量之和。成年男性平均为 5000mL，女性平均为 3500mL。其值因性别、年龄、体表面积、锻炼程度和体位而异。

2．肺通气量

（1）每分通气量：单位时间内吸入（或呼出）的气量称为肺通气量。一般以每分钟为单位计量，故也称每分通气量。若呼吸深度一致，则每分通气量为：

$$每分通气量＝呼吸深度（潮气量）×呼吸频率（每分钟呼吸次数）$$

安静时成年人的每分通气量为 6～8L。安静时呼吸的频率随年龄而异，5 岁平均为 26 次，15～20 岁平均为 20 次，成年后平均降为 16 次。呼吸深度和呼吸频率随人体新陈代谢水平而变化，代谢水平高时，两者俱增。如剧烈运动时，呼吸频率可增至 40～60 次/分，每分通气量可增至 80～150 L 或更多（180～200 L）。

（2）最大通气量：以适宜的呼吸频率和呼吸深度进行呼吸时所测得的每分通气量，称最大通气量或最大随意通气量。最大通气量是衡量通气功能的重要指标。

（四）气体交换和运输

肺泡与肺泡毛细血管血液之间的气体交换称为肺换气；体内毛细血管血液与组织细胞之间的气体交换称为组织换气。气体的交换过程必须遵循一定的物理化学规律，即氧和二氧化碳都要通过理化扩散的方式才能完成气体交换。

肺换气和组织换气要借助于血液运输氧和二氧化碳。血液运输气体有两种方式，小部分气体以物理溶解的方式进行运输，大部分气体以化合结合的方式进行运输，这两种方式是相辅相成的。物理溶解的量虽很少，但很重要，进入血液的气体要先溶解才能发生化合结合，结合的气体也要先溶解才能从血液中逸出。物理溶解与化合结合两者之间处于动态平衡中。

（五）运动对呼吸系统的影响

经常进行运动锻炼的人，呼吸器官的构造和机能都会发生良好的变化，主要是使骨性胸廓发达，因此胸围加大，既增加了从肺内向外排气的量，又为肺内充满较多的气体提供了空间条件。运动可以使呼吸肌逐渐发达且力量增强，由于膈肌的收缩和放松能力的提高，肺活量也增大。随着运动水平的提高，肺通气量也相应增大。由于促进了肺的良好发育，使肺泡的弹性和通透性加大，更有利于进行气体交换，组织对氧的利用率也可能提高，表现为呼吸差加大，安静时呼吸频率缓慢。同时，由于呼吸与运动的协调配合，能够适应和满足较强烈的运动对呼吸系统的要求。

运动锻炼对呼吸系统的影响是多方面的，科学适宜的运动对呼吸系统有益。但随着运动强度的增加，呼吸膜厚度有从正常到增厚，再到变薄，最后直到破裂的可能，如呼吸道出现炎症，会出现一系列变化，使呼吸膜呼吸作用减弱。

第三章　运动的营养学基础

第一节　营养素

营养是指人体消化、吸收、利用食物或其他营养物质的过程，也是机体从外界获取养料满足自身生理需要的过程，包括摄取、消化、吸收和体内利用等环节。研究人体以及其他生物的营养问题的学科被称为营养学。

食物中含有的能维持人体正常生理功能、促进生长发育和健康的化学物质称为营养素。人体所需的营养素有蛋白质、碳水化合物、脂类、矿物质、维生素、水和膳食纤维。

一、蛋白质

（一）组成与分类

1. 蛋白质组成

蛋白质是一种化学结构复杂的化合物，主要由碳、氢、氧、氮4种元素构成，有的含有硫、磷、铜、铁等元素。氨基酸是构成蛋白质的基本单位。

2. 蛋白质分类

已知食物蛋白质中的氨基酸有20多种，氨基酸一般可分三类：[①]

（1）体内不能合成或合成速度较慢，不能满足机体需求，但又是维持机体生长发育、合成机体蛋白质所必需的，必须由膳食提供，叫必需氨基酸。对于成年人，必需氨基酸有8种，婴幼儿有9种（成人的8种必需氨基酸加上组氨酸）。

（2）体内可以合成的氨基酸，非必须由食物供给的称非必需氨基酸。

（3）条件性必需氨基酸。条件性必需氨基酸的特点是：第一，其合成以其他氨基酸为前体，并且只限于某些特定的器官；第二，合成的最大速度可能是有限的，并可能受发育与病理生理因素的限制。

食物蛋白质的营养价值取决于所含氨基酸的种类和数量，蛋白质根据营养价值一般分为三类：

（1）完全蛋白质，所含必需氨基酸种类齐全、数量充足、比例适当，不但能维持成人的健康，还能促进儿童生长发育，如乳类、蛋类、肉类、大豆中的大豆蛋白，小麦中的麦谷蛋白，玉米中的谷蛋白等，都属于完全蛋白质。

（2）半完全蛋白质，所含必需氨基酸种类齐全，但有的氨基酸数量不足，比例不适当，可以维持生命，但不能促进生长发育，如小麦中的麦胶蛋白等。

（3）不完全蛋白质，所含必需氨基酸种类不全，既不能维持生命，也不能促进生长发

---

① （加）苏珊·克莱纳作；翁静琪，译. 健身饮食的科学 第4版［M］. 北京：科学技术文献出版社，2021：42

育，如玉米中的玉米胶蛋白，动物结缔组织和肉皮中的胶质蛋白，豌豆中的豆球蛋白等。

（二）生理功能

1. 构成和修复组织

蛋白质是构成机体组织、器官的重要成分，人体各组织、器官无一不含蛋白质。在人体的瘦组织中，如肌肉组织和心、肝、肾等器官均含有大量蛋白质；骨骼、牙齿，乃至指、趾也含有大量蛋白质；除水分外，蛋白质约占细胞内物质的80%。因此，构成机体组织、器官的成分是蛋白质最重要的生理功能。身体的生长发育可视为蛋白质的不断积累过程。

2. 调节生理功能

机体生命活动之所以能够有条不紊地进行，有赖于多种生理活性物质的调节。蛋白质在体内是构成多种重要生理活性物质的成分，参与调节生理功能。

3. 供给能量

蛋白质在体内降解成氨基酸后，经脱氨基作用生成的物质可以直接或间接经三羧酸循环氧化分解，同时释放能量，是人体能量来源之一。但是，蛋白质的这种功能可以由糖类、脂肪代替。因此，供给能量是蛋白质的次要功能。

4. 其他

神经系统的功能与摄入蛋白质的质量密切相关，蛋白质可明显地影响大脑皮层的兴奋和抑制过程。在婴幼儿大脑发育时期，蛋白质供给不足，会使脑细胞数目减少，影响智力发育。人的记忆过程也与脑内蛋白质的合成有关。蛋白质还与体内许多重要物质的运输有关。

（三）食物来源

蛋白质推荐摄入量（recommended nutrient intake，简称 RNI）必须满足机体的氮平衡。每日摄入蛋白质的含氮量与机体排出的氮量相等，称为氮平衡。摄入多于排出，是正氮平衡；反之是负氮平衡。蛋白质含量较高且利用率较高的食物主要是鱼、禽、蛋、瘦肉、奶类、豆类及其制品等，其次是谷类，蔬菜水果含量最低。经济、文化等因素决定了我国人民总体饮食结构、饮食习惯是以谷类食物等植物性食物为主、动物性食物为辅。所以，谷类食物成为蛋白质的主要来源，而谷类食物的蛋白质大多数是非优质蛋白质，其营养价值受限制。

几种蛋白质混合食用时，由于各种蛋白质所含氨基酸互相配合，取长补短，改善了必需氨基酸含量的比例，从而使混合蛋白质的生物价提高，这种现象称为蛋白质的互补作用。为了提高营养价值，应充分利用蛋白质的互补作用。例如，粮食类蛋白质中赖氨酸较少，限制了其生物价，而与含赖氨酸较多的大豆或肉、蛋类搭配食用，生物价就可提高。总之，食物多样化，粗细粮搭配，动物蛋白合理分配于各餐，适量摄取豆制品，可以较好地发挥蛋白质的互补作用，有利于提高蛋白质的营养价值。两种食物摄入的间隔时间以不超过 5 小时为宜，若间隔时间太长，互补作用将会降低。

二、碳水化合物

碳水化合物又称糖类，它在自然界分布很广，储量丰富，是最经济的营养素，也是人类最重要的能量来源。

（一）组成与分类

碳水化合物由碳、氢、氧 3 种元素组成，是机体获取能量的最经济和最主要的来源。根据其聚合度，可将其分为单糖、双糖和多糖 3 类。葡萄糖、果糖、半乳糖及核糖等是单糖，蔗糖、麦芽糖、乳糖是双糖，多糖包括淀粉、糖原和膳食纤维。多糖（膳食纤维除外）和双糖在体内必须先经过唾液淀粉酶、胰淀粉酶或肠内各种消化酶的作用转变成单糖（如核糖、脱氧核糖及半乳糖等），才能被机体利用。

各种糖的消化吸收速度不同，单糖较快、多糖较慢；各种单糖的吸收速度也不同，若葡萄糖是 100，那么麦芽糖是 105，果糖是 23。

（二）生理功能

1. 供给和储存能量

每克葡萄糖在体内氧化可以产生 16.7kJ（约 4kcal）的能量。在维持人体健康所需要的能量中，55%～65% 由碳水化合物提供。糖原是肌肉和肝脏糖类的储存形式，肝脏约储存机体内 1/3 的糖原。一旦机体需要，肝脏中的糖原即可分解为葡萄糖以提供能量。碳水化合物在体内释放能量较快，供能也快，是神经系统和心肌的主要能源，也是肌肉活动时的主要燃料，对维持神经系统和心脏的正常供能，增强耐力，提高工作效率有重要意义。

2. 构成细胞的组成成分

碳水化合物是构成机体组织的重要物质，并参与细胞的组成和多种活动。每个细胞都有碳水化合物，其含量约为 2%～10%。

3. 节约蛋白质作用

机体需要的能量，主要由碳水化合物提供，当膳食中碳水化合物供应不足时，机体为了满足自身对葡萄糖的需要，则通过糖原异生作用动用蛋白质以产生葡萄糖，供给能量；当摄入足够量的碳水化合物时能预防蛋白质消耗，机体不需要动用蛋白质来供能，即碳水化合物具有节约蛋白质作用。

4. 抗生酮作用

当膳食中碳水化合物供应不足时，体内脂肪或食物脂肪被动员并加速分解为脂肪酸来供应能量。在这一代谢过程中，由于脂肪酸不能彻底氧化而产生过多的酮体，酮体不能及时被氧化而在体内蓄积，以致产生酮血症和酮尿症。膳食中充足的碳水化合物可以防止上述现象的发生，因此碳水化合物具有抗生酮作用。

5. 解毒作用

经糖醛酸途径生成的葡萄糖醛酸，是体内一种重要的结合解毒剂，在肝脏中能与许多有害物质（如细菌毒素、酒精、砷等）结合，以消除或减轻这些物质的毒性或生物活性，从而起到解毒作用。

6. 增强肠道功能

非淀粉多糖类，如纤维素和果胶、抗性淀粉、功能性低聚糖等大分子碳水化合物，虽不能在小肠消化吸收，但能刺激肠道蠕动，增强结肠内的发酵，有助于消化和预防便秘。

（三）食物来源

碳水化合物的推荐摄入量依饮食习惯、食物结构、生活水平和体力活动等因素而定。碳水化合物的种类很多，其中淀粉类主要来自五谷类。豆类和根茎类也是淀粉的良好来源。人体对淀粉的适应性好，可较大量和长期食用而无不适应，淀粉消化吸收较慢，使血糖维持在较稳定的水平；简单的糖只能在某些情况下适当食用，且不宜摄入过多。

三、脂类

（一）组成与分类

脂类包括脂肪和类脂两大类，由碳、氢、氧3种元素组成，有的类脂还含有磷、氮。脂肪是甘油及脂肪酸组成的甘油酯，类脂包括磷脂和固醇类。磷脂中有卵磷脂、脑磷脂及神经磷脂。类脂具有很高的生理价值，在运动员营养中有特殊作用。固醇类为一些类固醇的前体。胆固醇是人体中主要的固醇类化合物，是类固醇激素、维生素D及胆汁酸的前体。

脂肪酸的种类很多，按分子结构分为饱和脂肪酸与不饱和脂肪酸两类。不饱和脂肪酸又可分为单不饱和脂肪酸与多不饱和脂肪酸。目前已知的多不饱和脂肪酸中，亚油酸、亚麻酸对人体最重要，它们在体内不能合成，必须从食物中摄取，故称必需脂肪酸。

（二）生理功能

1. 储能和供能

一般合理膳食总能量的20％～30％由脂肪提供，储存脂肪常处于分解（供能）与合成（储能）的动态平衡中，1g脂肪在体内氧化可产能37.56kJ的能量，约相当于9kcal，比等量蛋白质和糖类产生的热量多一倍多。[①]

2. 细胞及组织的组成成分

细胞膜是由磷脂、糖脂和胆固醇组成的类脂层；神经组织含有磷脂和糖脂；胆固醇是类固醇激素、维生素D及胆汁酸的前体。[②]

3. 保护脏器和维持体温

分布于腹腔、皮下、肌纤维间的脂肪有保护脏器、组织和关节的作用。皮下脂肪还是很好的绝缘物质，有保温防寒作用。

4. 促进脂溶性维生素的吸收

食物脂肪是脂溶性维生素A、D、E、K的载体，协助脂溶性维生素和胡萝卜素等的吸收。

此外，脂肪还具有节约蛋白质的作用；提供必需脂肪酸；具有内分泌作用，构成某些内分泌激素；增加膳食的美味和增加饱腹感。

（三）食物来源

膳食中脂肪的需要量受年龄、生理状态、饮食习惯、运动、经济条件和气候等影响，变化范围很大。脂肪的食物来源有两种：一是动物性食物，如猪油、牛油、羊油、奶油、鱼油、骨髓及鸡蛋黄中的脂肪等；二是植物性食物，如芝麻、棉子、菜子、茶子等，以及加工后制成的植物油。此外，花生、核桃、杏仁、松子及黄豆都是含脂肪丰富的食物。

四、矿物质

人体内含有的各种元素，除了碳、氢、氧、氮主要以有机化合物形式存在外，其余的

---

① 上海体适能培训学院. 随时随地玩健身 ［M］. 上海：复旦大学出版社，2018：62—63
② 同上。

元素统称为矿物质，其中有 20 多种已经被证实是人体营养所必需的。机体中含量较多的在 0.01％以上的，称常量元素，有钙、磷、钾、钠、硫、氯、镁 7 种。含量在 0.01％以下的，称微量元素，有铁、锌、碘、硒、氟、铜、钼、锰、铬等 14 种。[①]

（一）常量元素

1. 钙

（1）生理功能：构成骨骼和牙齿；维持神经肌肉的正常的兴奋性；维持细胞膜和毛细血管的正常功能；参与血液凝固过程；作为第二信使，调节机体各种生理活动。

（2）食物来源：奶和奶制品是钙的主要食物来源，其含钙量丰富并且吸收率高。可以连骨或壳吃的小鱼、小虾及一些坚果类，含钙也较多。豆类、绿叶蔬菜也是钙的较好来源，但有的含草酸较多（如菠菜）会对钙吸收有所影响。

2. 磷

（1）生理功能：构成骨骼和牙齿的主要物质；核酸、磷脂、磷蛋白及某些辅酶的组成成分，参与和调节体内生理功能；磷酸盐组成缓冲体系，维持体内酸碱平衡；以磷酸高能键形式参与物质代谢和能量代谢。

（2）食物来源：无论是动物性食物还是植物性食物，在其细胞中，都含有丰富的磷，动物乳汁中也含有磷，磷是和蛋白质并存的。瘦肉、蛋、奶、动物的肝脏和肾，磷含量都很高，海带、紫菜、芝麻酱、花生、干豆类、坚果、粗粮含磷也较丰富。

3. 钾

（1）生理功能：钾是细胞内液中的主要阳离子，也是血液的重要成分。钾不仅维持着细胞内液的渗透压和酸碱平衡，维持神经肌肉的兴奋性，而且还参与蛋白质、糖以及能量代谢的过程。

（2）食物来源：大部分食物都含有钾，但蔬菜和水果是钾最好的来源。

4. 钠

（1）生理功能：钠是细胞外液的主要阳离子，钠不仅维持细胞外液的渗透压和酸碱平衡，而且还对细胞的水分、渗透压、应激性、分泌和排泄等具有调节作用。

（2）食物来源：钠普遍存在于各种食物中，但人体钠的来源主要是食盐，以及酱油、腌制肉、酱咸菜等咸味的食物等。

5. 镁

（1）生理功能：以磷酸盐和碳酸盐形式组成骨骼和牙齿的重要成分；是某些酶的辅助因子或激活剂；维持神经肌肉正常兴奋性，维持心肌正常结构与功能。

（2）食物来源：绿叶蔬菜、粗粮、坚果中镁的含量丰富，肉类、淀粉类食物及牛奶中的镁含量中等。硬水中也含有少量的镁。

（二）微量元素

1. 铁

（1）生理功能：主要作为血红蛋白、肌红蛋白、细胞色素等的组成部分而参与体内氧的运送和组织呼吸过程。催化胡萝卜素转化为维生素 A，参与胶原的合成，促进抗体的产生，增强机体免疫力。

---

① 胡红梅. 运动 营养与健康［M］. 广州：华南理工大学出版社，2021：39

（2）食物来源：动物肝脏、全血、肉类、豆类和绿色蔬菜等是铁的良好来源；蛋黄中的铁吸收率虽然偏低，但含铁丰富，仍是较好的铁源食物。

2．锌

（1）生理功能：许多金属酶的组成成分或一些酶的激活剂；增强机体免疫力；加速创伤愈合；促进维生素 A 代谢，保护夜间视力；改善味觉，促进食欲；提高智力。

（2）食物来源：贝壳类海产品、红色肉类、动物肝脏类都是锌的极好来源，水果类、谷类胚芽和麦麸也富含锌，奶酪、虾、燕麦、花生等也是良好来源。一般的植物性食物和蔬菜水果中含锌较少。[①]

3．铜

（1）生理功能：氧化酶的组成成分；促进组织中铁的转移和利用；催化血红蛋白的合成；清除自由基，防止衰老和抗癌。

（2）食物来源：铜广泛存在于各种食物中，牡蛎、贝类食物以及坚果类是铜的良好来源；其次是动物肝脏和肾、谷类发芽部分、豆类等。

4．氟

（1）生理功能：预防龋齿和老年性骨质疏松症，加快伤口愈合和铁的吸收。

（2）食物来源：一般动物性食物中氟含量高于植物性食物，海洋动物中氟含量高于淡水及陆地食物，其中茶叶、海鱼、海带、紫菜中氟含量较高。

5．碘

（1）生理功能：参与甲状腺的合成，甲状腺对蛋白的合成、能量代谢、水盐代谢有重要的影响。

（2）食物来源：海产品的碘含量大于陆地食物，如海带、紫菜、鲜鱼、蛤干、干贝、海参、海蜇等。海带含碘量最高；其次为海贝及鲜海鱼；动物性食物的碘的含量高于植物性食物；陆地食品则以蛋、奶含碘较高，其次为肉类；淡水鱼的含碘量低于肉类；植物的含碘量最低，特别是水果和蔬菜。

6．硒

（1）生理功能：维持细胞膜结构和功能的完整性；预防克山病和大骨节病；促进免疫球蛋白合成，增强机体免疫功能和抗癌；降低毒物对人体的危害作用；促进生长和保护视觉器官的健全。

（2）食物来源：食物中硒含量与食物产地土壤和河水中硒的含量有关，变化很大。一般来说，动物性食物为硒的来源，特别是内脏和海产品；植物性食物中硒的含量随产地土壤、河流硒含量及可被吸收利用量的变化而变化，差异较大。

五、维生素

维生素是维持人体正常生命活动所必需的一类有机化合物，在体内含量极微、但在机体的代谢、生长发育等过程中起重要作用。维生素主要分为水溶性和脂溶性两类，水溶性的主要有维生素 B 族和 C 族，脂溶性的主要有维生素 A、D、E、K。

---

① （加）苏珊·克莱纳. 翁静琪，译. 健身饮食的科学 第 4 版 ［M］. 北京：科学技术文献出版社，2021：48

（一）脂溶性维生素

1．维生素 A

维生素 A 又名视黄醇或抗干眼病维生素，是不饱和的一元醇，为黄色结晶体。性质活跃，易被氧化和紫外线照射而破坏。

（1）生理功能：维持正常的视觉功能；维持上皮组织结构的完整和健康；具体有类固醇激素的作用，影响细胞分化，促进生长和发育；有抗氧化、抗癌和抗疲劳作用。

（2）食物来源：维生素 A 只存在于动物性食物中，尤其是动物的肝脏、蛋类和奶类。维生素 A 可由 β－胡萝卜素合成。胡萝卜素的良好来源是有色蔬菜和水果，如菠菜、豌豆苗、红心甜薯、胡萝卜、青椒、杏和芒果等。

2．维生素 D

维生素 D 是类固醇衍生物，种类多。维生素 D 性质稳定，耐高温，酸败的油脂可以破坏维生素 D。

（1）生理功能：调节体内钙、磷代谢，促进钙磷的吸收和利用，以构成健全的骨骼和牙齿。

（2）食物来源：维生素 D 主要存在于动物性食物中，最丰富的来源是鱼肝油、各种动物肝脏和蛋黄，夏季动物奶中的含量也较多。晒后的青菜，其他维生素可能被破坏，但维生素 D 剧增，故菜干是富含维生素 D 的食物。

3．维生素 E

维生素 E 又称生育酚，极易自身氧化，并易遭碱、铁盐的破坏。对酸、热较稳定，但长期高温加热，特别是油脂酸败时，常使其活性明显降低。

（1）生理功能：抗氧化作用；促进毛细血管增生，改善微循环，有利于防止动脉粥样硬化及冠心病；促进新陈代谢，使氧的利用率增加，增强机体耐力；维持正常生殖功能；参与体内一些必需物质的合成。

（2）食物来源：维生素 E 主要存在于植物性食品中，麦胚油、棉籽油、玉米油、花生油、芝麻油是良好的来源。

4．维生素 K

（1）生理功能：又称凝血维生素，主要生理功能是促进凝血酶原合成。

（2）食物来源：维生素 K 在甘蓝、菠菜、花菜中含量比较丰富，在番茄、奶酪、蛋黄和动物肝脏中含量也比较丰富。

（二）水溶性维生素

1．维生素 B1

维生素 B1 又称硫胺素或抗脚气病维生素，在酸性溶液中稳定，耐热，但在碱性条件下加热易氧化破坏。

（1）生理功能：促进糖类代谢，维护心脏和神经健康；增进食欲与消化功能。

（2）食物来源：维生素 B1 广泛存在于天然食品中，含量丰富的有动物内脏、肉类、豆类、花生和粗粮。谷类是我国人民的主食，也是维生素 B1 的主要来源。

2．维生素 B2

维生素 B2 又称核黄素，在酸性溶剂中稳定，但易被光和碱破坏。

（1）生理功能：维生素 B2 是黄酶辅基的组成成分，直接参与氧化反应及电子传递，是蛋白质、脂肪和糖类在体内代谢时不可缺少的物质。

（2）食物来源：维生素 B2 广泛存在于动物性和植物性食物中，以肝、肾、心、奶类、蛋黄和鳝鱼中含量较多，其次是豆类和绿叶蔬菜。

3. 维生素 B6

维生素 B6 是吡啶的衍生物，在酸性溶液中较稳定，但在碱性溶液中对紫外线不稳定。

（1）生理功能：参与蛋白质、氨基酸代谢。

（2）食物来源：维生素 B6 广泛存在于各种食品中，如各种谷物、豆类、肉类、肝、蛋黄等。

4. 维生素 B12

维生素 B12 又名钴胺素或抗恶性贫血维生素，在中性或弱酸性条件下稳定，耐高温，强酸或强碱中易被分解，阳光照射下易被破坏。

（1）生理功能：防治脂肪肝；促进红细胞的发育和成熟，维持机体正常的造血机能。

（2）食物来源：维生素 B12 主要存在于动物性食品中，如肝、肾、肉、海鱼、海虾等。

5. 维生素 PP

维生素 PP 是尼克酸和尼克酸胺的总称，性质稳定，耐高温，不易被酸、碱、氧及光所破坏，是维生素中最稳定的一种。

（1）生理功能：参与生物氧化，维持皮肤健康。

（2）食物来源：维生素 PP 广泛存在于动植物食品中，其中含量最丰富的是酵母、花生、谷类、豆类及肉类，尤其是动物肝脏。

6. 叶酸

叶酸在中性或碱性溶液中对热稳定，易被酸和光破坏。

（1）生理功能：与蛋白质核酸合成有关，与红细胞和白细胞成熟有关。

（2）主要来源：叶酸广泛分布于各种食物，叶酸最丰富的食物来源是动物肝脏、绿叶蔬菜，此外，酵母等肠菌也能合成叶酸供人体利用。

7. 维生素 C

维生素 C 又名抗坏血酸，具有很强的还原性，在酸性溶液中较稳定，但易被氧化，对热碱不稳定。

（1）生理功能：参与氧化还原反应；促进胶原蛋白合成；提高应激能力；增强机体免疫力和抗癌作用；降低血胆固醇水平；加快肌肉中磷酸肌酸与糖原的合成，提高运动能力。

（2）主要来源：维生素 C 主要来源于新鲜蔬菜和水果，韭菜、菠菜、青椒、花菜、鲜枣、草莓、山楂中含量尤其丰富。

六、水

水是人体最重要的组成成分和不可缺少的营养物质，水还具有调节生理功能的作用。人如断食而只饮水可生存数周；但如断水，则只能生存数日，一般断水 5 到 10 天即可危及生命。断食至所有体脂和组织蛋白质耗尽 50% 时，人体仍可勉强维持生命；而断水至失去全身水分 10% 就可能死亡。

（一）生理功能

（1）构成人体组织。成人体重 1/3 是由水组成的。血液、淋巴、脑脊液含水量高达 90％以上；肌肉、神经、内脏、细胞、结缔组织等含水约 60％～80％；脂肪组织和骨骼含水量在 30％以下。

（2）参与物质代谢。水是良好的溶剂，许多营养质必须溶解在水中才能发生化学反应；水在体内还直接参与氧化还原反应，促进体内各种生理活动和生化反应。

（3）运输物质。水的流动性大，在消化、吸收、循环和排泄过程中协助营养素和代谢废物的运输。

（4）调节体温。水是体内体温调节的必需物质。

（5）润滑作用。水作为关节、肌肉和脏器的润滑剂，维护其正常功能。

（二）主要来源

1．饮料水

每天饮料的摄入可随运动或劳动强度、气候、各种生理情况的不同而异。例如，运动员因高强度训练大量出汗，饮料水的摄入量就会增加。

2．食物水

各种食物都含有水分，但含水量却不同，因此，食物水的量因摄入食物种类而有所差异。

3．代谢水或体内氧化水

糖、脂肪和蛋白质等营养物质在体内氧化时产生的水称代谢水或体内氧化水。每 100g 糖在体内氧化可产生 55mL 代谢水，100g 脂肪完全氧化可产生 107mL 代谢水，100g 蛋白质在体内氧化可产生 41mL 代谢水，一般混合性食物在体内每产生 100kcal（约 418J）热量，可产生约 12mL 代谢水。

（三）代谢途径

（1）肾脏排出。体内的水主要以尿的形式排出体外，正常成人每日排尿量为 600～1500mL。

（2）皮肤蒸发。成人经皮肤蒸发的水每日为 500～700mL。

（3）呼吸道排出。成人经呼吸排出的水每日为 300～350mL。

（4）消化道排出。在正常情况下，经肠道随粪便排出的水不多，成人每日为 50～150mL。但在腹泻、呕吐时经消化道会丢失大量的水。

七、膳食纤维

膳食纤维的主要成分为非淀粉多糖。非淀粉多糖来自植物细胞壁，包括纤维素、半纤维素、果胶和非淀粉多糖成分的木质素等。

（一）生理功能

（1）降低血浆胆固醇，预防心血管疾病及胆结石症。

（2）改善血糖生成反应，预防糖尿病。

（3）改善大肠功能，预防结肠癌。

（4）降低营养素的利用率。

（二）食物来源

食物中不可溶膳食纤维含量较多，包括纤维素、木质素和一些半纤维素。谷物的麸皮，全谷粒和干豆类，干的蔬菜和坚果是不可溶纤维的良好来源，可溶膳食纤维富含于燕麦、大麦、水果和一些豆类中。

第二节 食物的营养价值

食物的营养价值通常指食物中所含营养素和热量可满足人体营养需求的程度。营养价值高的食物应是所含营养素种类齐全、数量丰富，且相互间比例适宜，容易被人体消化吸收和利用的食物。在日常生活中，应根据不同食物的营养价值特点，合理选用多种食物，保持营养平衡，满足人体需要。

一、谷类

谷类食物包括大米、小米、大麦、小麦、燕麦、玉米、高粱等。在我国膳食结构中，谷类食物是热量和蛋白质的主要来源，人体每日摄取热量的60%～80%和蛋白质的50%～70%是由谷类食物提供的，谷类还是B族维生素和一些矿物质的主要来源。

谷类中的各种营养素的含量受品种、气候、土壤和施肥的情况的影响而相差较大。现以大米为例，对其营养素进行分析。

1. 碳水化合物

谷类中的糖类含量占70%～80%，主要成分是淀粉，约占总量的90%。淀粉经烹调加工后容易被消化吸收，是机体最理想、最经济的热量来源。

2. 蛋白质

谷类蛋白质含量占8%～15%。谷类蛋白质中所含必需氨基酸不够齐全，营养价值低于动物性食物。将多种谷类混食、谷类和豆类或动物性食物混食，可提高蛋白质互补作用。

3. 脂肪

谷类脂肪含量很低，除玉米和小米可达4%以外，其余谷类均在2%以下。谷类脂肪多为不饱和脂肪酸，具有降低血胆固醇，防止动脉粥样硬化的作用。谷类还含有少量的植物固醇和卵磷脂。

4. 矿物质

谷类矿物质含量为1.5%～5.5%，大多数分布在谷皮及糊粉层中，主要是磷和钙。谷类矿物质多以植物钙镁复盐形式存在，是影响膳食中钙、铁和锌等元素吸收和利用的主要原因。

5. 维生素

谷类是膳食中B族维生素，特别是维生素B、泛酸、尼克酸的重要来源。

二、蔬菜和水果类

蔬菜和水果是某些维生素和矿物质的重要来源，含有纤维素、果胶和有机酸，能刺激胃肠道蠕动和消化液的分泌，对增强食欲和促进食物消化吸收能起到重要作用。

（一）蔬菜

蔬菜可按其品种分为叶菜类、根茎类、瓜茄类和鲜豆类。

1. 叶菜类

品种有油菜、白菜、空心菜、韭菜、芹菜等。主要提供胡萝卜素、抗坏血酸、核黄素和硫胺素等，含有较多的叶酸和胆碱；含有较高的铁、钙和磷，其中铁的含量特别高，可做贫血患者、孕妇和乳母的重要食品。

2. 根茎类

品种有土豆、甘薯、山芋、山药、胡萝卜、白萝卜、洋葱等。其中甘薯、山药、芋头等淀粉含量较高，被称为植物面包。胡萝卜不仅含胡萝卜素，还含有木质素，具有防癌和降压作用。

3. 瓜茄类

品种有南瓜、冬瓜、黄瓜、丝瓜、茄子、西红柿、青椒等。其中青椒、辣椒、西红柿和黄瓜等的胡萝卜素和维生素 C 的含量较多，特别是西红柿本身含有机酸，能保护抗坏血酸不被破坏。紫茄中含有维生素 PP，可防治高血压、动脉粥样硬化、脑溢血。

4. 鲜豆类

品种有扁豆、毛豆、豌豆、四季豆、蚕豆等。其蛋白质含量高，质量也比谷类好，在膳食中可作为副食，能与谷类蛋白质起到互补作用。鲜豆类蔬菜中所含的糖类、硫胺素、钙、磷、铁的量均比其他蔬菜高，其中的铁易被人体吸收利用。

（二）水果

新鲜水果是维生素 C 的主要来源。酸枣含维生素 C 和维生素 PP 最多，其次是柠檬、蜜橘、广橘、柚子；胡萝卜素含量丰富的水果有橘、杏、山楂、枇杷、芒果等，其中芒果含量最高；含铁多的水果有桃、李子、杏等；水果中所含的矿物质和微量元素种类多、含量高，有利于维持体液的酸碱平衡。[①] 水果中的有机酸、果胶和纤维素、可刺激胃肠蠕动，促进消化液的分泌，有助于食物的消化吸收。

三、肉、鱼虾及蛋类

（一）肉类

肉类食物包括畜和禽的肌肉、内脏及其制品。

1. 蛋白质

肉类食品含蛋白质 $10\%\sim20\%$，主要存在肌肉组织中。其氨基酸组成比例与人体组织蛋白相接近，有很高的营养价值。

2. 脂肪

肉类的脂肪含量因动物的种类和部位的不同而有很大的差异，一般畜类瘦肉含 $10\%\sim30\%$ 脂肪，禽肉和内脏多在 10% 以下；而肥肉中脂肪达 $50\%\sim80\%$。畜肉脂肪以饱和脂肪酸为主，熔点较高。胆固醇在肥肉中可达 $109mg/100g$，瘦肉则为 $81mg/100g$，内脏约为 $200mg/100g$ 以上。禽类脂肪熔点低，易于消化吸收。

---

① （加）苏珊·克莱纳. 翁静琪，译. 健身饮食的科学 第 4 版［M］. 北京：科学技术文献出版社，2021.：62

3．矿物质

肉类矿物质含量以铁和磷较多，并含有少量铜；钙含量不高，但吸收利用率很高。动物内脏中含有丰富的锌和硒，肝脏中还含有丰富的铁和铜。

4．维生素

维生素含量主要以脂溶性维生素和B族维生素为主。其在内脏含量比肌肉中高，其中肝脏的含量最为丰富。在禽肉中还含有较多的维生素E。

（二）鱼虾类

1．蛋白质

鱼虾类蛋白质含量为15％～20％，利用率高。其中蛋氨酸、苏氨酸和赖氨酸较丰富，是优质蛋白质的良好来源。

2．脂肪

鱼虾类脂肪的含量为1％～10％，鱼虾脂肪多由不饱和脂肪酸组成，鱼虾类含不饱和脂肪酸一般占到脂肪的60％以上，熔点低，消化吸收率高达95％。鱼虾中的不饱和脂肪酸对防治动脉粥样硬化和冠心病有明显的效果。鱼虾类胆固醇含量一般较高，鱼子、虾子和蟹黄中胆固醇含量高达354～940mg/100g。

3．矿物质

鱼虾类一般矿物质含量为1％～2％，其中锌的含量极为丰富，此外，钙、钠、钾、镁等也较多，其中钙的含量多于禽肉，但钙的吸收利用率较低。海产鱼还含有丰富的碘。

4．维生素

鱼肝脏含有丰富的维生素A和D，海鱼肝脏是生产鱼肝油的原料。鱼类的肉中含有较多的维生素B1、B2和尼克酸。

（三）蛋类

人们日常食用的禽蛋主要有鸡、鸭、鹅和鹌鹑蛋。其中鸡蛋产量最大，食用普遍。蛋类的营养全面、均衡、容易消化吸收。

1．蛋白质

蛋类提供最优质的蛋白质，全蛋蛋白质含量为10％～15％。鸡蛋含有人体所需的各种氨基酸，并且氨基酸的组成与人体组织蛋白所需模式很接近，是天然食物中最理想的优质蛋白质。

2．脂肪

蛋清的脂肪含量极低，98％的脂肪存在于蛋黄中。蛋黄中的脂肪几乎全部以和蛋白质结合的乳化形式存在，消化吸收率高。鸡蛋黄中脂肪含量为28％～33％，其中中性脂肪含量占62％～65％，磷脂占30％～33％，固醇占4％～5％。蛋黄中性脂肪的脂肪酸中以单不饱和脂肪酸最为丰富，约占一半，亚油酸约占10％，蛋黄是磷脂的极好来源，其中以卵磷脂和脑磷脂为主。蛋类中的胆固醇含量很高，主要集中在蛋黄部分。

3．矿物质

蛋中的矿物质主要集中在蛋黄部分，蛋清中含量低。蛋黄中含矿物质1.0％～1.5％，其中磷最为丰富，蛋黄还提供多种微量元素，包括铁、硫、镁、钾、钠等。蛋中所含铁元素数量较高，但以非血红素铁形式存在，由于卵黄高磷蛋白对铁的吸收具有干扰作用，故蛋黄中铁的生物利用率较低，仅为3％左右。

4．维生素

蛋类维生素含量十分丰富，且品种较为齐全，包括所有的B族维生素，脂溶性维生素A、D、E、K和微量的维生素C。其中绝大部分的维生素A、D、E、B都存在于蛋黄中。

四、豆类、奶类及其制品

（一）豆类及其制品

1. 大豆

大豆蛋白质含量较高，脂肪中等，糖类含量较低。蛋白质含量一般为35％左右，蛋白质中含有人体需要的全部氨基酸，属完全蛋白，其中赖氨酸和亮氨酸含量丰富，但蛋氨酸含量偏低。与谷物混合食用，可发挥蛋白质的互补作用。大豆脂肪含量为15％～20％，其中不饱和脂肪酸达85％，亚油酸占50％以上，亚麻酸占2％～10％，还有较多的磷脂。所以，大豆是高血压、冠心病、动脉粥样硬化等疾病患者的理想食品。大豆还含有丰富的维生素和矿物质，其中B族维生素和钙、铁等的含量较高。

2. 其他豆类的营养价值

其他豆类蛋白质含量中等，脂肪含量低，糖类含量高。蛋白质含量为20％～25％，脂肪含量约为1％，糖类在55％以上。维生素和矿物质含量也比较丰富。

3. 豆制品的营养价值

豆制品主要是以大豆为原料加工制成的各类副食品，包括豆腐及其制品，主要有豆浆、豆腐乳、豆腐干、百叶、豆芽等。豆制品在加工过程中经过处理，消化吸收率明显提高。豆腐蛋白质含量约为8％，豆腐干、豆腐丝、百叶等蛋白质含量为17％～45％，是钙和维生素B的良好来源。豆浆的蛋白质含量和鲜奶差不多，脂肪和热量比鲜奶低，铁含量比鲜奶高，但其中钙、核黄素、维生素A和D比鲜奶少。

（二）奶类及其制品

奶类包括牛奶、羊奶和马奶等。奶类经过浓缩、发酵等工艺可制成奶制品。奶类及其制品几乎含有人体需要的所有营养素，除维生素C含量较低外，其他营养素含量都比较丰富。

1. 奶类

奶中的蛋白质含量约为3.0％，必需氨基酸的含量和构成与鸡蛋近似，属于优质蛋白质。奶中的脂肪含量约为2.8％～4％，呈较小的微粒分散在乳浆中，易消化吸收。乳脂中熔点低的脂肪酸含量占30％，亚油酸和亚麻酸分别占5.3％和2.1％。奶中所含的糖类为乳糖，含量为3.4％～7.4％，人乳中最高，羊乳其次，最低为牛乳。牛乳中的矿物质主要有钠、钾、钙、镁、磷、硫和铜等，其中钙含量丰富，且消化吸收率很高。牛乳中含有几乎所有种类的维生素，含量较多的是维生素A和B2。

2. 奶制品

奶制品主要包括炼乳、奶粉、调制酸奶、酸奶、奶油和奶酪等。炼乳为浓缩奶的一种，分为淡炼乳和甜炼乳。新鲜奶经低温真空条件下浓缩，除去2/3的水分，称淡炼乳。因受加工因素影响，维生素受到一定破坏，经补充维生素，按比例冲稀后，营养成分基本和鲜奶相同，适合婴儿和对鲜奶过敏者食用。甜炼乳含糖量达45％左右，不适合喂养婴儿，主要供家庭制作甜点或冲咖啡饮用。

奶粉有含脂奶粉和脱脂奶粉两种。含脂奶粉是鲜奶经消毒、脱水再干燥成粉状而成，分加糖和不加糖两种。除挥发性脂肪、糖和维生素略有损失外，其他成分近似鲜奶。而奶粉经过热处理后，蛋白质更容易消化吸收。脱脂奶粉的脂肪含量一般不超过1.3％，其他营养成分和含脂奶粉相同。

五、油脂类

油脂类包括植物类油脂和动物类油脂。油脂类的脂肪含量在99.2％以上，主要提供大量的热量，还提供丰富的脂溶性维生素，同时含有较多的铁、铜、锌、锰等矿物质。

第三节　合理营养与膳食

一、中国居民膳食宏量营养素参考摄入量

所谓宏量营养素，是指人体内含量及需要量相对较多的营养素，包括蛋白质、脂类、碳水化合物。中华人民共和国原国家卫生和计划生育委员会 2017 年 9 月 14 日发布、2018 年 4 月 1 日起实施的《中国居民膳食营养素参考摄入量第 1 部分：宏量营养素》，给出了中国居民膳食能量、蛋白质、脂类及碳水化合物参考摄入量，适用于中国居民中健康人群或个体的膳食摄入状况评价和膳食指导。

表 3－1、表 3－2、表 3－3 分别列出了中国居民膳食宏量营养素参考摄入量。其中，平均需要量（estimated average requirement 简称 EAR）、推荐摄入量（recommended nutrient intake 简称 RNI）、适宜摄入量（adequate intake 简称 Al）、宏量营养素可接受范围（acceptable macronutrient distribution range 简称 AMDR）为主要参考指标。

表 3－1　中国居民膳食蛋白质参考摄入量

单位为克每天（g/d）

年龄（岁）/生理状况	男性		女性	
	EAR	RNI	EAR	RNI
0～	—	9[a]	—	9[a]
0.5～	15	20	15	20
1～	20	25	20	25
2～	20	25	20	25
3～	25	30	25	30
4～	25	30	25	30
5～	25	30	25	30
6～	25	35	25	35
7～	30	40	30	40
8～	30	40	30	40
9～	40	45	40	45
10～	40	50	40	50
11～	50	60	45	55
14～	60	75	50	60
18～	60	65	50	55
孕妇（1 周～12 周）	—	—	50	55
孕妇（13 周～27 周）	—	—	60	70
孕妇（≥28 周）	—	—	75	85
乳母（≥28 周）	—	—	70	80
注："—"表示未制定。 a AI 值。				

表3-2　中国居民膳食脂肪、脂肪酸参考摄入量和可接受范围

单位为能量百分比（%）

年龄（岁）/ 生理状况	脂肪	饱和脂肪酸	n-6多不饱和脂肪酸[a]		n-3多不饱和脂肪酸	
	AMDR	U-AMDR	AI	AMDR	AI[b]	AMDR
0	48[c]	—	7.3	—	0.87	—
0.5	40[c]	—	6.0	—	0.66	—
1	35[c]	—	4.0	—	0.60	—
4	20～30	<8	4.0	—	0.60	—
7	20～30	<8	4.0	—	0.60	—
18	20～30	<10	4.0	2.5～9.0	0.60	0.5～2.0
60	20～30	<10	4.0	2.5～9.0	0.60	0.5～2.0
孕妇和乳母	20～30	<10	4.0	2.5～9.0	0.60	0.5～2.0
a 亚油酸的数值 b α—亚麻酸的数值 c AI值。						

表3-3　中国居民膳食碳水化合物参考摄入量和可接受范围

年龄（岁）/ 生理状况	碳水化合物		添加糖
	EAR（g/d）	AMDR（%E）	AMDR（%E）
0～	—	60[a]	—
0.5～	—	85[a]	—
1～	120	50～65	—
4～	120	50～65	<10
7～	120	50～65	<10
11～	150	50～65	<10
14～	150	50～65	<10
18～65	120	50～65	<10
孕妇	130	50～65	<10
乳母	160	50～65	<10
AI值，单位为克（g）			

二、平衡膳食

1. 平衡膳食宝塔

中国营养学会结合中国居民膳食的实际情况，将各类食物的数量和比例以图形呈现，勾勒出较为理想的膳食结构。宝塔分5层，每层面积不同反映出各类食物构成比例；主要涵盖谷薯类，蔬菜水果类，畜禽鱼蛋类，奶类、大豆和坚果类，烹饪用油盐类，具体食物量应考虑实际能量需求。

2. 平衡膳食餐盘

中国营养学会推荐的中国居民平衡膳食餐盘。餐盘虽未标明烹饪用油盐量，但形象地展现了一餐中食物构成及比例，包括谷薯类、动物性食品及大豆类、蔬菜类、水果类四部分，餐盘边的牛奶凸显其重要性，适用于2岁以上人群。与宝塔相比较更简明直观，即使

是素食人群也很容易将动物性食品替换为豆类，获取足够的蛋白质。

三、健康的饮食习惯

1. 食物多样，谷类为主

每日摄取食物应不少于 12 种，每周需在 25 种以上，包括谷薯类，蔬菜水果类，畜禽鱼蛋奶类，大豆坚果类等。每日谷薯类食物 250～400 克，其中全谷物和杂豆类 50～150克，薯类 50～100 克，碳水化合物应占膳食总能量 50％以上。

2. 吃动平衡，体重适宜

体重是人体健康与营养状况的重要指标，过高或过低均会增加患病风险，能量平衡是保持适宜体重的关键，建议每周进行不低于 5 次中等强度的体育锻炼，累计时间不低于150 分钟，减少久坐时间，主动增加日常体力活动，平均每日活动 6000 步。

3. 多吃蔬果、奶类、大豆

蔬菜、水果是维生素、矿物质、膳食纤维及植物化学物的主要来源，奶类、大豆类含有丰富的钙、优质蛋白质和 B 族维生素，有助于慢性病发病风险的降低。建议每餐有蔬菜，每日摄取 300～500 克，深色蔬菜应占到一半。每日吃 200～350 克的新鲜水果，不可以果汁替代。每日摄取相当于 300 克液态奶的各种奶制品，以及相当于 25 克大豆的各种豆制品，适量坚果是膳食的有益补充。

4. 适量吃鱼、禽、蛋、瘦肉

鱼、禽、蛋、瘦肉是优质蛋白质、维生素 A、维生素 B 族的良好来源。为减少食物中的脂肪和胆固醇，动物性食物应优先选择鱼类、禽类，蛋类中各种营养成分齐全，肉类应选择瘦肉，少吃烟熏和腌制食品。建议每周摄取水产类 280～525 克，畜禽肉 280～525克，蛋类 280～350 克，平均每日摄取鱼、禽、蛋、瘦肉的总量为 120～200 克。

5. 少盐少油，控糖限酒

成人食盐摄取量每日不超过 6 克、烹调用油 25～30 克，摄入过多易导致高血压、肥胖和心脑血管疾病高发，故提倡清淡饮食。食物中添加糖每日不超过 50 克，最好低于 25克，否则易导致龋齿和超重的发生。成年人每日 7～8 杯水（1500～1700 毫升），建议饮用白开水或茶水，不喝或少喝含糖饮料。如饮酒每日酒精量男性不超过 25 克，女性不超过15 克，儿童少年、孕妇、乳母不应饮酒。

6. 杜绝浪费，文明饮食

日常选购食物和备餐时应考虑实际需求，提倡分餐制不浪费食物。食物的选择应新鲜卫生，辅以合理的烹饪，保障饮食安全健康。学会阅读食品标签，合理选择各类食品。从自身做起坚持回家吃饭，享受食物与亲情，营造良好的文明饮食新风。

第四节　营养与运动

一、营养素与运动

（一）蛋白质与运动

1. 蛋白质在运动中的意义

蛋白质与运动能力有关，机体内影响运动能力的许多因素，如肌肉收缩、氧的运输与贮存、物质代谢与生理机能的调节等，都与蛋白质有密切的关系。而且氨基酸也参与运动时的供能,它主要通过丙氨酸－葡萄糖循环的代谢过程提供运动中的能量;氨基酸氧化可提供运动中 $5\%\sim15\%$ 的能量。在机体内肌糖原的贮备充足时,蛋白质供能仅占总热能需要的 5% 左右;而当肌糖原耗竭时,蛋白质供能可上升至 $10\%\sim15\%$;在大多数情况下,蛋白质供给 $6\%\sim7\%$ 的能量。

2. 运动对蛋白质代谢的影响

运动可使体内蛋白质分解代谢加强,因此,机体对蛋白质的需要量增加。不同性质的运动对蛋白质代谢的影响有所不同。

(1) 耐力练习:耐力练习可使骨骼肌线粒体的数目增多,体积增大,线粒体蛋白质量和组成酶的活性提高。如练习后肌肉中氧化支链氨基酸的酶活性提高,代谢利用支链氨基酸的能力提高;肌肉内肌红蛋白量提高,使肌肉转运氧的能力提高。

(2) 力量练习:力量练习使训练肌的体积增大,肌纤维增粗,力量增强。这种适应性变化出现在快收缩肌纤维。肌肉粗大的原因主要是肌蛋白数量增多。多数人认为高蛋白饮食对获得肌肉组织有效。例如,高蛋白饮食($2.8g/kg$ 体重)进行有氧和力量练习40天,与等热量中等蛋白饮食($1.39g/kg$ 体重)比较,高蛋白饮食者机体蛋白质增加更明显。

3. 摄入蛋白质和氨基酸的注意事项

一些运动者认为增加蛋白质营养会促进肌肉组织的生长,但事实证明必须在进行渐进性力量训练的前提下,适宜的蛋白质营养才能使肌肉增长。而且过量补充蛋白质和氨基酸会引起一系列的副作用:如蛋白质的代谢产物为酸性,会使肝、肾负担增加,导致肝和肾的肥大并容易疲劳;大量补充蛋白质可导致机体脱水、脱钙,引发痛风病以及骨质疏松;高蛋白对水和无机盐代谢也不利,有可能引起泌尿系统结石和便秘;高蛋白食物常伴随高脂肪和高胆固醇的摄入,会增加动脉粥样硬化和高脂血症的危险性。

(二) 脂肪与运动

1. 脂肪在运动中的意义

脂肪是膳食中浓缩的能源,体内 $1g$ 脂肪可以产生 $37.7kJ$ 的热能,是食物中单位重量产能最多的营养素。人体在休息状态下, 60% 的能量来源于体内脂肪。一般来说,运动强度越小,持续时间越长,依靠脂肪氧化供能占人体总能量代谢的百分比也越高。当在小于 $60\%\sim65\%$ VO_2max 强度下长时间运动时,以脂肪酸的氧化供能为主。而在大于 $60\%\sim65\%$ VO_2max 强度、持续时间短于60分钟的运动中,则以糖的有氧氧化或无氧酵解供能为主。

脂肪氧化供能具有产热量高、耗氧量高的特点。糖原以水化合物的形式储存在细胞内,而脂肪则以无水的形式储存,因此,脂肪储能具有体积小的特点;而且 $1g$ 脂肪完全氧化可产生的ATP克数是糖的 2.5 倍。脂肪酸氧化时的耗氧量较高,与糖比较,产生相等能量时脂肪的耗氧量要比糖高出 11% 。此外,脂肪必须在氧元素的情况下才能完全氧化,在氧不充足时会因氧化不全而产生酮体。酮体会使身体酸性增加,对机体和运动能力产生不良影响。

2. 运动对脂肪代谢的影响

系统的运动训练会使骨骼肌线粒体数量、体积、单位肌肉毛细血管密度,以及线粒体酶及脂蛋白脂肪酶的活力增加,因此运动水平高的运动者氧化利用脂肪酸的能力强。脂代谢加强后,可节约糖原的消耗,从而提高耐久力。有氧运动可使体内高密度脂蛋白胆固醇增高,而甘油三酯和低密度脂蛋白胆固醇减少,对防治动脉粥样硬化及冠心病有良好作用。有氧运动还可以使脂肪组织中的脂肪游离出来供能,而且运动可造成机体热能负平衡，这些都促使机体内脂肪的消耗，有助于减少体内脂肪，控制体重。

3. 摄入脂肪的注意事项

脂肪代谢产物蓄积会降低耐久力并引起疲劳；过多摄入脂肪会降低蛋白质和铁等其他营养素的吸收率；过多摄入脂肪还会带入外源性的食物胆固醇，引起高血脂症。

（三）碳水化合物与运动

1. 碳水化合物在运动中的意义

运动者在剧烈运动中保证其膳食中有充足的糖，对维持血糖水平、维持运动中有充足的糖氧化供能，并使运动后肝糖原和肌糖原水平迅速恢复均有良好作用。体内糖原水平与耐久力密切相关。研究证实人体肌糖原水平影响耐力，并受膳食中糖类含量的影响，而且肌糖原水平的降低与疲劳的发生密切相关。在进行大于 1 小时的运动时，如长跑、长距离游泳、自行车、滑雪、马拉松、铁人三项、足球、冰球、网球等，当体内糖储备耗竭时，可影响运动能力，特别是耐久力。

2. 运动对碳水化合物代谢的影响

运动前适量补糖可提高机体内肝脏和肌肉的糖原储备量，维持运动时血糖水平稳定；运动中适量补糖可提高血糖水平并可提高运动能力，维持较高的糖氧化速率，减少蛋白质和脂肪酸供能比例，延长运动的耐力，同时延缓疲劳的发生；运动后补糖可促进肝脏和肌肉内糖原储备的恢复，缓解疲劳，促进体力恢复。

需要补糖的运动项目有 1 小时以上的持续性耐力运动，以及长时间（40～120 分钟）的高强度间歇性运动训练，如自行车、足球、冰球、网球等。一般短时间（小于 40 分钟）或强度不大的运动不需要补糖，因为短时间内运动时，体内的糖储备足以提供大部分能量并满足需要。

（1）运动前补糖：可在大运动量前数日内增加膳食中糖类至总能量的 60%～70%（或 10g/kg），或在赛前 1～4 小时补糖 1～5g/kg（赛前 1 小时补糖适宜采用液态糖）。一般认为，运动前补糖有利于增加体内糖原储备，增加糖的可利用度和氧化率，因此运动前在不影响胃肠道功能情况下，尽量多补充糖。

（2）运动中补糖：运动中，可每隔 30～60 分钟补充含糖饮料或容易吸收的含糖食物，补糖量一般不大于每小时 60g 或每分钟 1g。可以采用含糖饮料，少量多次饮用；也可以在运动中食用易消化的含糖食物（如面包、蛋糕）等。

（3）运动后补糖：运动后，内源性糖原明显耗损应优先恢复。开始补糖的时间越早越好，理想的是在运动后即刻、前 2 小时补糖各 50g，以后每隔 1～2 小时补糖一次。运动后 6 小时以内，肌肉中糖原合成酶含量高，可使存入肌肉的糖达到最大量，补糖效果最佳。补糖量为 0.75～1.0g/kg 体重，24 小时内补糖总量可达到 9～16g/kg 体重。

3. 摄入碳水化合物的注意事项

由于葡萄糖液的高渗性，单纯摄入葡萄糖液会对胃的排空产生一定的抑制作用；若以麦芽糊精和果糖的混合食品替代，则可克服这一缺陷，使胃排空速率增加。小肠吸收葡萄糖最快，最有利于合成肌糖原；果糖吸收后主要在肝脏进行合成，其合成肝糖原的量约为葡萄糖的 3.7 倍，果糖引起胰岛素分泌的作用较小，因此不抑制脂肪酸代谢，但使用量大时，可引起胃肠道紊乱，果糖的使用量不宜超过 35g/L，并应与葡萄糖混合使用。低聚糖甜度小，其渗透压低，吸收速度比单糖和双糖慢，可通过补充低聚糖，使运动者获得较多的糖。

（四）水与运动

1. 水在运动中的意义

在日常性的大运动量的训练和比赛中，运动者的水代谢与普通人显著不同，主要表现为大量出汗，因通气量增加而从呼吸道丢失大量水分，尿量减少和代谢水产生增多。由于出汗量大，汗液中含一定量的电解质。一次高强度大运动量的训练可丢失汗液 2～7L。出汗率还与运动的持续时间、运动环境的温湿度和热辐射强度、运动员的适应程度等因素有关，环境的温度、湿度和热辐射强度越大，出汗率越高。

2. 运动对水代谢的影响

（1）脱水损伤运动能力：运动性脱水是指由于运动而引起体内水分和电解质（特别是钠离子）丢失过多。根据丢失水分的多少，可将运动性脱水分为轻度脱水、中度脱水和重度脱水。

（2）复水恢复运动能力：运动者如处于脱水状态，不仅会增加热病的危险，而且其高强度运动能力或有氧耐力均受损害。有效地恢复运动训练中丢失的液体，即身体复水，可恢复运动能力。

3. 补水的注意事项

（1）运动前补液：许多运动者往往不注意运动前补液，主要是对运动前补液的重要性认识不足。可在运动前 2 小时饮用 250～500mL 的含电解质和糖的运动饮料，再于运动前 15～20 分钟补液 150～250mL，以增加营养储备，提高运动能力。

（2）运动中补液：如果运动中出汗量大，运动前的补液不能满足体液的平衡，为预防脱水的发生，有必要在运动中补液。补液的量根据出汗量而定。在一般情况下，补液的总量不超过 800mL/h。运动中补液必须少量多次进行，可以每隔 15～20 分钟补液 120～240mL，运动中的补液量一般为失汗量的 50%～70%。这样，运动后仍然需要继续补液，使液体的进出达到平衡。

（3）运动后补液：锻炼者在运动中常常只能补充汗液丢失量的 50%，体液的恢复较慢，而且不完全，因此运动后也要进行补液。当补液量大于出汗量，并达到出汗量的 150% 时，体液才能较快地达到平衡。除补液外，还要补充能量。恢复用饮用料的糖浓度可以是 5%～10%，钠盐的含量可为 30～40mmol/L，以使体内快速复水。运动后应补充的液体总量可通过运动前后体重差而定，可找出自己所能耐受的补液量。补液的原则是少量多次，切忌暴饮。

（五）矿物质与运动

1. 钙与运动

（1）钙在运动中的意义：钙在维持神经和肌肉细胞的兴奋性、骨骼肌的收缩、信号传递等方面具有重要功能，钙营养的平衡对保持运动能力的作用非常重要。钙缺乏可引起肌肉抽搐，长期钙摄入不足可导致骨密度下降，骨质疏松和应激性骨折。

（2）运动对钙代谢的影响：营养调查常见到运动者钙缺乏或不足现象、尤其是女运动员。其原因主要有：一是钙摄入量不足，每天只有 800mg。控体重和闭经的女运动者有 1/3 存在钙摄入量不足问题。很多人选择食物不当，在钙供给量充足的情况下发生摄入量不足的原因主要是过高估计摄入量，如 1200mg 钙相当于 1000mL 的液体牛奶、130g 的硬

奶酪或 $640 \sim 4200g$ 绿叶蔬菜。二是丢失量大。运动可增加钙丢失。运动者在运动训练中要从汗液中丢失大量的钙。汗液中钙含量约为 $2.55mmol/L$。

(3) 摄入钙的注意事项：奶和奶制品是钙的良好来源，含钙丰富而且容易吸收，但如果有乳糖不耐受者可以选择酸奶或是每次少饮的方法。海产品、豆制品、芝麻也是钙的良好来源。

2．铁与运动

(1) 铁在运动中的意义：铁储备低会增加发生贫血的危险性，并影响运动成绩。研究表明，运动者的铁营养状态不仅与运动能力有关，而且与认知能力有关。补充铁剂对改善铁营养状况、提高运动能力的效果非常显著。另外，铁属于活跃金属，在体内可引起自由基反应。如果过量补充铁，有可能造成铁的毒性反应，对运动能力产生不良影响。

(2) 运动对铁代谢的影响：对于运动员，铁缺乏一直是一个备受关注的、与全身健康和运动能力有关的问题。运动训练使铁的需要量和丢失量增加。研究表明，运动可加快铁在机体的代谢。长期运动训练使组织内储存铁的含量明显下降。运动可使肌肉增大，肌肉中含铁酶的含量增加，都表明运动使铁的需要量增加。如果按运动者出汗 $4000mL$ 推算，从汗液丢失的铁可达 $1.45 \sim 3.70mg$。运动者在训练期膳食铁的吸收率为 $(8.77 \pm 2.90)\%$，显著低于停训期的 $(11.90 \pm 4.47)\%$。

(3) 摄入铁的注意事项：对于已经出现贫血的运动者，需要进行补铁治疗。由于大剂量的铁可能引起中毒，补铁应在严格的医务监督下进行。预防性补铁应采用小剂量，每日 $0.1 \sim 0.3g$，不可超过 3 个月。动物铁主要是血红铁素，比蔬菜来源的铁更易于吸收。肉类膳食（如禽和鱼）与蔬菜混合食用可增加蔬菜铁的吸收；与含维生素 C 的食物（如橙汁）同时使用可增加动物铁的吸收。

3．锌与运动

(1) 锌在运动中的意义：充足的锌营养对肌肉的正常代谢十分重要，锌缺乏可引起肌肉生长缓慢和重量减少，给锌不足的运动者补锌，可加强运动者肌肉代谢，增强肌肉力量。

(2) 运动对锌代谢的影响：长期进行大运动量训练可使运动员血清锌含量处于较低水平。运动者血清锌低与运动者的锌代谢较快、排出增多、吸收率下降等因素有关。运动人群需要增加对锌的摄入。

(3) 摄入锌的注意事项：一般情况下，运动员通过选择富含锌的食物，可以满足其锌需要量。锌的主要食物来源是动物性食品，肉类、蛋类和海产品含量较高，蔬菜水果较低。如果膳食供给不足，可以考虑使用膳食补充剂。

(六) 维生素与运动

1．维生素在运动中的意义

(1) 水溶性维生素：让受试者食用维生素 B1、维生素 B2、维生素 B3 和维生素 C 含量低的饮食（摄入量仅能满足需要量的 1/3 左右），经过 8 周后，这 4 种维生素的血液指标表现出轻度和中度的缺乏，运动能力测试结果为有氧做功量降低 16%，无氧做功量降低 24%；当以 2 倍的维生素需要量进行补充，2 周后，这些受试者的做功能力得到改善，但未能恢复到缺乏前状态，所以在赛前要校正 B 族维生素缺乏状态，至少应在比赛的 $2 \sim 3$ 周前补充，补充时间短可能会不起作用。

（2）脂溶性维生素：维生素 E 的补充对提高高原训练的运动能力具有一定的意义。维生素 E 补充后，在海拔 1667m 处的最大吸氧量增加 9％；在 5000m 高度处增加 14％。一般运动训练情况下，不鼓励补充维生素 E，尤其是大剂量补充，因为大量补充维生素 E 可减弱蛋白质分解。某些蛋白质分解是刺激肌肉运动后蛋白质合成所需要的。

2. 运动对维生素代谢的影响

运动者维生素需要量高于静态生活的人群，这是由于：①运动训练使胃肠道对维生素吸收能力下降；②汗液、尿液及粪便中维生素排出量增加；③体内维生素的周转率加速；④高强度运动训练的初期适应或急性运动训练使能量代谢突然增加。运动者是补充维生素的主要目标人群。额外补允维生素的目的是为增强运动竞技能力，延缓疲劳发生和加速能量恢复。但因缺乏营养知识和错误的观念，许多运动员仍然采用大剂量补充维生素措施，补充剂量超过推荐量的 10 倍，甚至上千倍，不仅花费大，而且危害健康。

3. 摄入维生素的注意事项

过量补充某一种维生素会引起体内维生素的不平衡。脂溶性维生素 A 和 D 的过量摄入可在体内蓄积而引起中毒，即使是过量补充水溶性维生素，也会引起严重的副作用。例如，过量的维生素 C，会引起胃肠道不适、维生素 B2 缺乏、尿液酸化及草酸结晶形成、肾脏及膀胱损害等毒性作用。

二、营养补剂与运动

营养补剂一般用于竞技体育运动员，在特定条件下，营养补剂也用于大众健身，合理使用可起到提高运动能力或延缓疲劳发生的作用。没有一种营养物质能对所有的运动者都生效。此外，机体营养状态良好时，过多补充营养物质会产生有害作用。以下介绍一些常用的营养补剂。

（一）乳清蛋白

乳清蛋白是利用现代生产工艺由牛奶中提取的蛋白质。牛奶中 87％是水，13％固体中有 37％是乳糖，30％是脂肪，27％是乳蛋白，6％是矿物质。而乳蛋白中只有 20％是乳清蛋白，80％都是酪蛋白。乳清蛋白的胆固醇、脂肪、乳糖含量低，易消化吸收，与其他蛋白质比较，具有较高的生物利用价值。

1. 乳清蛋白在运动中的意义

（1）促进机体蛋白质的合成：乳清蛋白中含有大量的支链氨基酸，研究证实支链氨基酸对促进蛋白质合成和减少蛋白质分解起着重要作用。亮氨酸及其氧化产物抑制蛋白质水解酶活性，有利于肌肉蛋白质合成，使瘦体重增加。同时，乳清蛋白中含有丰富的赖氨酸、精氨酸，而精氨酸具有刺激生长激素分泌和释放的作用，从而促进肌肉蛋白质合成代谢，有利于肌肉的生长，并且促进脂肪分解代谢，降低体脂含量。

（2）提高机体免疫功能：谷氨酰胺是淋巴细胞和巨噬细胞在免疫反应过程中的重要底物，高速利用谷氨酰胺生成嘌呤和嘧啶核苷酸有利于合成更多的 DNA；使免疫细胞增殖加速。长时间大强度运动后期血糖降低，此时谷氨酰胺主要参与糖异生以维持血糖浓度，谷氨酰胺不能满足免疫细胞的需要，这是运动造成机体免疫力下降的主要原因。乳清蛋白中含有丰富的支链氨基酸和谷氨酸，谷氨酸可转化为谷氨酰胺，亮氨酸可作为谷氨酰胺合成的前体。同时支链氨基酸为糖异生提供原料，减少机体谷氨酰胺的消耗，维持机体免疫功能，并且乳铁蛋白能够抑制和杀死引起胃肠道感染和食物中毒的细菌。

（3）延缓中枢疲劳的发生和发展：摄入一定量的乳清蛋白可以提高机体血液中支链氨基酸的浓度，降低色氨酸/支链氨基酸的比值，减少色氨酸进入中枢神经细胞的比例，降低中枢神经细胞中5－羟色胺的浓度，缓解中枢疲劳的发生和发展。

（4）提高机体的抗氧化能力：乳清蛋白中的α－乳白蛋白、牛血清蛋白、乳铁蛋白富含胱氨酸残基，能进入细胞膜还原成两个半胱氨酸，合成谷胱甘肽，维持细胞和组织谷胱甘肽水平。谷胱甘肽是细胞内最重要的抗氧剂，是机体抗氧化系统、细胞免疫系统和骨骼肌细胞必需的物质，可以增强机体抗氧化能力，提高肌肉耐力和做功能力及延缓疲劳的发生。

2. 摄入乳清蛋白的注意事项

乳清蛋白对维持和提高运动员身体机能、对提高运动能力具有良好的作用，是运动员经常补充的重要蛋白质营养品。在大负荷运动训练期间，为了保证蛋白质的恢复和促进运动员身体机能水平提高，乳清蛋白的摄入量可以提高到总蛋白质摄入量的50％，甚至更多；而一般训练期乳清蛋白补充量维持在每天20g左右，就能够充分体现乳清蛋白对机体的有利作用。

对于健身健美爱好者来说，为了尽快壮大肌肉，使得肌肉具有良好的形态和体积，补充乳清蛋白是一个良好的选择。一般摄入量在每天50g以上，具体摄入量要根据健身健美爱好者的体重以及具体目的进行适当的调整。但是过度摄入蛋白质包括乳清蛋白对壮大肌肉并没好处，容易造成血氨的升高，反而对机体产生不利影响。

（二）谷氨酰胺

谷氨酰胺是血浆和骨骼肌中含量最丰富的游离氨基酸，占骨骼肌游离氨基酸50％～60％，约占血浆氨基酸的20％，是蛋白质、核酸、谷胱甘肽以及其他重要生物大分子合成的必需营养素，并且是合成免疫细胞嘌呤和嘧啶核苷酸等重要的氨基酸来源。免疫细胞所需大量谷氨酰胺主要由骨骼肌提供，已知支链氨基酸是肌细胞合成谷氨酰胺的氮源，并影响肌细胞内谷氨酰胺的释放，骨骼肌内谷氨酰胺合成速度高于其他氨基酸。谷氨酰胺在机体中的正常浓度可使淋巴细胞的增殖反应达到最大值。若血液谷氨酰胺浓度低于正常水平，免疫细胞功能将会下降。

1. 谷氨酰胺在运动中的意义

（1）谷氨酰胺是一种强有力的胰岛素分泌刺激剂：补充谷氨酰胺可以提高机体生长激素和胰岛素样生长因子的分泌，这对机体运动后恢复体力具有积极的意义。

（2）促进免疫机能的提高：谷氨酰胺是免疫细胞的重要原料，运动训练造成谷氨酰胺的消耗增加，导致免疫细胞增殖降低，补充谷氨酰胺可以维持或提高体内谷氨酰胺的浓度，从而缓解由于大强度运动训练造成的免疫抑制。

（3）提高机体的抗氧化能力：谷氨酰胺作为谷胱甘肽合成所需谷氨酸的前体物质，可以有效地穿过细胞膜，进入细胞并在活化的谷氨酰胺酶作用下，在线粒体内脱氨基产生谷氨酸和氨，合成的谷氨酸又进入细胞浆内，参与谷胱甘肽的合成，从而提高了机体抗氧化能力。

2. 摄入谷氨酰胺的注意事项

谷氨酰胺是运动员维持身体机能水平、促进恢复、提高机体免疫机能的重要营养补剂。但大量补充谷氨酰胺也具有一定的副作用，主要表现为导致血氨升高，从而对运动能力产生一定的影响。为了克服谷氨酰胺的副作用，建议谷氨酰胺服用量为 $5\sim10g/d$，在健身后服用。

（三）肌酸

人体内的肌酸主要在肝、肾中合成，通过血液循环运输至肌肉中，再通过肌酸激酶接受 ATP 的能量合成磷酸肌酸，以储存能量。人体中含磷酸肌酸 $120\sim140g$，其中 95% 存在于骨骼肌中。正常人体肌肉肌酸含量为 $120\sim125mmol/kg$ 干重肌肉。人体肌肉肌酸含量的上限为 $160mmol/kg$ 干重肌肉，当肌酸的补充达到这一量时，肌肉肌酸含量就不再增加了。摄入多余的肌酸由肾脏排出体外。

1. 肌酸在运动中的意义

补充肌酸对于提高肌酸池中肌酸含量、提高机体最大做功能力具有积极意义，这主要是因为补充肌酸可以使肌肉组织中肌酸含量增加，磷酸肌酸含量增加，从而提高了高强度运动时再合成 ATP 的能力，进而维持了高强度运动时 ATP 水平的稳定，提高最大功率输出能力。故对于以磷酸原供能系统为主的运动项群，肌酸是首选的营养补剂。

补充肌酸对有氧代谢能力同样具有积极的意义。补充肌酸可改善和提高骨骼肌线粒体的功能；可促进肌糖原储备量的提高；可降低肌肉蛋白质分解代谢；可促进肌酸－磷酸肌酸穿梭，有利于有氧氧化供能为主的耐力性运动能力的提高。

2. 摄入肌酸的注意事项

肌酸使用的冲击量为：每日 $20g$，服用 $5\sim7$ 日，总肌酸储量增加 $15\%\sim30\%$，磷酸肌酸的储量增加 $10\%\sim40\%$。肌酸和磷酸肌酸储藏量增加的作用在于维持高强度运动时的 ATP 水平，并促进反复高强度运动的间歇期磷酸肌酸的再合成。

肌酸使用的维持量为：每日 $2\sim5g$，$4\sim5$ 周。使用肌酸的同时，服用含糖的饮料有助于肌肉摄取更多的肌酸，从而提高肌酸补充的效果。最近的研究表明，在每天补充 $20g$ 肌酸的同时补充葡萄糖（每天 $380g$），5 天后，肌肉中肌酸的含量比单纯补充肌酸要高 10%。

短期的肌酸补充（每日 $20\sim25g$，7 日）可以使体重增加 $0.7\sim1.6kg$，其原因是肌酸刺激了水滞留和蛋白合成。

（四）左旋肉碱

肉碱有两种立体构型，即左旋肉碱（L－肉碱）和右旋肉碱（D－肉碱）、对人体代谢起作用、在人体内具有生物活性的是左旋肉碱。右旋肉碱完全无活性，甚至会抑制左旋肉碱的利用。

左旋肉碱是一种类似维生素的重要营养物质。在人体内，赖氨酸、蛋氨酸、烟酸等物质可合成少量的肉碱。红肉及动物产品是肉碱的主要食物来源。为使身体达到理想的健康状态，每日应摄入不少于 $250\sim500mg$ 的左旋肉碱。运动人群、精神高度紧张的人群和其他缺乏左旋肉碱的人，需额外补充，尤其是大运动量健身人群。

1. 左旋肉碱在运动中的意义

（1）左旋肉碱是活化的长链脂肪酸穿过线粒体内膜的载体，左旋肉碱可以促进长链脂肪酸进入线粒体基质被高活性的 β－氧化酶系统所氧化，有利于节省肌糖原。

（2）左旋肉碱可以提高丙酮酸脱氧酶的活性，从而加速丙酮酸的氧化利用，减少乳酸的堆积。

（3）左旋肉碱促进支链氨基酸的氧化，维持运动时的能量平衡。

（4）左旋肉碱促进乳酸和氨的消除，有利于疲劳的恢复等。

由于左旋肉碱可以促进脂肪酸的利用，因此常作为减脂人群减少体脂含量的运动补剂。

2. 摄入左旋肉碱的注意事项

运动实践中一般采用口服左旋肉碱500～1000mg，分两次服用，便可显著提高血浆和肌肉内左旋肉碱的浓度。补充后可以加快脂肪燃烧，提供给人体能量，从而达到消耗体脂的效果。左旋肉碱是肌肉的天然成分，小剂量的补充未发现任何副作用，但大剂量补充会引起腹泻等不良反应。

第五节 能量平衡与体重控制

一、能量

能量是人体生存和从事一切活动的基础。机体的一切生命活动，如细胞的生长繁殖，组织更新，营养物质的运输，代谢废物的排泄，心脏跳动，神经传导等，都需要能量。人体的热能来源于食物，食物在体内经酶的作用进行生物氧化，从而释放能量。

1. 能量单位

营养学上所用的能量单位以"千卡"（kcal）表示，相当于1个大气压下，1000g水升高1℃（由15℃升高到16℃）所需要的能量。在物理学上，能量功的国际计量单位是"焦耳"（J），1kcal＝4.184kJ，目前这两种能量单位均在使用。

2. 能量物质

营养素中的碳水化合物、脂肪和蛋白质，在体内氧化分解产热，是人体能量来源，故称为能量物质。它们在体内的氧化过程和体外的燃烧有类似之处，但由于在体内的最终产物不同，所以释放的能量与体外有所不同。糖和脂肪在体内与体外的最终产物都是二氧化碳和水，而蛋白质在体内不能完全氧化成二氧化碳和水，尚余含氮有机物（尿素、肌酐等）排出体外，这部分物质还可以产热，所以蛋白质在体内产热比体外少。此外，三种能源物质的消化率不同，也影响它们在体内的产热量。每克碳水化合物、脂肪、蛋白质在体内氧化的生理有效热量分别为4.0kcal、9.0 kcal和4.0 kcal。

二、能量平衡

能量平衡即机体消耗和摄入的能量趋于相等。能量平衡是营养学中一个最基本的问题，也是评价营养状况的重要指标。当能量的摄入量与消耗量相当时，人体的体重保持恒定；能量摄入量大于消耗量时，体重和体脂就会增加；能量摄入量小于消耗时，则体重会减轻。儿童少年因处于生长发育期，能量的摄入应大于消耗，才能保证其正常的生长发育。

（一）能量摄入

人体能量来源是食物中的碳水化合物、脂肪和蛋白质，这三种产热营养素在人体的代谢中，既各有特殊生理功能又相互影响。碳水化合物与脂肪间可互相转化、两者对于蛋白质的消耗也有替代作用。在选择食物时，应考虑到各营养素之间的平衡，根据中国人的习惯，一般成年人膳食中碳水化合物、蛋白质和脂肪供能各占总能量的 60%～70%、10%～15% 和 20%～25%。人体能量的需要量因受身体活动强度、年龄、性别、生理特点等因素影响而有所不同，一般成人能量摄入量和消耗量保持平衡，就能维持各种正常的生理活动和身体健康。

（二）能量消耗

人体的能量消耗主要包括以下几个途径：基础代谢消耗、运动生热效应、食物生热效应和机体生长发育所需的能量。

1. 基础代谢

基础代谢是维持人体基本生命活动所需的热量，即在无任何体力和紧张思维活动、全身肌肉松弛、消化处于静止状态下，用以维持体温和人体必要的生理活动（呼吸、循环、排泄、腺体分泌、神经活动等）所需的能量。基础代谢的测定应在清晨、空腹、静卧及清醒状态下进行，而且室温要保持在 20～25℃。研究表明，人体基础代谢的高低虽与体重有关，但并不成比例关系，而是与体表面积成正比。所以，单位时间内人体每平方米体表面积所消耗的基础代谢能被称为基础代谢率（basal metabolism rate，BMR）。

安静代谢率是测定维持人体正常功能和体内稳态，再加上交感神经系统活动所需消耗的能量。安静代谢率（resting metabolism rate，RMR）稍高于基础代谢率，但两者差别很小，目前采用安静代谢率更为普遍。测量安静代谢率时，要求受试者仰卧或静坐于安静舒适的环境中，全身处于休息状态，距离上次就餐或剧烈活动至少数小时。这种状态比较接近人的休息状态。

2. 运动的生热效应

运动的生热效应代表从事体力活动所需要的能量消耗。除了基础代谢外，体力活动是人体能量消耗的主要因素。人每天的工作、生活、娱乐、家务和体育运动，都由肌肉做功来完成。机体能量消耗的增加与肌肉活动的强度呈正比关系。生理情况相近的人，基础代谢消耗的能量是相近的，但会因为体力活动情况的不同，造成整体代谢水平的明显差异。在人体的整个能量代谢消耗中，肌肉活动或体力活动占较大的比例，所以参加健身运动者所消耗的能量比不参加者大很多。

活动的强度和持续时间是影响运动生热效应的主要因素。其他影响体力活动能量消耗的因素包括：①肌肉越发达者，活动能量消耗越多；②体重越重者，活动能量消耗越多；③活动强度越大、持续时间越长，活动能量消耗越多；④与活动的熟练程度有关，越不熟练的活动，活动消耗能量越多。

3. 食物的生热效应

食物的生热效应是指进餐后数小时内发生的超过安静代谢率的能量消耗，是人体由于摄食引起的一种额外的能量消耗，是食物消化、转运、代谢和储存过程中能量消耗的结果。不同食物的生热效应各有差异，碳水化合物的食物的生热效应相当于碳水化合物本身所产生热能的 5%～6%，脂肪的食物的生热效应为 4%～5%，蛋白质的食物的生热效应为 30%。食物的生热效应与膳食结构有关，一般的混合膳食约为 10%，高糖膳食约为 8%，高蛋白膳食约为 15%。一般食物的生热效应在进食后 2 小时左右达到高峰，3～4 小时后恢复正常。

4. 生长发育的能量消耗

处在生长发育阶段的儿童少年的能量消耗还应包括生长发育所需要的能量。新生儿按每千克体重计算时，比成人相对多消耗 2～3 倍的能量。3～6 个月的婴儿，摄入的能量中有 15％～23％被机体用于生长发育的需要而被留在体内。研究表明，每增加 1 克新组织约需要 20 千焦（约 4.78 千卡）的能量。孕妇特别是在怀孕后期也要考虑这部分的能量消耗。

5. 其他因素

精神紧张及应激状态可使人的能量消耗增加，在较高应激状态时，基础代谢可提高 25％。寒冷可使能量消耗增加 2％～5％，高温条件下（30～40℃）能量消耗也增加，从 30℃ 到 40℃，每升高 1℃ 约增加 0.5％ 的能量消耗。但在热带已适应者，其基础代谢比寒带人低。

机体发热时，代谢升高。体温到 39℃ 时，基础代谢可增加 28％。

三、能量消耗的估算

由于测量之前准备工作多、具体操作繁琐，安静代谢率（RMR）的测量并不能在健身房里进行，而是通过一些公式来推算。安静代谢率的推算公式基于以下原理：安静代谢率与身体体表面积成正比例关系，安静代谢率随年龄的增加而减小，肌肉比脂肪的新陈代谢更活跃。现在健身房中常用的生物电阻抗测试身体成分的方法，也可以估测出基础代谢率。

Harris 公式是一种较为简单、常用的估算安静代谢率的公式：

男子：RMR＝88.362＋（4.799×身高）＋（13.397×体重）－（5.677×年龄）

女子：RMR＝447.593＋（3.098×身高）＋（9.247×体重）－（4.33×年龄）

安静代谢率单位——千卡/天（kcal/day），身高单位——厘米（cm），体重单位——千克（kg），年龄单位——岁。

如果已经测得个体的瘦体重，那么也可以用下述公式推算安静代谢率，而不考虑性别差异：

RMR＝370 ＋（21.6×瘦体重）

在计算出安静代谢率后，用以下标准估算每日活动所需热量。计算所得的值为维持当前体重所需热量的粗略估计值。

（1）低强度：对一个只需要很少的身体活动（大多数时间坐着工作）进行工作，或休闲（不进行有规律的体育活动）的人，将 RMR×1.4。

（2）中低强度：对工作时更多的时间是走或站立以及从事有规律（至少每周 3 天）的中低强度的体育活动的人，将 RMR×1.6。

（3）中高强度：对于需要高强度强体力活动的工作（如搬运工等），或从事有规律（至少每周 4 天）的中高强度的体育活动的人，将 RMR×1.8。

例如，计算一位 50 岁的男性办公室工作人员的每日热能消耗。身高 182.9 厘米，体重 97.7 千克，每周 3 次快速地步行 3000 米，其他时间基本不活动。

RMR＝88.362＋（4.799×182.9）＋（13.397×97.7）－（5.677×50）≈1991（kcal/d）

由于他进行有规律的中低强度运动，故每日热能消耗＝RMR×1.6≈3186 kcal/d。

四、体重控制

在一定时期内机体的能量平衡出现问题，首先反映在体重的变化上，然后可发展到降低身体机能，影响健康，引起疾病，缩短寿命，因此能量平衡有很重要的意义。人体健康需要合理的体重和体成分比例，体重过轻或过重以及体成分比例失调都会对人体健康造成危害。

1. 热量过多的危害

摄入热量过多，其多余部分在体内转变为脂肪，脂肪过多导致肥胖。肥胖对健康不利，因为身体肥胖，不但有大量脂肪积聚在皮下，而且还有许多脂肪沉积在一些内脏上。如果大量脂肪沉积在肝脏里，使之变成脂肪肝，肝脏的许多重要生理功能就会受到影响。腹腔、肠系膜、大网膜和胸腔上堆积脂肪，可使隔肌活动受限，胸腔容积变小，也会妨碍呼吸和气体交换。如果心包上的脂肪增多，也会压迫心脏，影响血液回流。肥胖使人容易产生疲劳，不能承受较重的体力活动，并常感到头痛、头晕、心悸、腹胀等。肥胖还往往引起体内脂类代谢紊乱，造成血脂过高，易发生动脉粥样硬化。许多疾病都与肥胖有关，肥胖者冠心病比体瘦者多5倍，高血压比正常人多2～3倍；肥胖者还易并发糖尿病、胆结石、胰腺炎和痛风症等。

2. 热量过少的危害

当热量摄入不足时，体内贮存的脂肪和糖元将被动用，甚至体内的蛋白质也被动用分担供能，使体重减轻，瘦体重也减轻，导致肌力减弱，工作效率下降。长期能量摄入不足，影响蛋白质的吸收和利用，会加重体内蛋白质的缺乏，引起蛋白质营养不良症。其临床表现为基础代谢降低、消瘦、贫血、精神萎靡、皮肤干燥、肌肉软弱、体温降低、抵抗力下降、健康水平下降并易患感染性疾病等。

造成饮食不平衡的原因有两方面：饮食和运动。就个体而言，可能是摄入热量过多或不足，也可能是缺乏运动或运动过度。此外，某些疾病也可使热量代谢失去平衡。为了避免热量摄入过多或过少对人体造成的危害，要注意保持热量的收支平衡，多进行体力活动。

第四章 健康体适能测试与评估

第一节 体适能概述

一、概念与分类

体适能是指个人所拥有的适应或完成各种体力活动的能力。它译自英文"physical fitness",也被称为体能、体力,它是从体育学角度评价健康的一个综合指标,是身心健康的必要生理基础。

体适能由健康体适能和竞技体适能组成。健康体适能与人体健康水平有密切关系,它由以下要素组成——心肺耐力、肌肉力量和耐力、柔韧性和身体成分。竞技体适能与运动竞技能力有关,它由以下要素组成——爆发力、灵敏性、平衡性、协调性、反应时和速度。[①]

良好的健康体适能是提高生活品质的最基本条件。它使人有能力适应日常生活、工作、学习及突发事件,有余力享受休闲活动,预防慢性疾病,促进健康。

良好的竞技体适能使人有能力参与各项休闲活动、竞技运动或比赛,充分享受休闲活动、竞技运动或比赛的乐趣。

二、健康体适能

(一)身体成分

1. 身体成分的概念

人体的总体重,可以分为脂肪组织重量和非脂肪组织(主要是骨骼、肌肉和水分等)重量两个部分。人体内非脂肪组织的重量,通常称为瘦体重。身体成分是指人体脂肪组织重量和瘦体重分别占总体重的百分比。体脂百分比,即人体脂肪组织重量占总体重的百分比,是评价身体成分的主要指标。体脂百分比容易变化,并对健康影响较大。

身体成分的测量,可以准确地评价人体的胖瘦程度。同样体重的人,由于身体内肌肉、脂肪的含量不同,肥胖程度是不同的。体重的大小并不能真正反映一个人是否肥胖。身体成分的测定结果,是评价一个人是否真正肥胖和确定是否需要减肥的主要依据。

2. 身体成分与健康

脂肪具有重要的生理功能,如产生能量、维持体温、缓冲和保护等,但身体成分中脂肪的成分增加,肌肉的成分必然下降。身体中没有收缩功能的脂肪组织较多,进行活动的能力就会下降,基础代谢水平也会随之下降。

当脂肪含量过多并达到肥胖的程度时则容易导致冠心病、高血压、中风、非胰岛素依

---

① 杨萍. 健美操与科学健身 [M]. 北京:人民体育出版社,2021:33

赖型糖尿病、骨关节病、关节退行性变、各种肿瘤的发病危险增加、血脂成分异常、月经失调等。另外，肥胖给很多人造成了严重的心理负担。

由于肥胖与疾病的密切关系，因此对身体脂肪含量的准确测量和评价是体适能研究的重要组成部分。通常认为，成年男性正常标准体脂百分比约为 15%，成年女性正常标准体脂百分比约为 20%。当男性体脂百分比超过 20%、女性体脂百分比超过 30%，即属于肥胖。

当体内脂肪合成增加，脂肪组织就趋向于在身体的某些部位堆积。男性型肥胖（身体外形呈苹果形变化）是用来描述脂肪在躯干和腹部过度的堆积；而脂肪主要堆积在臀部和大腿部位则被称为女性型肥胖（身体外形呈梨形变化）。按照其对健康的不利影响，男性型肥胖最大的危险与心血管疾患密切有关。[①]

过少的身体脂肪同样对体质和健康有所损害。身体脂肪含量有较大的个体差异，主要取决于性别和遗传因素。脂肪过度损失会产生很多严重后果，如不育症、抑郁、体温调节障碍，甚至死亡。严重的脂肪损失一般是由于各种内、外因素的作用导致饥饿的结果。男性最低体脂百分比约为 3%，女性最低体脂百分比约为 12%，此最低体脂即为用于维持人体正常生理功能的必需脂肪。

由于身体成分是影响人体健康的一个重要因素，因而它也是健康体适能的要素之一。

（二）心肺耐力

1. 心肺耐力的概念及重要性

心肺耐力又称有氧适能或有氧耐力，是指人体长时间进行有氧工作的能力。心肺耐力水平主要与机体的心血管系统和呼吸系统功能有关，代表人体心血管系统和呼吸系统摄入、运输、吸收利用氧气，进行新陈代谢，产生能量的能力，反映了人体心肺功能的适应能力。心肺耐力与人体健康关系最为密切，是人体健康水平或体质强弱的重要标志。

良好的心肺耐力不仅能保证机体长时间有效地工作，同时也能保证机体工作后快速消除疲劳和有效地恢复机能。心肺耐力较差者平日比较容易精神萎靡，稍微活动即气喘吁吁，耐力活动时间稍长，即容易显出疲劳状，同时罹患心血管系统疾病的危险性会显著增加。提高心肺耐力水平，可以提高生活质量，提高劳动、运动能力，降低由于不良生活方式所导致的心脑血管疾病、代谢疾病等的发病率。

2. 心肺耐力的生理基础

心肺耐力水平的高低主要取决于人体摄取和运输氧的能力及肌肉利用氧的能力。

（1）人体摄取和运输氧的能力：在人体中，氧的摄取和运输是由氧运输系统（即呼吸系统和心血管系统）实现的，氧的摄取和运输能力取决于呼吸系统和心血管系统的功能能力。它主要受肺的通气能力、血液的载氧能力、心脏的泵血能力和动脉血管对血液的再分配能力等因素影响。

（2）肌肉利用氧的能力：肌肉利用氧的能力主要取决于肌纤维的特性、肌纤维中线粒体的含量和氧化酶的活性、肌肉中的血流量。

3. 心肺耐力的练习方式

有氧运动是指以有氧代谢系统供能为主的运动。有氧运动是维持和发展心肺耐力的最

---

① 徐金庆，高洪杰. 全民健身的实用路径及保障体系构建 ［M］. 北京：中国书籍出版社，2021：45

常用的训练方式。其主要特点是低强度、较慢的速度、较长的距离、较长的运动时间、周期性的运动和全身大肌肉群参加活动，如步行、慢跑、骑自行车等。

有氧运动的生理作用主要在于提高心血管系统和呼吸系统的功能。有氧运动可以使心脏的泵血机能和工作效率得到提高。可使心脏出现运动性肥大，主要表现为左心室内腔的扩张，使心容积增大；安静时心率降低，次最大强度运动心率下降；身体总血量（安静）增加，每搏输出量增加，最大心输出量增加；收缩压下降，舒张压下降或不变。有氧运动还可以使肺的容积和肺活量增大，肺通气机能增强，从而改善肺功能，促进最大摄氧量的增加。[①]

（三）肌肉力量和耐力

1. 肌肉力量和耐力的概念及重要性

肌肉力量是指肌肉紧张或收缩时对抗阻力的能力，可用肌肉收缩时所能克服的最大阻力负荷来表示。力量是实现一切身体活动的基础，人体所有的生活、工作、劳动和运动活动几乎都是为对抗阻力而产生的。

肌肉耐力是指肌肉在一定负荷下长时间保持收缩的能力，可用肌肉克服某一固定负荷的最多重复次数（动力性运动）或最长时间（静力性运动）来表示。肌肉耐力是每个人在日常生活、工作、劳动和运动中所需的基本素质，耐力强可以使人长时间工作而不易疲劳。

2. 肌肉力量和耐力的生理基础

影响人体肌肉力量的因素很多，根据其解剖学和生理学的特点，一般分为肌源性和神经源性两类，年龄、性别和力量训练等其他影响因素可通过上述两类因素发挥作用。

（1）肌源性因素：肌肉的生理横断面、肌纤维的类型、肌纤维收缩时的初长度和肌拉力角。

（2）神经源性因素：中枢激活、中枢神经对肌肉活动的协调和控制能力、中枢神经系统的兴奋状态。

（3）其他因素：年龄和性别、激素作用、力量训练。

3. 肌肉力量和耐力的练习方式

抗阻训练是完全依靠自身力量克服一定外界阻力的运动。阻力（或助力）可来自他人、自身、重力、专门器械、杠铃、哑铃、弹簧、弹力带等，是增强肌肉力量和耐力的主要手段。抗阻训练主要包括静力性练习和动力性练习。[②] 抗阻训练的益处有：

（1）减少运动过程中发生伤病的危险。

（2）在一定程度上抵抗因自然衰老而发生的肌肉力量和骨密度的下降。人在25岁以后如果不进行规律的抗阻训练，每年肌肉的重量可能减少约0.5kg。

（3）预防和控制肥胖，肌肉体积增大、重量增加使人的体形更加健美，增强个人的自信心。

（4）提高肌肉的力量，增强关节周围组织的机能，减轻骨关节炎患者的关节疼痛和功能障碍。

---

① 刘胜，贾鹏，张先松. 健身理论与方法指导［M］. 武汉：湖北人民出版社，2021：52
② 刘胜，贾鹏，张先松. 健身理论与方法指导［M］. 武汉：湖北人民出版社，2021：68

（5）有效预防和改善因不良生活方式导致的腰背疼痛。

4. 体适能练习常见问题

（1）肌肉酸痛。运动导致的肌肉酸痛是运动锻炼中常见的现象，运动性肌肉酸痛分为急性肌肉酸痛和延迟性肌肉酸痛。

①急性肌肉酸痛：在运动过程中和运动后即刻产生的疼痛。通常在运动后几分钟至几小时内消失，对运动锻炼的影响作用不明显，主要是由于氢离子和乳酸等代谢产物的堆积与肌肉肿胀等原因引起的。

②延迟性肌肉酸痛：人体从事不习惯的运动后所出现的肌肉酸痛或不舒适的感觉。由于肌肉的疼痛不是发生在运动即刻，而是发生在运动后 24～48 小时，所以称为延迟性肌肉酸痛。

有运动经历的人，甚至从事不习惯的体力活动的人几乎都有延迟性肌肉酸痛的体验。延迟性肌肉酸痛的出现与运动强度、运动形式和习惯有关，与人体的健康水平和身体功能状态关系不大。有运动锻炼基础的人从事不习惯的运动，即使运动强度不大，也会出现延迟性肌肉酸痛。

延迟性肌肉酸痛除了具有一般的疼痛症状外，往往伴随着身体疲劳、肌肉僵硬和酸胀、肌肉收缩力量和放松能力下降，主要出现在远端肌肉和肌腱连接处。肌肉收缩强度过大或持续时间过长都可造成延迟性肌肉酸痛，如运动过程中高机械张力牵拉肌肉和连接组织造成损伤产生疼痛；代谢产物在肌肉组织中大量堆积；肌肉温度增高导致肌肉组织损伤，造成肌纤维坏死和连接组织分解，从而造成延迟性肌肉酸痛。

延迟性肌肉酸痛是一种暂时性的肌肉不舒适感觉，一般不经临床治疗，可自行恢复。可采用牵拉肌肉、电疗、做好充分的准备活动与整理活动等减轻延迟性肌肉酸痛症状。

（2）肌肉疲劳。肌肉反复工作会导致肌肉疲劳，做功能力下降。运动中疲劳的发生与肌肉工作强度有关。大强度的无氧运动使肌肉的疲劳发生较快；小强度的有氧运动时，肌肉工作可以维持相当长的一段时间而不发生疲劳。[①]

肌肉做功和抵抗疲劳的绝对能力与肌纤维类型有关。快肌纤维以无氧代谢供能为主，具有输出功率大而易疲劳的特点；慢肌纤维以有氧代谢供能为主，输出功率小但具有较强的抗疲劳能力。

从供能系统看，磷酸原系统主要为短时间极量和近极量无氧运动提供能量，其储量仅能维持 10 秒左右的运动。因此，储存的三磷酸腺苷（ATP）和磷酸肌酸的耗竭是短时间极量和近极量无氧运动肌肉疲劳的原因之一。

依靠糖酵解提供能量的短时间大强度运动会产生乳酸。作为一种强有机酸，乳酸解离产生氢离子（H^+），引起肌肉内 pH 值下降。而氢离子（H^+）的累积会干扰钙离子（Ca^{2+}）与肌钙蛋白的结合，从而干扰肌肉收缩过程，并导致疲劳发生。

当运动强度相对较低，运动持续时间相对较长时，肌糖原将分解为运动提供能量。然而，肌糖原的储量是有限的（一般人肌肉中储存量为 300～400g）。如果肌糖原大量分解消耗，肌肉就会发生疲劳。在负荷较小和重复次数较多以及练习的组数较多的抗阻训练中，肌糖原含量可能会成为运动负荷总量的限制因素。

---

① 卢玮，陈亮. 职业教练 健康与健身教练［M］. 北京：清华大学出版社，2021：23

（四）柔韧性

1. 柔韧性的概念及重要性

柔韧性是指人体各关节的最大活动幅度或范围。通常用关节活动幅度（range of motion，ROM）表示肢体的柔韧性。

柔韧性保证肢体有较大的活动范围，可自如地完成各种动作，预防肌肉、关节韧带损伤的发生或减轻损伤的程度。如果关节活动幅度下降，某些动作会出现障碍，容易受伤，甚至会影响到一个人的正常生活质量。因此，柔韧性也是健康体适能的一个重要要素。

2. 柔韧性的生理基础

（1）关节构造。决定柔韧性的因素有关节的骨结构，不同的关节组成的骨形态各异，直接决定了一个关节所能够活动的方式和幅度，比如肩关节是球窝关节，球窝关节又为多轴关节，可以绕多条运动轴在不同的运动平面进行大范围的活动；而肘关节是滑车关节，滑车关节为单轴关节，只能绕关节的冠状轴在矢状面内进行运动，运动范围比肩关节要小得多。[①]

（2）关节周围软组织体积。柔韧性还与关节周围软组织体积的大小有关，如脂肪过多就会起限制作用。关节周围的韧带、肌腱、肌肉和皮肤的伸展性也会直接影响关节的柔韧性。

（3）损伤史。柔韧性还与身体的损伤有关，损伤会导致关节活动幅度受限，进而影响身体的柔韧性。如果是身体骨骼结构的改变，则其影响的柔韧性很难再恢复，而损伤导致的软组织粘连、弹性下降等因素影响的柔韧性是可以通过适当的方式进行恢复的。

（4）中枢神经调节。柔韧性还取决于中枢神经系统对骨骼肌的调节功能，特别是对抗肌之间的协调功能，以及对肌肉紧张与放松的调节能力等。对抗肌协调性的改善，可在肌肉活动时，使相应对抗肌群充分放松，从而降低对主动肌工作的阻力，保证运动幅度加大。随意放松肌肉的能力提高，也是扩大动作幅度的原因。规律的运动训练可以保证中枢神经系统对骨骼肌的调节功能，保持良好的身体柔韧性。

（5）年龄。柔韧性有极其明显的年龄差异，幼儿时期是柔韧性最好的时期。随着年龄增长柔韧性逐渐降低，原因与儿童少年的肌肉纤细、弹性好、可塑性大，以及关节韧带的伸展度大有关。

（6）性别。柔韧性还有明显的性别差异，即女性一般好于男性。

（7）其他因素。柔韧性还与外界环境（温度）和情绪有关。外界环境温度高，肌肉的弹性和伸展性高，黏滞性低，身体的柔韧性就好，反之就差；过度紧张的情绪会使身体肌肉紧张，长期的情绪紧张就会导致身体柔韧性差，反之，舒缓的情绪会使身体的柔韧性保持良好的状态。

3. 伸展练习

伸展练习或称牵张练习，是最常用的以牵拉肌肉为主的提高柔韧性的手段。在关节结构基本正常的前提下，伸展练习的主要作用是提高肌肉的伸展性。伸展练习主要包括冲击性伸展练习和静力性伸展练习。练习时可以主动完成，也可以在他人帮助下完成。

通过伸展练习，可以延缓年龄因素引起的柔韧性下降，预防由于缺乏运动而导致的关

---

① 张家春，毛逸铭. 运动健身风险管理学［M］. 上海：上海交通大学出版社，2019：46

节结构、周围软组织、跨关节肌肉改变，保持良好的柔韧性。

因伤病引起关节功能障碍时，通过伸展练习，可防止关节粘连、挛缩，保持和加大关节活动幅度，使肢体的柔韧性能够尽量满足日常生活、劳动、运动的需要。[1]

三、竞技体适能

发展竞技体适能的主要目的在于提高人体在竞技比赛中的运动表现。根据比赛项目、内容、场景等现实情况，运动者能够综合运用各种素质能力，例如灵敏、速度、爆发力、平衡等竞技体适能要素，适应比赛需求，最大化地在运动过程中发挥人体的运动潜能。

（一）灵敏

1．灵敏的定义

灵敏是指练习者根据外部的动作情景或信号变化，迅速改变身体姿势、移动位置速度、随机变换动作的应变能力。灵敏是反映运动者快速判断、反应，综合运用动作技能的能力，是调动各种身体素质在运动中合理操作的能力。

2．灵敏的生理基础

（1）神经系统的快速反应、决策和预判。神经反应过程的灵活性越高，机体对内外环境变化做出的反应就越迅速，调整及修正动作的能力就越强。运动中需要机体在环境产生变化时能够快速地做出响应，进行信息的分析处理并做出综合判断。

（2）感觉器官的唤醒水平。运动过程中机体的外部、内部信息要经过感觉器官及时准确地感知、收集、汇总，进入中枢神经系统处理并做出迅速的判断，以支配完成相应的动作。人体的感觉器官主要有视觉、听觉、"位觉"和本体感知觉等器官，在灵敏训练中需要感觉器官具有高度的敏感性。[2] 要在进行灵敏训练之前做好充分的准备活动，提高身体感知觉的敏感性，避免在身体疲劳的时候进行灵敏训练。

（3）动作技能的熟练性。动作技能的多样性和熟练性能够明显地减少动作执行的时间，同时各项身体素质的均衡发展也能明显提高灵敏素质。在进行灵敏素质训练时要注重基本动作技术的训练，提高动作的协调性和熟练自动化程度。

（二）速度

1．速度的定义

速度是指快速完成动作的能力。速度又可以分为反应速度、动作速度、位移速度。

（1）反应速度的快慢可用反应时来表示，所谓反应时是指由刺激作用于感受器开始到效应器开始活动为止所需要的时间。而应答时间是指从刺激信号出现到完成动作的时间，它由从刺激信号出现到开始反应的反应时和从反应开始到动作完成的动作时两部分组成。

（2）动作速度用人体或者部分肢体完成单个或系列动作的时间来表示，例如拳击的出拳、篮球的跳投。

（3）位移速度是指在单位时间内通过的距离或是通过特定距离所用的时间。例如 100 米跑、12 分钟跑。

---

① 顾亚婷. 运动康复干预与全面健身运动处方研究［M］. 北京：新华出版社，2019：26

② 邱建钢，杜建华，王纯. 和谐社会 科学健身［M］. 成都：电子科技大学出版社，2017：53

2. 速度的生理基础

（1）反应速度的生理基础。

①在构成反射弧的五个环节中，传入神经和传出神经的传导速度较快，故反应时的长短主要取决于：感受器的敏感程度、中枢延搁、效应器的兴奋性。其中，中枢延搁是影响反应速度的关键因素，反射活动越复杂，历经的突触数目越多，反应时越长。

②中枢神经系统的兴奋性和灵活性。良好的兴奋状态及其灵活性能够提高反应速度。实验证明，当运动员处于良好的赛前状态时，反应时缩短；反之，如果运动员兴奋性及灵活性降低，反应时将会明显延长。

③条件反射的巩固程度。随着运动技能的日益熟练，反应速度逐步加快。研究发现，通过训练，反应速度可以缩短 11%～25%。

（2）动作速度的生理基础。动作速度的生理指标是动作时。动作时是指从动作开始到完成动作所需要的时间。影响动作速度的生理因素有：

①肌纤维的组成及其面积。快肌纤维的百分比越大，直径越大（快肌纤维越粗），肌肉收缩速度越快。实验证明，优秀短跑运动员快肌纤维百分比较高。长期的速度性训练可引起快肌纤维出现选择性肥大。

②肌肉收缩力量。肌肉收缩力量越大，肌肉克服内外阻力的能力越强，完成动作的速度也越快。凡能影响肌力的因素都影响着动作速度。

③肌肉组织兴奋性。肌肉组织兴奋性越高，引起组织产生兴奋所需的刺激强度越小，作用时间越短，完成动作的速度也越快。

④条件反射的巩固程度。在运动技能的发展过程中，随着条件反射的逐渐巩固，动作时进一步缩短，动作速度加快。

⑤神经系统的调节能力。神经系统对主动肌、协同肌及对抗肌的协调能力越强，动作速度越快。

（3）位移速度的生理基础。影响周期性位移速度的因素较多，而且比较复杂。以跑速为例，跑速主要决定于步长和步频两个方面因素，而步长和步频又受多种生物学因素的影响。步长主要取决于肌力的大小、下肢的长度及髋关节的柔韧性等。而步频的快慢取决于：

①大脑皮层运动中枢的灵活性。神经系统的灵活性越高，中枢兴奋和抑制转化速度越快，肢体动作交换的速度也越快。

②肌肉中快肌纤维的百分组成及其肥大程度。快肌纤维百分比越高，肌肉收缩速度越快，步频越快。

③中枢神经系统各中枢间的协调性。中枢间协调性的改善可有效提高各肌群间协调关系，减少因对抗肌紧张而产生的阻力，有利于更好地提高速度。研究证明，肌肉放松能力的改善，是提高速度的一个重要因素。

（三）爆发力

1. 爆发力的定义

爆发力是指单位时间内产生力量的能力。用物理学公式表示为 $P=(F×D)÷T$，P 表示爆发力，F 表示力量，D 表示距离，T 表示时间。同样这个公式也可以换算为 $P=F×$

V，V 表示速度，也就是在特定负荷下使物体或身体快速获得速度的加速能力。[①] 例如对于铅球项目除了出手角度外最大的影响因素是出手前铅球的最大初速度。

爆发力就是物理上所讲的功率，也就是单位时间内做的功。功率的大小取决于力的大小和用力的速度，提高功率可以增加力或提高用力的速度。功率一定时，力越小，做功的速度越快，与之相反力越大做功速度越慢。功率输出的能力是竞技运动项目运动技术评价中非常重要的指标。运动成绩高低和动作技术质量的优劣，主要取决于完成动作过程中肌肉输出功率的大小，即取决于人体肌肉由化学能转化为机械能的速度。

2．爆发力的生理基础

（1）肌源性因素：肌肉的横截面积；肌肉中快肌纤维的含量，含量高提高速度的能力就强，也就是快肌纤维比例越高的人爆发力提高的潜力越大；肌肉收缩的初长度。

（2）神经因素：中枢神经的兴奋性，运动中枢系统对于肌肉控制的协调性。

（3）能量供应：短时间的爆发力能源供应物质为 ATP 和 CP，爆发力与这些能源物质的动员情况有关。在进行爆发力训练时组间歇要充分，让肌肉中的 ATP 充分合成后再进行下一组的训练。

（4）其他影响因素：关节的活动度，年龄、性别、激素水平、训练程度等。

（四）平衡

1．平衡的定义

平衡是指身体在运动或受到外力作用时，能够自动调整并维持一种姿态的能力。按其性质可将人体平衡能力分为以下三种：对称性平衡能力是指能否将身体的重量均匀地分配到身体支撑点的能力；静态平衡能力是指人在相对静态下，维持身体某种特定姿势持续时间的能力；动态平衡能力是指人体在运动过程中，控制身体姿势的能力。

2．平衡的生理基础

（1）位觉器官。当人体在进行旋转或直线变速运动，以及头在空间的位置和地心引力的方向出现相对改变时，就会刺激前庭器官的感觉细胞产生神经冲动，经前庭神经传送至中枢神经系统，引起身体在空间的位置感觉或变速感觉，并通过姿势反射来调整有关骨骼肌的张力，以维持身体的平衡。位觉感受器在调节身体平衡方面具有双重性，即良好的前庭器官反射可以维持运动中的身体平衡，但若前庭器官对位觉刺激过于敏感，反而会破坏身体平衡，导致动作失调变形。

（2）本体感受器。本体感受器是指分布于骨骼肌、肌腱、关节囊和韧带等处的本体感觉神经末梢装置，包括自由神经末梢、环层小体、腱器官、肌梭等。本体感受器可感受肌肉张力、长度的变化和环节在关节处运动的刺激，并将这类刺激转变为神经冲动，传向大脑皮质感觉区，从而产生身体各部分相对位置和状态的感觉，这种感觉称为运动觉或本体感觉。

（3）视觉器官。视觉是外源性信息在大脑的主观感觉。运动中，眼睛可感知运动场地、器械等周围环境和身体运动方向的信息，并传入大脑。大脑结合本体感受器和位觉感受器传来的信息，通过视调节保持清晰的视觉，同时调节有关骨骼肌的张力，保持头位及

---

① 谢正阳. 全民健身公共服务体系研究 来自苏南地区的创新实践 ［M］. 苏州：苏州大学出版社，2018：55

正确的身体姿势。因此，视觉对动作的控制有重要作用。另外，视觉与本体感觉在维持身体姿势时有较大的相互依存性。

（4）身体机能状态。维持身体平衡是在神经系统、感觉器官和运动系统等共同参与和协调下完成的。只有在身体机能处于适宜状态时，有关的系统和器官之间才能密切协调配合，共同维持身体的特定姿势。若身体疲劳或健康状况不佳时，各器官、系统的功能下降，会引起感受器兴奋阈值升高，对运动刺激不敏感，传入信息少；信息传导、传递速度变慢；中枢神经整合与协调能力减弱；肌肉收缩无力。这些变化会严重影响身体的平衡。

第二节 健康体适能测评

在客户开始运动之前，应首先对其进行健康状况的调查评估和健康体适能的测试评估。通过此程序获得的有关客户的身体健康状况和体适能水平的信息是为其制订个性化的、科学的运动计划的重要依据。

一、健康调查

健身教练在开始对客户进行体适能测试前需要对其身体状况有全面的了解，保证其在测试过程中的安全。健身教练可以通过以下四个方面的调查来评估客户的健康状况：①是否存在被确诊的疾病；②是否存在发生某些疾病的潜在危险因素；③是否存在某些疾病征候或症状；④是否有有损健康的生活方式或行为习惯。健康状况调查与评估不仅可以帮助客户本人了解自身目前的健康状况，而且是健身教练制订以增强体适能和增进健康为目标的健身运动计划的基本依据。

健康状况问卷是要求客户进行健康体适能测试前填写的准备健身运动筛选问卷。

经常使用的问卷还有冠心病危险因子评估表。冠心病（coronary heart disease，CHD）危险因子判定的主要目的是评估客户罹患动脉粥样硬化性心血管疾病风险的高低，通过危险因子的判定，在对客户进行运动计划设计时，考虑是否需要医务监督，并确定开始运动时的初始运动强度，使客户在健身的初始阶段可以从较为安全和适当的运动强度开始进行健身训练。

二、基础指标测评

（一）基础指标及测评时的注意事项

基础指标测评是整个健康体适能测评中不可或缺的部分。

基础指标包括：客户的身高、体重、安静心率、血压、标准位置的身体围度，以及姿态评估。在进行基础指标测试时，为了保证测试的数据准确、有效，注意事项如下：

衣着方面：应穿着轻便的运动服装（半袖或无袖的运动衫和运动短裤）。

饮食方面：测试前2小时应避免进食、吸烟、饮用含咖啡因饮料。

运动方面：测试之前避免运动，测试的前一天避免做剧烈运动。

休息方面：测试前应注意充足的睡眠和休息，测试血压前需静坐休息一定时间。

心理方面：应保持情绪的稳定。

（二）基础指标的测评

1．身高、体重测评

测试目的：通过身高体重测量，计算客户的体重指数（body mass index，BMI），确定客户是否存在体重超重或肥胖的情况，并推断因体重超重或肥胖而导致高血压、2 型糖尿病、心血管疾病等风险的危险程度。

测试器材：身高、体重测量仪。

测试流程：教练讲解测试内容、测试目的，并说明要求；客户脱掉鞋子后背靠身高体重测量仪自然站立，背部挺直，下颌微收，目视前方，双肩下沉，双臂自然垂于体侧；身高计的上方卡尺所对应的刻度即为客户实际身高，同时读取体重计的数字显示部分，即为客户的实际体重，记录身高和体重的数值。

体重指数可用来表示身高与体重的相对关系，其计算方法是以千克为单位的体重除以以米为单位的身高的平方（kg/m^2）。计算出体重指数后，对照评价标准对客户的身高体重进行评价（表 4—1）。

表 4—1　中国成人超重和肥胖的体重指数和腰围界限值与相关疾病危险的关系

分类	体重指数（kg/m^2）	腰围（cm）与相关疾病危险关系		
		男＜85 女＜80	男 85～95 女 80～90	男＞95 女＞90
体重过低＊＊	＜18.5	…	…	…
体重正常	18.5～23.9	…	增加	高
超重	24.0～27.9	增加	高	极高
肥胖	≥28	高	极高	极高

＊ 相关疾病指高血压、糖尿病、血脂异常和危险因素聚集。

＊＊ 体重过低可能预示有其他健康问题。

引自：中华人民共和国卫生部疾病控制司. 中国成人超重和肥胖症预防控制指南（试行）. 2003

2．安静心率、血压测量

（1）安静心率测量。

测试目的：测量客户安静状态下的心率，初步评估客户的心血管健康状况与心脏工作能力。

测试器材：秒表。

测试流程：教练讲解测试内容、测试目的，并说明要求。客户采取坐姿，手臂放松，教练坐于客户身体的一侧，用一手的食指和中指放在客户的桡动脉处，测量客户一分钟的脉搏次数，即客户的安静心率。

安静心率的测量也可以由客户自己在家完成，更加精确的测量值是在不同的日期进行两次或两次以上正确测量的平均值，测试时间最好是在充分休息后的早上起床后。

安静心率的正常范围一般为每分钟 60～100 次。

（2）安静血压测量。

测试目的：初步了解客户的心血管健康状况。

测试器材：臂式血压计。

测试流程：教练讲解测试内容、测试目的，并说明要求。客户采取坐姿，背部挺直，肩部放松，屈肘后手臂放在桌子上，让肘关节基本与心脏同高。教练打开血压计，带上听诊器，调整听诊器的听筒向前，将血压计的袖带套在客户上臂上，袖带的下沿距肘关节肘窝上方两横指的距离，将袖带绑好，保证袖带的松紧度适宜。关闭进气阀门，开始向袖带内充气，充气时手触客户的桡动脉，待客户桡动脉消失时再加压 $20\sim30mmHg$，将听诊器的听诊头放在袖带内肱动脉处，然后打开阀门以 $2\sim5mmHg/$秒的速度缓慢放气，当听到第一声动脉音时的压力值为收缩压；继续放气，听到动脉音消失时的压力值为舒张压，记录收缩压和舒张压的压力值，即为客户的血压参考值。测量结果应该取两次或两次以上正确测量结果的平均值。两次测量之间要休息 2 分钟，最少间隔 1 分钟。

进行血压测量读取数值时，视线应该与水银柱高度保持水平；读取完数值后应将袖带内的气全部排空；第一次测量时应测量双臂血压，双臂间有差异时记录较高的血压值；过高的血压值的确定必须经过两次监测，两次最好相隔数天。

安静血压的具体评价标准参见表 4－2[①]。

表 4－2　血压水平分类和定义（mmHg）

收缩压	舒张压	分类
＜120	和＜80	正常血压
120～139 和（或）	80～89	正常高值血压
≥140 和（或）	≥90	高血压
140～159 和（或）	90～99	1 级高血压（轻度）
160～179 和（或）	100～109	2 级高血压（中度）
≥180 和（或）	≥110	3 级高血压（重度）

3．身体围度测评

测试目的：用于预测身体成分。

测试器材：皮尺。

测试流程：测量尺应是可弯曲而无弹性的带状尺；尺子应该置于皮肤表面，不能压迫皮下脂肪；同一部位应进行两次测量，若两次测量结果相差 5mm 以上要再次进行测量；测量结果取两次测量结果的平均值。

测量部位的身体标准位置参见表 4－3。

表 4－3　标准化围度测量部位

测量部位	测量部位描述（标准解剖学体位）
腹围	绕肚脐水平环绕测量
上肢	在肩峰与尺骨鹰嘴连线的中点处水平测量
臀围	两脚并拢，在臀部围度最大处水平环绕测量
小腿围	沿小腿纵轴最粗壮处水平环绕测量
大腿	在大腿根部臀褶线处水平环绕测量
腰围	在胸骨剑突和肚脐以上围度最细的位置水平环绕测量

---

① 王前，王建中．临床检验医学 ［M］．北京：人民卫生出版社，2015：43

4．姿态评估

身体姿态是身体各个部分所处的位置，它反映了身体各部分组织结构间的力学关系。姿态是评价生长发育水平的一项重要内容。正常的姿态不仅表现出健康的精神面貌，给人以优美的感觉，更重要的是它使身体各部分的空间位置处于最佳的省力状态，从而减轻肌肉韧带的紧张，减轻疲劳，有利于运动能力的发挥。不正确的姿态会额外地增加肌肉韧带的负担，还会影响骨骼的发育，影响循环、呼吸、消化的正常功能。

姿态可分为静态姿态和动态姿态。静态姿态是指人体在相对静止状态下，身体各部位所处的相对位置；动态姿态是指人体在运动过程中，身体各部位所处的相对位置。一般情况下，身体姿态的评估主要是静态姿态的评估，着重评估直立姿态。静态姿态的评估可以用通过身体重心的一条垂直地面的假想直线（可称为中轴线）为参照来检查。理想的姿态是身体各个部分能够平衡、均匀地分布在这条直线上，这时身体各部分所承受的压力降到最低程度。相反，不正确的姿态是某些部分偏离正常位置并影响到其他部分的位置变化，从而使身体中的某些组织不断承受额外的压力，最终会导致这些组织出现伤痛。

通过站姿的侧面和后面，可以观察身体的头部、颈椎、肩部、肩胛骨、胸椎、腰椎、骨盆、髋关节、膝关节、踝关节的位置和结构关系。侧面重点检查颈椎的曲度是否正常，是否含胸、圆肩、驼背，腰椎的曲度、骨盆的位置是否正常，腰曲是否过弯或过直，骨盆是否前倾或后倾。后面重点检查头部是否处于正中位，肩部是否水平、是否耸肩或塌肩，胸腰椎是否成一条直线，是否存在脊柱侧弯，骨盆是否成水平位，腿部是否成一直线。

另外，还要对胸席形态、腿的形态、足的形态进行检查评估。

三、健康体适能测评方法

健康体适能要素主要包括心肺耐力，肌肉力量和耐力，柔韧性，身体成分四大要素。这四大要素的测评对全面了解客户的健康体适能状态，判断客户初步的运动能力，以及为客户制订针对性的运动计划，都有非常实际的参考和指导意义。

（一）心肺耐力测评

心肺耐力测试的常用方法是台阶试验。

测试项目：台阶试验。

测试目的：对客户进行次最大强度心肺耐力测试推测客户的心肺耐力水平。

测试器材：台阶（成年男子 30 cm、成年女子 25 cm）、秒表、节拍器（频率为 120 次/分），或台阶试验仪。

测试流程：教练讲解测试的项目、目的及测试注意事项，并对测试方法进行示范。首先检查节拍器，预设节拍为 120 次/分钟，然后依"上上下下"的节拍运动 3 分钟，每次踏上台阶以膝关节基本伸直为准；完成 3 分钟蹬踏台阶以后，让客户立刻静坐在椅子上，记录运动结束后 1 至 1 分 30 秒、2 至 2 分 30 秒、3 至 3 分 30 秒的三次脉搏数。

如果受试者 3 次不能按照节拍器发出的节奏完成上下台阶或不能继续坚持运动，应立即停止运动，记录运动持续时间，并以同样方法记录三次脉搏数，然后，按下面公式计算台阶指数。

$$台阶指数 = 运动持续时间（秒）/ \oplus 3 次测量脉搏数之和 \times 100\%$$

注意事项：心血管疾病患者，不得进行此项测试。

（二）肌肉力量和耐力测评

1. 肌肉力量测评

测试目的：通过肌肉最大用力的测试，反映被试肌肉力量情况。

测试仪器：握力计。

测试流程：教练讲解测试的项目、目的及测试注意事项，并对测试方法进行示范。调节握力计的握柄，客户选取优势手握住握柄，让握力计的指针面向吸气不动，呼气时手掌尽最大力量捏握握力计的握柄，用力时尽量要爆发用力，教练读取数值，并对数值进行记录；测试进行三次，取三次测量结果的最大值，肌肌肉力量测试结果。

2. 收部肌肉耐力测试（女）

测试项目：1分钟仰卧起坐。

测试目的：测试腹部肌肉耐力状况。

测试器材：垫子、秒表。

测试流程：客户仰卧于水平放置的垫子上，双腿稍分开，屈膝成90°角，双手手指交叉抱于脑后，由教练压住双脚以固定下肢。在发出开始口令的同时开表计时，客户快速起坐，双肘触及或超过双膝，然后还原为仰卧，双肩胛触垫为完成1次。记录1分钟完成次数。

1分钟仰卧起坐的具体评价标准参见表4-5[1]。

表4-5　20～39岁1分钟仰卧起坐评分表

单位：次

年龄	性别	1分	2分	3分	4分	5分
20～24	女	1～5	6～15	16～25	26～36	＞36
25～29	女	1～3	4～11	12～30	21～30	＞30
30～34	女	1～3	4～10	11～19	20～28	＞28
35～39	女	1～2	3～6	7～14	15～23	＞23

3. 上肢肌肉耐力测试（男）

测试项目：俯卧撑。

测试目的：测试上肢的肌肉力量耐力。

测试器材：训练垫。

调试流程：教练讲解测试的项目、目的及测试注意事项，并对测试方法进行示范。客户俯卧双手支撑在训练垫上，双手的距离略宽于肩；双脚并拢，膝关节伸直，腹部收紧，背部挺直，下颌微收，目视前方，双肩下沉，肘关节微屈，吸气时肘关节弯曲，身体向下，直到肘关节弯曲成90°，呼气时向上推起，推起到肘关节保持微微弯曲，这是一次完整的俯卧撑动作，动作过程中不能弯腰弓背，也不能低头含胸，始终保持腹部收紧背部挺直的身体姿态；持续进行俯卧撑动作，直至肌肉疲劳无法撑起或动作达不到标准，记录俯卧撑的次数，对照评估标准对客户的肌肉耐力进行评估。

具体评价标准参见表4-6[2]。

---

[1] 国家体育总局. 国民体质测定标准手册 成年人部分 [M]. 北京：人民体育出版社，2003：9

[2] 国家体育总局. 国民体质测定标准手册 成年人部分 [M]. 北京：人民体育出版社，2003：11

表4-6　20～39岁成年人俯卧撑评分表

单位：次

年龄	性别	1分	2分	3分	4分	5分
20～24	男	7～12	13～19	20～27	28～40	＞40
25～29	男	5～10	11～17	18～24	23～35	＞35
30～34	男	4～10	11～15	16～22	23～30	＞30
35～39	男	3～2	7～11	12～19	20～27	＞27

（三）柔韧性测评

测试项目：坐位体前屈。

测试目的：通过坐位体前屈测试下背部、臀部以及大腿后侧肌肉的柔韧性，反映客户全身的柔韧性，并对客户的柔韧性进行初步的评估。

测试器材：坐位体前屈测量仪（垂直挡板处为"0"刻度）。

测试流程：教练讲解测试的项目、目的及测试注意事项，并对测试方法进行示范。将测量仪调整到初始刻度处，并在测量仪前铺好训练垫；脱掉鞋子和袜子，双脚顶在测量仪的挡板上，双脚分开12～15cm，膝关节伸直，双掌重叠，中指对齐；吸气时双臂前举，呼气时指尖顶着测量仪的小挡板向前，在最远处停留3秒钟左右，整个过程中膝关节不要弯曲，双手不要一前一后；进行三次测量，测量过程中的最好成绩，即为客户的柔韧性测试成绩，并对照评估标准对测试成绩进行评估。

（四）生物电阻抗分析法

测试项目：人体成分分析。

测试目的：通过具有生物电阻抗技术的人体成分分析仪对人体进行测量，测定出人体内的各种成分，重点分析人体成分中脂肪占体重的比重（也就是体脂百分比的高低），分析体脂百分比与健康风险的关系。

测试器材：人体成分分析仪。

测试流程：客户尽量穿轻便的衣服，减少测试的误差（理想状态是裸重）；取下身上所有的装饰物品，如手表、项链、戒指等；脱鞋脱袜后，双脚站在体成分分析仪的电极片上，身体直立，抬头挺胸，自然放松，双手握在成分分析仪手柄的电极片上，输入客户的所有信息后点击成分分析仪上的开始按键，开始测试；测试的过程中，客户保持自然站立的身体姿态，不要移动，也不要说话，时间1分钟。测试完毕，客户穿袜穿鞋后，提醒客户带齐个人所有的物品。仪器连接的打印机会自动打印客户的测试报告单。

第五章 健身指导技术

"技"是什么？"法"又是什么？一名优秀的健身指导为何能使健身者轻松自如地练习，以达到驾轻就熟的境界？就如"枪"是士兵必备的武器一样，"指导技法"是健身教练必须熟练掌握和必备的技能。

第一节 健身指导技法概览

一、健身指导技法的概念

按照现代教学论的观点，指导技法包括健身教练的教法与学员的学法两个层面。所以健身指导方法指的是健身教练指导学员健身的技法，即健身教练为完成健身课教学任务所采用的方式、途径和手段的总称，它在实现健身教学目标中起着桥梁和中介的作用。

健身指导技法是指在健身指导过程中，根据健身教学的目的、内容、任务所采用的方法和手段，也是健身教练在实际教学中应用自己所掌握的基础理论知识和技术技能、组织方法的具体表现。

在科学技术飞速发展的今天，科学健身广泛地吸收各类学科的知识。在科学的方法论，即系统论、控制论、信息论的指导下，健身指导技法在原有的传统指导方法的基础上发展很快，创立了不少方法新、效果好、学员易掌握的健身指导的技法，在科学性、程序性、经济性、实效性、兴趣性等方面均达到了最佳的指导效果。[①] 因此，可以说，健身指导技法必然会随着健身运动的不断发展，在丰富的教学活动推动下，依据教育学和教育心理学的规律，创造出更新、更科学的指导技法来。

健身教练在健身指导工作中，首先要做的是结合实际，在认真分析练习动作的基础上，选择适宜的组织和指导技法。

二、健身指导的种类

指导技法是指健身教练在指导过程中完成指导任务，达到指导目标所采用的指导途径和方法。健身教练在进行指导时，要从改善健身者身体形态和机能，提高身体素质，愉悦身心、培养健康的审美情趣以及集体主义精神的目标出发，采用适宜的指导技法去完成指导任务。健身教练指导时常用的指导技法有以下几种。

（一）讲解法

讲解法是健身教练通过简明、生动的口头语言，向健身者说明练习内容、动作名称、锻炼作用、动作要领、训练方法及要求，以指导学生掌握徒手或器械健身的基本知识、技术、技能，进行有效练习的方法。这是健身教练在个体和集体健身指导中普遍采用的一种

---

① 潘丽英. 全民健身服务体系构建与运动方法研究［M］. 北京：新华出版社，2018：31

主要技法。

讲解时应注意以下几点。

1．讲解要有目的性

所讲的内容要围绕指导任务、内容、要求以及指导过程中健身者存在的问题等情况有针对性地进行。

2．讲解要正确

所讲的内容应科学、准确，即言之有理，实事求是，并运用统一规范的专业术语。

3．讲解要简洁易懂

简明扼要，通俗易懂，力求少而精，尽可能使用术语和口诀。

4．注意讲解的时机和效果

健身指导的讲解可以在示范后进行，也可边做边讲。讲解时要根据健身者已有的知识经验来确定讲解内容的深度和广度，以便使健身者更好地理解和掌握。

5．讲解的顺序要合理

讲解的顺序一般先讲下肢动作，再讲上肢动作，最后讲躯干与头颈、手眼的配合。

6．讲解要有启发性

在指导中力求用生动形象的语言引起健身者的兴趣，启发健身者的积极思维，使其听、看、想、练有机结合。

7．讲解要有艺术性

讲解必须用普通话，口齿清晰，层次分明，表达生动形象，有趣味性，有感染力。同时，恰当的情感和声调都会使语言产生巨大的艺术效果。

8．讲解要有节奏和鼓舞性

讲解的语言节奏是指语言的声调、强弱应按特定的顺序和时间间隔交替进行。讲解的语言应有利于激发健身者的练习积极性。

（二）多媒体教学法

多媒体教学是健身教练用图、文、声、像和动态视频等效果，直观地把传统媒体技术条件下难以表述的现象与过程主动而形象地显现出来。通过形象的手段来表达抽象的内容，引导健身者去认识事物的本质，直观地了解健身的基本知识、技术动作内容、风格和特点，这是健身教练指导过程中一种现代的指导技法。

（三）示范法

示范法是健身教练（或健身教练指定的健身者）以自身完成的动作为范例，用以指导健身者进行练习的方法。这是健身教练指导过程中最常用的直观技法，不仅有助于帮助健身者了解所要练习动作的具体形象、顺序、技术结构、动作要领，领会动作特征，而且优美的动作示范还能激发健身者学习的兴趣，增强健身者学习的信心。[①] 这是健身教练在个体和集体健身指导中普遍采用的一种主要技法。

采用示范法时应注意以下几点。

1．示范应是动作的典范

健身教练的示范要力求做得准确、熟练、轻松和优美，给健身者留下深刻印象，使健

---

① 王金花. 健康中国与全民健身的融合发展研究 ［M］. 北京：北京理工大学出版社，2018：47

身者看完示范后就产生跃跃欲试的感觉。因此，健身教练要不断提高示范动作的质量。

2．示范要有明确的目的

健身教练的示范要根据指导任务、步骤以及健身者的水平确定。例如，教授新教材时，为了使健身者建立完整的动作概念，一般可先做一次完整的本范，然后结合指导要求，做重点范、慢速和常速的术范。

3．示范要有利于健身者的观察

在进行示范时，要注意选择合适的示范面、示范速度以及健身者观察示范的距离和角度。

4．示范与讲解相结合

在健身指导中，只有把示范与讲解紧密地结合起来，才能获得最佳的指导效果。

（四）完整法

完整法是指从动作的开始到结束，不分部分和段落，完整地进行指导的方法。此种方法不破坏动作结构，不割裂动作各部分或动作之间的内在联系，可使健身者建立正确、完整的动作概念。

健身教练在指导过程中应根据不同的阶段和条件以及不同的对象，采用完整法用于简单易学的练习动作。

（五）分解法

分解法是将完整动作按其结构分为几个部分，使健身者逐步掌握各部分技术动作后再将它们连贯起来，最后完整地掌握动作技术的方法。此技法可使学生减少学习困难，更易掌握动作细节，提高练习效率和健身者的自信力。

健身教练在指导过程中应根据基本动作、队形变换的特点，以及不同的阶段和条件、不同的对象，采用分解指导法，在此基础上再进行完整练习。例如，对组合动作进行分解教学，一般先教基本动作的上肢动作，后将上下肢动作配合起来进行完整练习，再配合音乐节奏练习；先两人配合，后四人配合，再多人配合，最后进行成套完整练习。运用分解法是为了建立正确的动作概念，更加清晰地了解和掌握动作部位，体会其练习精髓。

（六）提示法

提示法是健身教练以提示的方式指导健身者进行练习的一种方法。提示法分为语言提示和非语言提示。语言提示是用简单的语言或口令，提示指导健身者进行练习的一种有效的指导方法；非语言提示是用肢体语言、面部表情以及视线接触等提示健身者完成动作的一种方法。这是健身教练在个体和集体健身指导中普遍采用的一种主要技法。

采用提示法时应注意以下几点：

（1）用准确、恰当、简单的语言或口令来提示动作，并且声音要洪亮，发音准确，声调恰当。

（2）提示的语言或口令要配合音乐的节奏，健身教练可边数节拍边提示动作。例如，提示身体姿势时，可喊"1、2、3、4、两、臂、伸、直"；提示动作方向时，可喊"向、左、3、4、向、右、7、8"；提示动作速度可喊"5、6、加、快"；要求连续练习时可喊"5、6、再、做"。

（3）提示动作重复的次数和改变动作时，一般常采用倒数法进行提示。提示时应有一定的提前量。例如，"4、3、2、V字步"；"4、3、2、向前走"等。

（4）健身教练应用良性和富有情感的语言进行提示，以对学生产生激励作用。

（5）利用肢体语言提示时，必须使健身者明确肢体语言的含义。因此，最好预先向健身者讲明课上所要采用的几种肢体语言动作。

（6）在使用肢体语言时，可配合口头语言的提示。例如，手臂在做大幅度的向上伸展时，可配合"臂伸直"的语言提示，使所提示的内容变得更加明确。

（7）在用肢体动作进行提示时，力求使动作做得准确、规范，必要时动作可夸张。如"腿高抬""大步走"等。

（8）用手势提示时，应根据需要提前2拍或4拍做出，掌握好提示时机，并且要使每一位健身者都能清楚地看到健身教练所做出的手势。健身教练做出的手势要相对固定，既可采用大家公认的手势动作，又可形成自己独特的手势风格。

（9）健身教练要善于运用面部表情和眼神的变化来激励健身者。如微笑、眼神对视、点头等。

（七）带领法

带领法是指健身教练带领健身者连续完成单个动作、组合动作、成套动作练习的一种方法。它是健身教练在指导过程中普遍采用的方法。在健身教练的带领下进行练习，可以激发健身者练习的兴趣，引导健身者自觉、积极地进行模仿，使健身者在较短的时间内建立正确的动作概念，并掌握动作及音乐节奏感。根据示范形式，在指导过程中主要采用背面示范带领。这是健身教练在集体健身指导中普遍采用的一种主要技法。

采用带领法时应注意以下几点：

（1）根据动作需要正确选择带领的示范面。通常在身体有前后行进、转体变化及动作较复杂时，采用背面示范带领；结构较简单的动作一般选择镜面示范带领。身体有左右方向变化的动作根据观察动作的需要，选择镜面或背面示范带领。

（2）大部分时间都应采用镜面示范，以利于健身教练观察健身者掌握动作的情况，并便于与健身者沟通。

（3）健身教练在领做动作时，可将背面及镜面示范结合起来运用，在转换示范面后，健身教练示范的方向应与健身者的动作方向保持一致。

（4）在完成较复杂动作时，可慢速带领，待健身者熟练掌握后，恢复正常速度带领；在完成上下肢配合动作时，可先反复领做步法，在此基础上将手臂动作添加到动作中，形成一个完整的动作。

（5）健身教练在带领健身者练习时，除示范动作要做得一丝不苟外，还要与手势、口令、语言等提示方法紧密结合，使健身者达到眼看、耳听、心想、体动的目的，从而达到最佳的指导效果。

（八）重复法

重复法是指不改变动作的结构，按照动作要领进行连续反复练习的方法。这是健身教练在个体和集体健身指导中普遍采用的一种主要技法。

采用重复法时应注意以下几点：

（1）要防止错误动作的重复。指导中，一旦发现有错误动作出现，健身教练应立即给予纠正，以免形成错误动作的动力定型。

（2）在动作初学阶段采用重复法时，应避免负荷过大及疲劳的过早出现，以免影响掌握动作及改进动作。

（3）练习时要合理安排重复次数。所重复的次数既能保证健身者在每一次练习中都能达到动作的要求，不降低练习质量，又能适合健身者的负荷能力。重复次数少，达不到锻炼效果，也不易掌握和巩固动作；重复次数太多，容易造成动作变形，也易使健身者失去练习的兴趣。

（九）预防与纠正动作法

预防与纠正动作方法，是健身教练为了纠正健身者在完成动作中出现的错误所采用的指导方法。健身教练在指导中，健身者基本动作技术的提高是伴随着错误动作的不断出现与不断纠正而进行的。指导中的预防与纠正错误动作，不仅是健身者掌握动作技术的需要，也是避免运动损伤的需要。在进行预防与纠正错误动作时，应首先分析产生错误的原因，再选择适合的方法进行纠正。

三、健身教练指导技法的基本要求

根据健身指导的特点，健身教练在组织练习中应做到以下几个方面。

（一）合理选择指导技法

指导技法都有各自的特点和功能，但他们彼此关联。在指导中，应根据练习的内容和需要，结合指导实际情况，灵活地综合运用和合理选择各种技法，使每一种技法的运用都成为整个指导过程有机的一环。

（1）先运用多媒体教学，让健身者观看练习的成套动作，多模仿示范生的动作，建立正确的动作概念，体会和感受其动作韵味。

（2）指导过程中应先进行基本动作练习，然后再进行组合动作的练习；先两人配合练习，后进行四人或多人配合动作练习，再进行队形变换的练习，最后进行成套动作练习。

（3）用形象的语言提示健身者练习基本动作时的方向及用力方式，同时健身教练还要耐心指导健身者的身体姿态及手臂所处的正确位置，纠正其错误动作。

动作的要领要讲解清楚、到位，尤其要细讲动作的过程和技术要点，以及双方的接触点，这是健身教练指导的关键。

（4）音乐节奏感的培养可采用击掌的方法让健身者寻找音乐的鼓点。例如，让健身者在重音击掌，培养健身者的音乐节奏感，提高对动作节奏的掌握。指导时，先练习单个基本动作，后进行组合练习，再配合音乐节奏练习。

（二）重视健身教练指导的主导作用和健身者的团结协作意识培养

（1）在指导中，健身教练自身表现和主导作用的发挥，对调动健身者学习的积极性，使健身者获得对动作技术的直观感受和概念有着重要作用；指导时应用满腔热情来感染健身者，激发健身者的积极性。要多给健身者表扬与鼓励，树立健身者的自信心，让每个健身者充分地展现自己，培养良好的心理素质。

（2）集体健身强调男、女健身者以及多人之间动作连贯性的配合。在指导中，应加强健身者团队协作意识的培养，充分体现团结协作精神。

（3）在规范动作的同时，也要让健身者充分展现个性特点。

（三）重视表现力、姿态、节奏、方位感的培养

（1）集体健身具有较强的表演性和艺术性。表现力是健身者学习动作能否形神兼备最

重要的一步。如果一套完整优美的动作缺乏生动的表现力，将会使其失去生命力。

（2）在指导中，应严格规范身体各部位的基本姿态，正确的身体姿态是艺术表演的基础。

（3）良好的音乐节奏感和方位感，可以保证动作协调、省力及队形变换效果。要不断提高健身者对动作的领悟能力。

（四）注重错误原因

注重了解和掌握健身者产生错误动作的原因，选择适当的方法进行纠正，实现练习效果最佳化。

1. 产生错误动作的原因

（1）学习目的性不明确，练习的积极性不高，态度不认真，所学动作简单，或运动负荷大而产生怕苦、怕累情绪（如跑跳步、并步跳、单吸腿跳等）。

（2）对所学动作的概念不清，对完成任务的要领不明或受旧的技能的干扰。

（3）因为基本动作简单，但队形变化和多人配合较复杂，而产生怕动脑筋的畏难情绪。

（4）练习的动作部位不准确，方向不明确，多人配合变化队形时思路混乱。

（5）身体训练水平及基本技术水平较差（如跑跳步时膝关节缺乏弹性，动作僵硬不协调）。

（6）指导技法的选择不当，不符合健身者的实际水平，与健身者的接受能力差距过大。

（7）由于练习环境与基本技术的限制和影响等。

2. 预防与纠正错误动作应注意以下方面

（1）健身教练在课前必须了解健身者的实际情况，认真钻研所要教授的动作，掌握正确的基本技术动作，两人配合、四人配合及多人配合动作和正确的队形变化，根据健身者的具体情况和动作的特点，采用适宜的指导技法，科学地选配与安排练习内容。

（2）要培养健身者对练习的兴趣，使健身者在充分感受和体会动作精髓的基础上进行练习，这样才可能集中思想练习、掌握和领会正确的基本技术动作及要领。

（3）要根据集体健身的特点尽量多采用分解法指导，指导先后顺序、条理清楚，要有侧重性。

（4）采用分解指导技法，先从基本技术开始进行练习、讲解，技术和队形变化要分开进行指导。

（5）要善于观察，找出产生错误动作的根本原因，做到有的放矢。在纠正学生错误动作时，一定要耐心细致，循循善诱，分析原因。尤其对那些基础较差的健身者，不仅要严格要求，更需要热情帮助，使健身者在反复的练习中逐步改进动作。

（6）纠正动作错误必须首先抓住主要方面。健身者学习动作时产生的错误有时可能不止一个，在这种情况下，健身教练要善于确定解决的顺序，不要同时要求纠正几个错误，使健身者无所适从。

（7）纠正一些主要错误动作要及时，对于健身者中出现的共性错误，要及时停止练习，进行集体纠正。

（五）注重组合动作的教学程序

（1）指导时，先教基本动作为宜，可先示范，后讲解，并采用分解与完整，带领加提示等多种指导技法。

（2）在进行集体健身组合动作的指导时，应首先进行该组合动作中下肢典型步伐动作的指导，再快速准确地掌握下肢及其他部位动作的指导。要求健身者动作要规范。

（3）在进行集体健身组合动作指导时，可放慢口令节奏进行练习，然后配合音乐进行练习，最后可采用重复练习法进行巩固。

（4）当集体健身者掌握了全套基本动作后，可两人配合进行练习，熟悉后进行队形的变换，再配合音乐进行多人配合的练习。

（5）在健身者掌握若干个单个动作的基础上，要与组合动作结合进行指导。集体健身各单个动作与组合动作的结合练习是巩固和提高所学成套动作的有效手段。

第二节　个体健身指导技法

在体育教学理论中曾提到的一些教学方法，如讲解法、直观法、完整教学法与分解教学法、练习法、循环练习法、竞赛法、纠正错误法、相似技术教学法、发现学习法和程序教学法等都适用于健身课的指导过程，但要结合健身课的特点灵活应用。健身动作或健身套路的技术是由动作的方向、幅度、角度、力量、四肢和躯干的屈伸、重心所处的位置等因素协调配合而形成的。既有时间上的要求，又有空间上的要求。因此，健身教练在针对个体的健身指导中，如果仅仅采用某一种教学方法，很难使健身者有完整的概念和掌握正确的动作技术。所以，健身教练应把多种指导方法高度优化地结合起来，才能更有效地进行健身指导。

下面我们根据多年的健身指导实践，总结出适合健身教练运用的健身指导技法，供健身教练和健身者们参考。

一、手势提示指导技法

（一）概念

手势提示指导技法是指在健身指导过程中，健身教练运用各种手势指导健身者完成练习的方法。

（二）应用

手势是身体语言的一种，通过手势引导，提示健身者按顺序、方向、要点完成动作，保证健身者连贯、完整地完成健身动作。手势提示指导法主要运用于健身动作的复习及巩固阶段，其特点是直观、简明，有利于健身者连贯完成动作。

（三）提示

（1）在健身动作教学中，健身教练手势的运用要果断，要有明确的目的性，做出什么样的手势，应做到心中有数。

（2）健身教练运用手势时，要注意时机和效果。应根据需要提前2拍或4拍做出，掌握好提示时机，并且要使每一位健身者都能清楚地看到健身教练做出的手势。也就是说在上个动作没结束之前，就应将下一个动作的要点、方向及时地用手势提示出来，帮助健身者准确地完成动作。

（3）健身教练掌握健身者完成动作的情况，在易出现问题的地方，提前向健身者发出准确信号，如击掌或口头提示，引起健身者注意，然后给予手势提示。

（4）健身教练做出的手势要相对固定，既可采用大家公认的手势动作，也可形成自己独特的手势风格。

二、讲解与示范指导技法

（一）概念

讲解是健身教练向健身者说明或论证原理、概念，进行逻辑推理，使健身者形成正确的科学概念。在技术指导中则要说明所学动作的名称、要领与技法，着重揭示完成动作的关键及技术原理。

示范是动作的典范，是最生动、最逼真的直观指导，可使健身者建立正确的动作表象和概念，引起健身者学习动作的欲望，激发健身者的练习积极性。

（二）应用

讲解与示范是健身指导方法中普遍采用的最有效的指导技法。正确而优美的动作示范，可以激发健身者的练习兴趣，引导健身者自觉积极地进行模仿练习。讲解则可配合示范加强动作概念的建立。一般来说，为提高示范讲解法运用的效果，采用边示范、边讲解的方法指导效果最好。但根据实际情况，在运用时也有所不同。

（1）只示范、不讲解。如果健身者有一定基础，动作又比较简单，可只示范，提出要求即可，不必讲明。

（2）只讲解、不示范或先讲解、后示范。如果为了培养健身者的独立思考能力，加深对动作的理解，也可只讲解、不示范或先讲解、后示范。

（3）先示范、后讲解。如果动作比较复杂，应首先让健身者建立起正确的动作表象，然后再讲解。

（4）一边慢动作示范，一边讲解。如果是对初学者，学习比较复杂或较困难的动作，可采用边慢示范、边讲要求、边让健身者跟着模仿做的方法。

（三）提示

（1）讲解应围绕该次课的指导内容、任务进行，防止离题太远。讲解必须视健身者已有的知识和经验进行，超出健身者实际水平的讲解是不会收到预期效果的。

（2）要精讲多练。精讲不是少讲，而是要用精湛的语言把动作要领讲得一清二楚，讲在点子上，一语道破关键所在。

（3）讲解要用术语，语气要肯定，表达要生动形象，比喻要恰当，并富有趣味，把健身者注意力吸引过来，调动健身者的情绪，使健身者有跃跃欲试的积极性。

（4）要使讲解达到精确、扼要、简练、有感情、有说服力，并不是一件容易的事情，因此每位健身教练应加强语言的修养。

（5）示范要正确。使健身者建立正确的动作概念。

（6）示范动作要优美、准确，要能引导健身者自觉积极地进行模仿练习。

（7）示范要有目的性。根据健身指导过程需要，可采用完整动作示范、分解示范、重点示范、慢速示范、常态示范以及正误对比示范等，加深健身者对动作的理解和掌握。

（8）要选择最佳的示范方向和距离，使每个健身者能清楚地看到所示范动作的起止过程和活动的主要部位，以收到良好的示范效果。示范方向根据不同动作和示范目的，选择正面、半侧面、侧面和背面。示范距离可根据健身者人数、排列队形、动作幅度大小和场地大小来确定远近。示范时要站在健身者都能一目了然的位置，即健身者队形等边三角形的顶点。健身者人数多时，最好在高位置上进行示范。

（9）示范面要根据每个动作的结构而定。健身动作的结构是围绕人体前后轴运动时，健身教练应面向（镜面）或背面（背面）学员示范。如髋部的侧顶，身体的侧屈或侧移，同时两臂经肩侧屈上举等。若是围绕身体左右轴运动要做侧面示范，如体前、后屈、前后踢腿，立卧撑举单腿等。对丁结构复杂的动作，则要根据需要解决的主要问题确定示范面。初学动作时，常用两种以上的示范面来给健身者示范，以建立正确的运动表象。

（10）健身动作技术要领的讲解除应遵循语言简练、生动形象的原则外，主要应讲清动作的方向、路线、发力部位、用力顺序、身体姿势和速度、节奏的变化等。

（11）运用示范不讲解指导方法时，应采用背面示范，使健身者清楚动作的路线、方向、移动等，便于健身者模仿。

（12）运用只示范、不讲解的指导方法时，动作应比常态速度稍慢些，便于健身者加深对动作的印象。

（13）运用示范讲解法时，健身教练讲解的语言应简明、扼要，语言肯定，表达生动，比喻形象，这样会引起健身者练习的兴趣和积极性，启发健身者的思考。

（14）健身教练的示范要优美大方，有感染力、有激情，能调动健身者的学习热情，提高健身者学习的积极性、参与性和实践性。

三、口令提示指导技法

（一）概念

口令提示指导技法是指为了使健身者更好地完成练习、活跃课堂气氛，在健身动作指导过程中，可以加入一些调动性、指示性和警告性口令的方法。

（二）应用

在指导过程中通常采用的口令有数字、单字或短词。常用的调动性口令有"用力"、"加油"等；指示性口令有"一上""二下"等；警告口令包括"伸直""绷紧""停顿""意念集中"等。在健身动作指导中，恰当地运用口令来指挥或强化练习，将有助于健身者正确掌握动作、速度、节奏与用力强度等。

（三）提示

（1）口令要有号召性和鼓动性，健身教练生动、带有鼓励性的口令，可以活跃课堂气氛，调动健身者情绪，使健身者在愉快、轻松的心境下练习健身动作，能激励健身者学习的自信心。

（2）口令要与音乐节奏相吻合，要与音乐的韵律、节奏相一致。在指导健身过程中，健身教练口令的音量、语调的轻重要适宜，恰到好处，不适宜的口令会削减健身者学习的情绪和效果。

（3）健身教练要善于运用面部表情和眼神的变化来激励学生。如微笑、眼神对视、点头等。

四、完整与分解指导技法

（一）概念

完整法是指把健身运动单个或组合动作从动作的开始到结束，不分部分和段落，完整地进行指导的方法。

分解法是把结构复杂的一个健身动作，按身体环节合理地分解成几个局部动作分别进行指导，最后达到全部掌握动作的方法，以实现完整动作的练习目的；或把健身组合动作先分节进行教学，逐步串联成套的指导方法。

（二）应用

（1）完整法不破坏动作结构，不割裂动作各部分或动作之间的内在联系，可使健身者建立完整的动作概念，迅速地掌握动作；健身锻炼中用杠铃、哑铃等器械所做的动作，大多数是属于单关节的或身体局部的活动，技术不复杂，简单易学，故多以完整法为主进行指导。即通过整个动作的示范、讲解、练习来完成该动作的指导。

（2）分解法可用于单个复杂动作，也可以用于联合或成套动作指导。采用分解法时，最后还应用完整法来指导。在健身运动指导中，对徒手、轻器械及自由重量器械健身动作或健身组合动作，以分解—完整的指导技法为主进行指导。

（三）提示

（1）通常在学习结构简单的动作时，采用完整法进行指导。

（2）学习较为复杂的动作时，可采用慢速完整练习方法，即放慢动作的过程，在每个姿势中停止几秒（拍），以加强健身者的本体感受，待健身者建立了动作概念之后，再按常态速度进行完整练习。

（3）对于协调性很高的复杂动作，往往预先把它分解成几个局部动作分别进行指导，待健身者基本掌握分解动作之后，再进行完整动作的指导。例如，可以把健身组合动作分解成头部动作、上肢动作、躯干动作、髋部动作和下肢动作，先分别进行练习，然后再头部、上肢、躯干、髋部和下肢配合完整练习。

（4）运用分解法指导是为了完整地掌握动作，因此，分解指导时间不宜过长。

五、直观指导技法

（一）概念

直观指导技法是指在健身指导过程中借助感觉器官去感知所学动作的方法。

（二）应用

为了保证健身指导效果，健身教练必须强调正确的健身动作技术。可采用语言直观（生动地讲解、提示动作节奏的口令以及用简练的语句评定动作和纠正错误）和形象直观（示范、示错、图片、录像、照镜子）的指导方法。使练习者通过反复练习、自我检查练习和举行测验等手段使每一个健身技术动作达到正确的动力定型。

（三）提示

健身教练要充分利用现代化的教学设备，让形象由静变动，调动练习者的学习兴趣，加深理解和记忆，增强直观效果。直观指导法的运用也要注意服务于健身训练目的，不能为直观而直观。

六、动作变换指导技法

（一）概念

动作变换指导技法是指利用动作技术的细节变化，来达成全面锻炼目标肌群，使之按理想要求发展的练习方法。

（二）应用

"动作变换"基本表现在两个方面，一是通过练习时体位的变化来实现重量对目标肌群不同肌束或部位的作用与刺激；二是利用改变动作重量对目标肌群作用力点的位置，达到有重点地刺激目标肌群不同位置肌束或局部的目的。

健身动作种类繁多，用途各异，指导中应根据指导任务和指导对象的条件，有针对性地选择有效的练习方法，即同一动作变换不同的握法（正握、反握、对握、正反握等）、握距（窄握、中握、宽握）、体位（立、坐、仰卧、俯卧、侧卧、斜卧）、器械位置（胸前、颈后、膝下、膝上、胯下）和速度（快、中、慢），都需要不同的健身指导，也会产生不同的练习效果。

（三）提示

（1）要以健身锻炼的实际需要为前提。运用动作变换指导法时，容易打破原有的锻炼习惯和行为定势，机体对此要有一个适应的过程。要根据长远计划的安排采用动作变换指导技法。

（2）要灵活掌握动作变换的计划，注意积累有关材料和反馈信息。动作变换指导法由于改变常规的锻炼动作和练习方法，具有尝试性。因此，必须加强锻炼过程的自我监督，视其身体反应，随时加以调整。要对新的动作方式及时观察和总结，为制定新的锻炼计划提供依据。

（3）在采用动作变换指导技法时，要把注意力集中到所要解决的任务上。

七、任务教学指导技法

（一）概念

任务教学指导技法是指健身指导过程中，始终围绕既定的教学任务展开，使每节课目的明确、内容实在、效果最佳的一种健身指导方法。

（二）应用

任务教学法是由健身运动本身的特点所决定的。为了督促健身者反复强化动作练习，在健身指导过程中，可以采用布置任务的方法，以使其动作熟练并提高动作的练习质量。由于健身者的身体发展状况、体能水平和具有的能力不同，以及练习器械的限制和锻炼部位的不同，健身教练在布置任务时，要根据具体情况提出质量和数量的要求。每一个动作、每一种练习方法，健身教练必须根据健身者的条件规定出适宜的运动量，并要求健身者一定按要求保证完成动作的质量。例如，颈后臂屈伸动作，要规定负荷是多少，每组练习几次，总共完成几组；增加负荷后，每组练习几次，总共完成几组等，做到任务明确，适宜、科学。健身教练在指导中或指导后要检查健身者完成任务的情况。健身教练提出的任务和要求，必须是健身者通过努力可以完成和达到的，既不能太低，也不能太高。一定要注意实事求是，并要求健身者严格按标准完成任务。

（三）提示

（1）确定练习负荷、次数与组数的关系，最好能根据每个人的情况而定。

（2）最适宜的负荷是健身者尽全力可以举 8 次左右的重量（6～12 次），但最少不能低于 6 次，最多不能高于 15 次，每个练习做 2～3 组即可。

（3）同样由原来的 8 次增加到 15 次，然后再增加重量，增加到仍能举起 8 次左右（同上），持续一段时间，以后依次类推。当达不到 15 次时，仍固定练习负荷，不应随意增减。

八、肌肉张弛指导技法

（一）概念

肌肉张弛指导技法是指健身者控制骨骼肌肉群收缩与放松能力的方法，即收缩时要达到最大的围度，放松时能恢复到自然常态。

（二）应用

（1）学会肌肉收缩。这是控制肌肉的第一步。练习时可先从某一块肌肉群练习起，如上臂肱二头肌，收缩时使其达到非常坚硬的程度。然后进行双侧肌肉收缩或局部肌肉收缩，最后学会全身肌肉收缩。

（2）学会肌肉放松。从某种意义上讲，"健身练习中，放松和恢复比锻炼更为重要"。不会放松肌肉，也就不能更好地收缩肌肉，休息和整理活动是最好的放松肌肉的手段。因此，在练习中的间隔时间要充分放松肌肉。目前，运用心理锻炼的方法使全身肌肉得到充分的松弛，效果也很好。

（3）学会肌肉紧张与放松的交替。也就是让肌肉群达到"软如棉花硬如钢"的效果。

（三）提示

通过肌肉群的张弛练习，使肌肉群富有弹性，收缩时达到肌肉饱满凸起，放松时要做到圆滑柔软，进而加大肌肉群的围度差。一名锻炼有素者的上臂围度在紧张和放松时，围差可达 5cm 以上。

九、动力指导技法

（一）概念

动力指导技法是指通过肌肉的主动收缩与放松来克服和控制阻力源的方法。

（二）应用

可用杠铃、哑铃、壶铃、拉力器及综合力量练习架等器材进行练习，具体运用如表 5－1：

表 5－1　健身锻炼技法与作用表

重量（%）	练习组数/组	重复次数/次	间歇时间/S	动作节奏/（次/min）	作用
60～90	3～5	8～12	45～60	8～10	发达肌肉，增长肌肉块
80～100	4～6	3～5	60～120	15～20	增长力量，提高肌力素质
50 以上	4～6	20－30	30～40	25 以上	减少肌脂，增进肌肉弹性

（三）提示

要根据健身锻炼的任务以及练习者的需要，合理安排运动负荷，正确选用重量、组数、次数、速度及间隔时间，只有这样才能收到良好的健身锻炼效果。

十、动静结合指导技法

（一）概念

动静结合指导技法是指把动力练习和静力练习有机地结合起来，采用先动后静的练习方法。即先做动力练习至极限，而后固定在需要锻炼部位的角度上静止用力 4～6s，以期达到锻炼日的的方法。

（二）应用

动静结合指导技法是健身运动中以"增力长块"为目的的主要锻炼方法之一。例如，做拉力器直立屈肘提拉动作时，当握把或握杠提拉至下颌前，应静止 4～6s，使斜方肌群和三角肌前部肌群有轻微颤动的感觉，进而在没有动力的情况下加深对肌肉群的刺激，然后再缓慢还原。

（三）提示

在一次动作练习过程中，动中要有静，也就是说在动力性动作练习过程中，要安插有动作停顿的"定格"动作，甚至出现几次"定格"，每次"定格"一般要持续 4～6s，以达到所练肌肉群有轻微颤动的程度。这种锻炼方法比单纯使用健身器械（如哑铃、拉力器和杠铃等）的静力锻炼方法效果更佳。

十一、定量间歇指导技法

定量间歇指导技法是指一个动作在一次锻炼课中所用的重量、练习组数与每组次数基本固定，组与组之间按照一定的间歇时间进行练习，直至练完全部动作为止的练习方法。

（1）正确确定间歇时间。间歇时间的长短，要根据个人身体状况和锻炼水平来决定。锻炼水平较差，承担的生理负荷较大，则间歇时间应长些。反之，则间歇时间应短些。

（2）要在间歇时安排轻微活动。在间歇期，应该进行积极性休息和放松，如进行慢跑、按摩肌肉和深呼吸运动等，以此促进静脉血流回心脏，保证机体的氧气供给等。

（3）定量间歇指导技法对机体承担负荷的能力要求较高，要加强对负荷承担情况的监测，如有不适，可及时调整锻炼计划或方案。

十二、退让指导技法

（一）概念

退让性锻炼法也叫反重力锻炼法。它是指在试举动作的回落还原阶段中，用力抵抗住器械重量指向地心的作用力，使肌肉在克服重力的退让过程中，仍然受到最大限度刺激的一种锻炼方法。

（二）应用

在健身锻炼实践中，正常的每次试举动作，一般上举过程约需 2～3s，还原（离心收缩）过程约需 4～6s。若重点采用退让性锻炼法时，则要求还原过程延长到 6～8s 或 8～10s，甚至 10～15s，以充分锻炼工作肌群及拮抗肌群，使其达到"饱和、坚实"的"爆胀"感，实现高效锻炼。

退让性锻炼法一般有以下几种练习方式：

（1）预先采用正常的动作速度做几次动作，然后稍加重量以不规则的方式（如借力）将器械举到位，再以退让性肌肉用力方式将动作还原至预备姿势。如弯举，先用 8～12RM 负荷做 6～8 次试举，然后用 6～8RM 负荷，借用腰背及摇摆力量将器械举至大小臂夹角小于 50°，再以肱二头肌及肱三头肌的协同力量做退让性还原动作，重复 4～6 次即可。

（2）当采用的负荷重量超过本人最大负荷时（不得超出 20%），由同伴帮忙将重量举到顶点位置，然后用自己的肌力缓慢伸展还原，一组做 4～6 次，最好不超过三组，该方法一周练一次即可。

（3）锻炼四肢肌肉群时，先用双臂或双腿完成向心工作，然后以单臂或双腿完成向心工作，最后以单臂或单腿完成反重力离心收缩练习。例如，做双臂单哑铃头后臂屈伸时，用双臂将哑铃上举至臂伸直，收紧肱三头肌 1s 后，再以单臂肱三头肌退让性伸展，辅之以肱二头肌力完成退让性锻炼等。

（三）提示

一般在增强肌肉线条或赛前训练周期的后段采用，锻炼频率不宜过大，否则易招致过度疲劳和运动损伤。该法则单独使用不宜过多，一般应与其他练习形式交替或结合使用。

十三、动作优先指导技法

（一）概念

动作优先指导技法是指健身锻炼者根据自身体形和体质状况，对身体某些薄弱部位或不够匀称的部位的练习动作，安排在每节锻炼课的前面，这样做既能保证有充沛的体力完成高质量的动作，同时又能保证意念高度集中，从而提高健身锻炼效果的练习方法。

（二）应用

动作优先锻炼法是一种纠偏和强化锻炼法。在初级阶段，动作优先锻炼一般多体现在"补差填缺"上，由于体格的差异及基础条件的不同，练习者身体先天发育和后天发展失调、某些部位相对薄弱等情况，即有赖于优先锻炼和特别加强。譬如，较之大腿股四头肌，不少人的股二头肌发展滞后，编排锻炼计划时即可将"腿弯举"等锻炼股二头肌的动作安排在训练课的稍前部分进行练习。在中级阶段一般是"纠偏正畸"，由于认识上的偏差和锻炼中的疏忽，有些人到了中级阶段身上会出现多处薄弱、失衡、不匀称的细节，如胸背的失调，上下肢的较大反差等，若不及时纠正就会形成畸态。纠正的方法即可用动作优先法则逐一攻克薄弱环节，并有选择地加强重点部位，以求身体全面而均衡地发展。在高级阶段和赛前阶段强调"精雕细琢"，即对肌肉线条、某些可形成特色的小肌肉群及肌肉形状的完美度进行重点练习、雕琢等。

（三）提示

除了保证锻炼时间外，采用动作优先指导技法锻炼某一部位肌肉群时，原则上应比其他部位多练几次，负荷强度与负荷量要大一些，动作的角度、路线、形式等也应该多变些，但需控制在许可的范围内。否则，即使机体的整体反应不明显，但由于局部负担过重，也可能导致疲劳积累，使优先部位出现慢性劳损和隐痛，影响锻炼进程。

十四、动作多变指导技法

（一）概念

动作多变指导技法是指在平时的锻炼周期中，所练部位的肌肉群因习惯于某种固定的动作方式、角度、重量、次数，以及某程序的排列，而感受不到强烈的、新颖的刺激，不能引起良好的反应。为了促使肌肉群不断发展，应去旧立新。在平时的锻炼周期中，要务必经常变换动作、运动量和训练程序，使肌肉群感受到新的刺激，这样能增加练习者参加健身锻炼的兴奋性，避免枯燥乏味感，提高肌肉发达健美的程度，从而取得健身锻炼的佳效。

（二）应用

健身锻炼实质上是机体对施加渐增的负荷产生适应—不适应—再适应的反复过程。一旦机体对某阶段的锻炼负荷产生了适应性，机能能力的肌肉增长出现停滞现象，那就应调整和变换训练因素了。练习动作是应首先考虑变换的锻炼因素之一。动作多变实质上包含练习动作的变更、运动负荷的调整、课程计划的改变及其统一的调配。在锻炼实践中，往往改变其中某一因素即可改变锻炼状况。

机体内其他器官、系统的机能能力是肌肉活动能力的保证。当机体内环境出现适应性平衡后，仅用动作变换往往难以突破"停滞"状态。所以，动作多变指导技法还包含运动负荷量、强度以及锻炼计划变更等因素的综合运用。单纯改变负荷量，即改变练习重量或练习组、次数等，或改变负荷强度，如"重量练习日"安排、改变动作强度、课程强度等，均可实现机体内环境平衡的突破，进而保证锻炼效果得到提升。

（三）提示

经常变换动作等锻炼因素，可调节情绪，消除训练中的单调、枯燥感，提高锻炼的积极性，推迟疲劳的出现，从而提高锻炼效果。但应该提醒的是，当您在锻炼中一直处于不断前进的状态时，请不要轻易变更锻炼因素。只有当肌肉和机体发展出现持续的停滞状态时，才应采用动作多变指导技法，以保证锻炼水平不断提高。

十五、渐增负荷指导技法

（一）概念

渐增负荷指导技法是指练习某一动作时，随着练习一组一组地进行，器械的负荷重量也随着增加，而动作练习重复次数相应减少。每组练习之间没有间歇时间。这种指导技法也称锥形加重法和斜线负荷锻炼技法。

（二）应用

渐增负荷锻炼技法的特点是：练习的密度和强度较大，对肌肉的刺激也很大，是快速提高肌肉力量和耐力，增长肌肉块的有效方法。由于该方法对练习者的身体素质要求较高，所以适合于有一定健身锻炼基础者选用。

在健身锻炼实践中，渐增负荷法主要是通过逐渐增加试举重量、加大动作难度、提高练习的组数及每组试举次数、调整组与组之间的间歇以及锻炼课之间的间歇等来贯彻实施的。在调控运动负荷时，所有练习因素既可单一调节，也可统一调节，保证科学、安全、有效即可。

（三）提示

要遵循人体生理机能活动能力变化的规律，在一个锻炼周期或一次锻炼课内，乃至在整个锻炼生涯中都必须遵循由低到高、由小到大的原则，合理地安排与调适运动负荷进行练习，如此才可保证机体循序渐进地、可持续性地发展。渐增负荷指导技法是所有健身运动锻炼的核心及基本要求。

十六、负荷增减指导技法

（一）概念

负荷增减指导技法是指练习某一个动作时，逐渐增加每组的重量，相应减少每组的重复次数，直到重量加到预先安排的最大重量，次数减少到预先安排的最低次数为止。这样练习的重量就形成一个上小下大的"塔"式，所以也把这种锻炼技法称之为"金字塔式锻炼法"。

（二）应用

负荷增减指导技法的特点是：对增加肌肉的力量和体积有较好的效果，但它对局部肌肉群负担较重，练习时要求有较好的身体素质，适合于长期从事健身锻炼者选用。

在健身锻炼实践中，负荷重量的变化及试举次数的增减是加深肌肉刺激的主要方法之一。负荷增减锻炼法除具有这一作用外，还有先通过小负荷练习以充分动员神经系统及内脏器官，克服机体惰性，提高肌肉的温度，防止运动损伤的发生；在同部位练习的不同组次把壮大肌肉和改善肌肉内协调功能的练习结合起来；兼顾训练快、慢肌纤维，减轻大重量训练心理压力等作用与意义。

体现在课程计划中，负荷增减锻炼法所选择的负荷重量一般由极限重量（尽全力只能试举一次的重量）的50%或60%开始，逐渐加至极限重量的80%或90%。重量递增的幅度应根据实际情况确定，初练者宜在3组内完成一个动作的练习；中级水平的练习者在3～4组，最多5组内完成；高级水平的练习者在3～6组，至多7组内完成。

负荷增减锻炼法是一类而不是一个具体的负荷安排，所以在实践中应根据其具体情况具体对待，制订出行之有效的负荷形式。

（三）提示

根据负荷增减指导技法的特点，采用上述方法时，必须注意练习的次数与重量的增减成反比。重量增加，次数相应减少；重量减轻，次数相应增加。所练习的重量因人而异，一般第3组所采用的重量，以本人竭尽全力能举起8次的重量为宜，每组之间的休息时间为60～90s，每个项目练完后休息3～4min。在健身锻炼实践中，负荷增减指导技法可运用在一个课程计划内的全部练习动作上，也可只用在几个，甚至一个练习动作上，关键是看是否需要和是否有效。

十七、动作组合指导技法

（一）概念

动作组合指导技法是指选择一种或多种健身锻炼器械，并根据其特点，采用2～3个锻炼作用相近似或方法相近似的不同动作，组成一个循环练习，以锻炼相同部位或不同部位的肌肉群。

（二）应用

动作组合指导技法主要有以下两种练习形式：

1. 相同肌肉群的动作组合锻炼法

将两个或两个以上锻炼部位相同的动作组合在一起，集中刺激身体某一部位的肌肉群。如锻炼肱三头肌群的动作组合：颈后臂屈伸—躬身臂屈伸—站姿肘下压；又如锻炼腰部肌肉群的动作组合：负重体侧屈—负重转体—负重体绕环。这种锻炼方法，不仅局部负荷强度大，而且对肌肉刺激的程度也非常强。

2. 相对肌群的动作组合锻炼法

按照人体肌肉屈伸规律进行动作组合锻炼。如臂部肱二头肌和肱三头肌、腿部股四头肌和股二头肌均是相互起反作用的对抗肌群，动作可组合为：站立反握弯举—颈后臂屈伸或坐姿腿屈伸—俯卧腿弯举。这种技法，不仅能使局部肌肉负荷和休息可得到交替锻炼，使锻炼的部位不易疲劳，而且对局部肌肉群刺激比较完整，从而使所练的部位匀称发展。

这种技法的特点是：

（1）可以根据人体的生理、解剖特点选择动作。在较短的时间内，促使被训练的肌肉群快速发胀，达到最大的生理负荷。因而对发达肌肉，提高肌肉的耐力，具有极佳的效果。

（2）可以根据不同的体质、体形以及场地和健身器械等条件，灵活地组织各种动作练习，合理安排运动量。

（3）由于动作组合锻炼时，要求动作不间断、连续完成，故动作组合锻炼法适合于有一定体适能和健身锻炼基础的练习者选用。

（三）提示

（1）动作组合应根据体质、体形、场地、健身器械等具体情况，合理选择动作。一般来说，体适能水平高的可选择三个以上动作进行组合练习，体适能水平低的选择两个动作即可。每组动作组合可练习3～5次，每组之间间歇2～3min。

（2）动作组合的安排顺序应先难后易，即难度较大，完成较困难的动作先做；难度不大，容易完成的动作后做。完成动作的次数和组数应根据本人的能力和动作的难易而定。一般是先多然后逐渐减少，每个动作练8～15次为宜。

（3）动作组合之间的连接要紧凑，要先练大肌肉群，后练小肌肉群；先练习上肢，后练习下肢或腹背部。可以安排训练同一部位的肌肉群，也可以安排不同部位的肌肉群或前后相近的肌肉群，组合动作进行练习。

十八、负荷固定指导技法

（一）概念

负荷固定指导技法是指在每次锻炼时先选定一个固定的负荷，然后每个项目练习若干组，一项练完后再换另一项练习若干组，直至练完全部项目为止。每项练完后不再重复。

（二）应用

这种指导技法的特点是：练习比较枯燥，肌肉局部负担较重，要求局部肌肉群具有一定的耐力。对于发展肌肉力量，提高肌肉耐力和增长肌肉体积均有特效。实际运用时必须注意和重视以下情况：所有存在安全隐患的动作技术或结构，在尽力完成额外试举动作时，必须有人保护与帮助，以免造成伤害。

（三）提示

（1）负荷的选定一般以个人最大力量的80％左右为宜。负荷确定后，练习的次数可按本人能够完成最多的次数来定。

（2）一般每个项目练习3～4组，每组练习的次数，最多不超过15次，最少不低于8次。

（3）每组练习之间休息30s，每个项目练习之间休息60s。

十九、循环指导技法

（一）概念

循环指导技法是指在每次锻炼时，把多个锻炼身体不同部位的动作按一定的秩序编排好，练习者按事先编排的内容、程序，逐项依次练习至完成所有动作，则完成了一个循环的练习。

循环指导技法，现在已发展成一个非常适合健身锻炼的全面而完整的健身锻炼技法，它可以设计成发展力量、速度、协调能力、爆发力、肌肉耐力、增强心肺功能以及祛脂减肥等具有综合功能的各种健身锻炼方法。

（二）应用

循环锻炼技法的特点是能全面地影响身体各器官、系统，提高身体素质、增长肌肉力量和耐力，对于练习者来说，没有枯燥感。肌肉的局部负担量不重，不易疲劳，能调动初级健身锻炼者的积极性，激发初级健身锻炼者的兴趣；在参与健身锻炼的人数多而健身器械少的情况下，可随时调整练习的项目，调节运动量；另外，健身器械动作练习、有氧项目练习和其他活动组成的循环锻炼，对于发展肌肉力量、肌肉线条，实现"有氧化"，改善心肺功能和祛脂减肥都有显著的作用。

根据循环锻炼技法的特点，适合健身锻炼者的循环锻炼技法，主要用于发达肌肉，增长肌肉耐力，增强肌肉弹性、提高肌肉质量、祛脂减肥以及改善心肺功能。

为了使循环锻炼技法总能保持足够的生理负荷强度，常采用下面三种方法：

（1）采用时间固定、增加重复次数的方法，即在每站规定的运动时间内（通常为25～45s），不断增加重复次数（动作要保证正确规范，不可变形）。

（2）采用重复次数固定、缩短时间的方法，即不断加快动作节奏，以更短的时间完成各站练习既定的重复次数，不断缩短整个循环的运动时间。在此基础上，及时而适当地增加循环次数，各站练习的重复次数一般为15～20次。

（3）采用重复次数固定、不断增加负荷量的方法和改变动作难度的方法，即在每站规定的次数内，不断增加负荷重量或变换动作的握位、握距、站距和体姿，以增加动作难度，如仰卧起坐动作可由水平位改为上斜体位完成；屈臂动作可改为直臂动作完成等。

上述三种练习方法，既可单独使用，也可兼而施之。一般健身动作的循环锻炼技法对初始参加健身练习者和锻炼基础差的人特别适宜。

（三）提示

设站个数、每站练习内容、负荷量度，以及循环次数可根据具体任务和对象的水平灵活确定。即设站个数要按训练的实际需要而定，一般安排 10 个左右；要根据训练任务确定各站的练习内容，突出重点，重点与一般互相配合；练习内容应是锻炼者已掌握的动作；合理安排各站的顺序，使发展不同素质和不同部位的练习交替进行；每一站的练习时间为 5～20min，各间歇 15～20s，采用适度的积极性休息方式；循环次数应按站数的多少和锻炼者的训练水平确定。

第三节　集体健身指导技法

集体健身指导技法是实现集体健身指导任务或目标的方式、途径、手段的总称。集体健身指导技法既包括健身教练指导的方法也包括健身者练习的方法，是多种多样的。就其来源来说，一方面是体育教学方法在集体健身指导中的应用，另一方面来源于集体健身实践，是集体健身指导中所特有的。

集体健身指导技法在实现集体健身指导任务和目标中起着桥梁和中介作用。它有传授知识、形成动作技能、指导实践、培养能力、提高练习效率等作用，因此，指导中无论健身教练进行活动，还是健身者进行练习，都离不开一定的指导技法。

在这里简要介绍几种指导集体健身常用的方法。

一、线性渐进指导技法

（一）概念

线性渐进指导技法是在把集体健身单个动作顺序排列起来时，动作之间只改变一个因素，这个因素可以是上肢动作、下肢动作或加入其他的变化因素。这是一种不会发展成组合或套路健身的最简单的自由式指导法。

（二）应用

在线性渐进指导法中，每次的变化都应是容易过渡的动作。选择的动作应多样化，并注重动作的均衡性。

二、金字塔指导技法

（一）概念

金字塔指导技法像金字塔形状一样，是一种递增或递减健身单个动作次数的方法。逐渐增加重复动作次数，同时伴随音乐节奏且连接流畅称为正金字塔法；逐渐减少重复动作次数，加大动作组合的复杂度称为倒金字塔法。

（二）应用

正金字塔法主要优势在于能使健身者专注于动作技术、身体姿态和练习强度；倒金字塔法可以增加动作组合的复杂度，对健身者能产生新异刺激，提高练习兴趣。

（三）提示

递增或递减的动作应简单、多样化，并注重上下肢动作的均衡性。

三、递加循环指导技法

（一）概念

递加循环指导技法是指健身教练在集体健身指导中，健身者每练习一个动作或组合动作后，都要再与前面的动作或组合连接起来进行练习的一种递加式循环练习方法。

（二）应用

递加循环指导法既可以使健身者熟悉前后动作或组合，有效地增大练习密度，又可以均衡运动负荷，有利于提高指导和练习效果。

（三）提示

设计组合应以 4 个 8 拍（32 拍）动作为宜，当教会一个动作或组合时，必须及时与前面的动作或组合相连，并重复几遍，这样有利于健身者掌握动作之间、组合之间的连接，并且不断复习已学过的动作，加深动作记忆。

四、连接指导技法

在集体健身指导中，把单个动作按照一定的顺序连接并发展成组合的一种方法，称为连接指导技法，通常也称"部分到整体法"。

连接指导技法可以发展成一个很长的组合动作套路，但开始连接时组合动作切忌过长，以免影响健身者对动作的记忆。

五、过渡动作指导技法

（一）概念

在练习新动作之前或组合与组合之间加入一个或一段简单的过渡动作，待基本掌握动作和组合后，再去掉过渡动作的方法，称为过渡动作指导技法。过渡动作指导技法包括过渡保持法和过渡动作去除法。

1. 过渡保持法

（1）概念。过渡保持法是指在复杂动作和新的动作组合之间加入一个简单的过渡动作的方法。

（2）应用。过渡保持法的主要目的是：①保持学员的心率水平；②在健身指导中，健身教练有时间放松片刻或调整一下情绪；③让健身者有时间看清动作并自然跟上动作练习。可供选择的过渡动作有踏步、侧并步、跑步等。过渡动作的选择应注重与所要教的复杂动作的结构相似。

2. 过渡动作去除法

（1）概念。与过渡保持法相反，过渡动作去除法要求将插入的过渡动作逐渐去掉，还原成完整的动作。

（2）应用。当教复杂动作时，过渡动作被看成是一个"舒适时段"。但组合中过渡动作也会令人感到很累、很枯燥，在最后完成整套组合前，必须去掉过渡动作，这样动作组合能够呈现多样性的特点，集体健身练习就会更有趣、更有吸引力。

（二）提示

过渡动作指导技法要注意过渡动作不宜过多，应根据组合动作的难易而定；在完成整套动作组合前必须去掉过渡动作。运用过渡动作指导法可使健身者保持练习的强度，放松大脑。

六、层层变化指导技法

在集体健身指导中，从原有的组合动作中每次按顺序只改变一个动作，使之逐渐过渡到另一个动作组合的方法，称为层层变化指导技法。

层层变化法是逐步进行的，改变一个动作后，必须重复这个组合动作，这种方法可以使健身者较容易地从简单组合过渡到新的或复杂的动作组合。

七、组合动作指导技法

（一）先分解后完整练习技法[①]

1. 概念

先将成套动作的难度动作和操化组合动作分开练习，然后进行完整的成套动作练习的方法，称为先分解后完整练习法。

2. 应用

以首先进行难度动作再进行操化组合动作练习为例：

（1）难度动作练习。一般采取由易到难的原则，即在一堂训练课上先练习，巩固已掌握的难度动作后，再练习还不完全熟练的难度动作，掌握技术要领，直到健身者能够独立完成成套动作中的所有难度动作。

（2）操化组合动作练习。健身教练根据健身者自身特点及表现风格，编排适合健身者的操化组合动作。首先练习健身者对操化组合动作的熟练性和动作规格的标准性，然后进行该套操化组合动作的内涵风格的理解练习，使健身者能够更好地表现操化组合动作的风格特点。

（3）难度动作与操化组合动作结合练习。首先进行难度动作与操化组合动作结合的练习，即做 18 拍操化组合动作接一个难度动作。完成这种结合练习后，再进行成套动作的练习。

（4）配合音乐完整练习。先配合一般的集体健身音乐进行成套动作练习，可以选择速度适中的音乐，主要练习健身者动作的熟练性，待动作熟练后，再配合集体健身专门音乐进行练习。

3. 提示及注意事项

（1）在进行第一步难度动作练习时，健身者练习已能熟练掌握的难度动作，着重体会和巩固动作技术要领。不能熟练完成的难度动作练习时，指导中要注意保护和帮助，以防受伤。

（2）在进行第二步操化组合动作练习时，先进行动作规格和熟练性练习，包括动作的速度、力度、幅度及角度等，对健身者的不足进行动作细化练习。健身者要理解、体会动作内涵，然后进行操化组合动作的表现力练习。

（3）在进行成套动作完整练习时，健身者要先在健身教练的口令指挥下完成动作，然后再配合音乐进行练习。

（二）先分节后成套练习技法

1. 概念

将成套动作分成若干段进行练习，然后再进行完整的成套动作练习。

2. 应用一

4×8 拍组合动作的分节练习，再进行完整组合动作练习。

① 卢玮，陈亮. 职业教练 健康与健身教练［M］. 北京：清华大学出版社，2021：55－56

3. 应用二

（1）4×8拍为一段的练习技法。将成套动作划分为4×8拍一小节，健身者在健身教练的口令指挥下只做4×8拍组合动作，第一个4×8拍组合动作熟练完成后，再进行第二个4×8拍组合动作的练习，依次类推，直到整套组合动作全部完成。

（2）8×8拍为一段的练习技法。当健身者完成4×8拍组合动作的练习并能够将整套组合动作完整完成后，再将成套动作延长为8×8拍组合动作进行练习。健身者在健身教练的口令指挥下只做8×8拍组合动作，第一个8×8拍组合动作熟练完成后，再进行第二个8×8拍组合动作的练习，依次类推，直到整套组合动作全部完成。

（3）16×8拍为一段的练习技法。当健身者完成8×8拍组合动作的练习，能够将整套组合动作完整完成后，再将成套动作延长为16×8拍组合动作进行练习。健身者在健身教练的口令指挥下只做16×8拍组合动作，第一个16×8拍组合动作熟练完成后，再进行第二个16×8拍组合动作的练习，依次类推，直到整套组合动作全部完成。

（4）以此类推，将成套动作延长为32×8拍进行练习，直到一次性完成成套动作的练习。

4. 提示及注意事项

先分节后成套练习技法属于循序渐进练习法，在练习过程中不要急于求成，按照此练习方法一步一步地进行练习。健身教练注意细抓健身者每个8拍的组合动作，要求健身者将每个8拍组合动作做到规范、准确。

八、间歇指导技法

通常采用间歇练习技法来提高健身者的动作熟练性和肌肉及身体各器官系统的耐受力。

（一）应用

健身者在健身教练口令的指挥下完成整套动作，此时健身教练的口令速度可适当慢一点，在健身者完成全套动作后，给健身者2min的休息时间，马上进行第二遍的成套动作练习。第二遍成套动作完成后，给健身者5min的休息时间，马上进行第三遍的成套动作练习。当健身者适应了此练习强度后，采用集体健身音乐节奏进行相同的间歇练习，以提高练习的强度。最后配合集体健身专门音乐节奏进行相同的间歇练习。

（二）提示及注意事项

间歇练习技法要求健身者要尽全力完成所有难度动作及操化组合动作，尽力表现动作，如同在进行比赛一样，同时也要求健身教练准确把握间歇时间，如间歇时间太长则达不到体能训练的效果。

九、意动指导技法

意动指导技法是指做成套动作前，在健身教练的示范引导下，集中注意力在大脑中形成操化组合动作的动作形象和动作顺序、难度动作的技术要领、动作结构、发力顺序和方法，描绘自己在完成成套动作中的合理技术动作和注意力的分配，然后把自己想象的内容与实际练习结合起来，根据练习前想象的内容完成成套动作的技法。

（一）应用

健身者想象在做成套动作时精力充沛，动作幅度大，到位、准确、能控制，姿态优美，动作干脆利索，有力度，感染力强，周围的健身者能被自身的表现所吸引，从而自己充满信心。

（二）提示及注意事项

（1）在进行意动练习时，健身者必须集中注意力，在大脑里形成一定的动作形象，能够对大脑进行一定的刺激才能产生练习效果。

（2）在意动练习后，健身者要充分放松思想，做几次深呼吸，不要对大脑形成太大的压力。

十、信息反馈指导技法

（一）概念

在进行成套动作练习时，健身者要主动向健身教练反映自己的练习感受，包括练习的情绪状态、身体健康情况、受伤情况等影响进行成套动作练习的信息。

（二）应用

健身教练应对实际情况进行分析，然后制定适合健身者的练习计划。例如，某健身者因为生活上的某些事情而练习情绪不高，健身教练了解后，首先对健身者进行开导，并改用更有感染力、更激烈的音乐配合该健身者的成套动作进行练习，以提高健身者的练习情绪。再如，某健身者出现伤情，健身教练可将练习计划作局部调整，以减轻受伤部位的负荷。

（三）提示及注意事项

信息反馈指导技法要求健身者和健身教练积极配合，健身者要将真实的情况告诉健身教练，不可隐瞒或编造谎言欺骗健身教练，健身教练也应该相信健身者反映的情况，不可一意孤行，强迫健身者进行不科学的练习。健身教练应掌握具体问题具体分析的原则，了解健身者的具体情况，用科学的练习方法指导练习。

总之，在集体健身指导中，上述各种指导技法都有各自的特点和功能，但它们是彼此有机联系的。在集体健身指导中，应根据指导任务需要，灵活而相辅相成地运用各种技法，使每一种技法的运用都成为整个指导过程有机的一环。随着健身事业的不断发展，针对集体健身指导特点，在原有的指导技法基础上，会不断总结一系列新的指导技法，只要所采取的技法符合实际情况，同样都可以收到殊途同归之效。

第六章　健身计划

为客户制订个性化的健身运动计划是健身教练专业能力的体现，提高肌肉力量、耐力以及增肌的抗组训练方案，改善柔韧性的伸展练习方案和提高心肺耐力的有氧运动。

第一节　健身计划概述

一、健身计划的概念

健身锻炼对增强体适能、预防疾病和促进健康等有良好作用。但是，并非所有的人从事相同的运动都有同样好的效果。对于同一种运动负荷，在运动员、一般健康者和不同程度的疾病患者中机体产生的反应差异是很大的。即使同一个体，在不同的时期、不同的机能状态下，对同一运动负荷的反应和效果也不一样。因此，不同的个体应有适合其机能需要的不同的频率或间隔、强度、时间、运动形式、持续周期等。如何科学地指导人们进行运动锻炼，使其机体最大限度地保持或提高机能水平，预防某些疾病的发生是健身教练应该掌握的重要内容。

健身计划（即运动方案）是以提高体适能、促进身心健康、预防运动缺乏症为目的，针对个人的身体状况而制订的一种科学、定量化的周期性运动锻炼方案。即根据锻炼者的健康状况、体适能水平及运动目的而确定其适当的运动频率、强度、时间及运动类型，使锻炼者进行有计划的周期性运动的指导方案。这如同临床医生根据患者的病情开出不同的药物和不同的用量处方一样，故又称运动处方。

二、健身计划的基本要素

健身计划的基本要素包括运动目的、运动频率、运动强度、运动时间、运动类型、注意事项及微调整等。其中的运动频率、运动强度、运动时间、运动类型被称为健身计划的四要素。

（一）运动目的

根据个体不同的身体情况确定目标即运动目的。运动目的具有主观和客观的调查与评估，然后进行健康体适能测试与评估。通过以上程序，获得为制订运动方案所必需的全面资料和信息，为运动方案制订的科学性提供依据。最后，在此基础上制订出运动方案，并在实施过程中定期进行反馈和调整。[①]

（二）运动方案的原则

1. 因人而异的原则

要根据每一个锻炼者的具体情况，制订出符合个人身体客观条件及要求的运动方案。

---

① 祝慧英.中国体育健身休闲产业发展研究［M］.中国广播影视出版社，2017：23

2．有效性原则

运动方案的制订和实施应使锻炼者的体适能水平和健康状况有所改善。

3．安全性原则

按运动方案运动，应保证在安全的范围进行，若超出安全的界限，则可能发生危险。

4．全面性原则

运动方案应遵循全面发展身心健康的原则，在运动方案的制订和实施中，应注意维持人体生理和心理的平衡，以达到全面发展身心健康的目的。

四、运动方案的实施

在运动方案的实施过程中，应注意每一次训练课的安排和运动负荷量的监控。

（一）一次训练课的安排

在运动方案的实施过程中，每一次训练课都应包括 3 个部分，即准备活动部分、基本部分和放松整理部分。

1．准备活动部分

准备活动部分的主要作用是：使身体逐渐从安静状态进入工作（运动）状态，逐渐适应运动强度较大的运动训练部分，避免出现心血管、呼吸等内脏器官系统突然承受较大运动负荷而引起的意外，避免肌肉、韧带、关节等运动组织的损伤。准备活动部分常采用运动强度小的有氧运动和伸展性练习，如慢跑、步行、骑固定自行车及主要肌肉的静力性伸展练习。准备活动部分的时间一般为 5～10min。

2．基本部分

基本部分是运动方案的主要内容，是达到运动目的的主要途径，是通过实施运动方案中的运动项目而锻炼其机能适应能力，使身体维持在相对较高机能状态下持续运动锻炼的过程，从而提高机能潜力，提高体适能。这个部分可以安排进行抗阻训练，也可以安排进行有氧运动整理活动部分或先进行抗阻训练，后进行有氧运动。

3．整理活动部分

每一次训练课的基本部分锻炼结束后，都应安排一定内容和时间进行整理活动。通过整理活动，使身体机能由激烈的运动状态逐渐恢复到相对安静状态。其作用是使人体激烈的肌肉活动逐渐得到放松，心血管和呼吸系统紧张的机能活动逐渐缓解，减轻疲劳程度，促进体力恢复，避免出现因突然停止运动而引起的心血管系统、呼吸系统、植物性神经系统的不良症状，如头晕、恶心、重力性休克等。

整理活动的内容和准备活动的内容相似，运动应较缓和尽量使肌肉放松。最后可以进行静态伸展练习，既可改善柔韧性，又利于疲劳的恢复。整理活动的时间一般应在 5min 以上。

（二）运动负荷量的监控

在运动方案的实施过程中，应注意对锻炼者运动负荷量的监控，根据锻炼者运动过程中和运动后的反应情况进行调节，既要保证有效性，又要保证安全性。运动负荷量的检测一般使用 3 种方法：心率监测、主观疲劳感觉、自我感觉与基础指标检查。

1．心率检测

通常用运动停止后即刻测得的 10s 脉搏数乘以 6 近似地作为运动时的每分钟心率。

2. 主观疲劳感觉

主观疲劳感觉（rating of perceived exertion，RPE）判定法是已被广泛运用的一种简易而有效的评价运动负荷量的方法，通常用 RPE 表示。RPE 是介于心理和生理之间的一系列的变化指标。可以说 RPE 的表现形式是心理的，但反映的却是生理机能的变化。心率结合 RPE 值测试是最常用而简易的方法。它将客观生理机能的变化与主观心理对运动的体验结合起来。

3. 自我感觉与基础指标检查

观察每次运动后疲劳的消除情况，运动负荷量适宜的标志是：睡眠好、次日晨起疲劳感完全消除、感觉轻松愉快、体力充沛、有运动兴趣和欲望。

运动后次日基础状态测定基础心率，每分钟波动不超过 3～4 次；呼吸频率每分钟变化范围在 10mmHg 上下；体重减少在 0.5kg 以内。如数日内脉搏、血压有明显的持续上升，或肺活量、体重等有明显的持续下降，则说明运动负荷量偏大，有疲劳积累的征兆，应及时减少运动负荷量。

第二节　健康体适能评估

在客户开始运动前，应首先对其进行健康状况的调查评估和健康体适能的测试评估。通过此程序获得的有关客户的身体健康状况和体适能水平的信息是为其制订个性化的、科学的运动方案的重要依据。

一、健康状况的调查评估

健身教练可以通过以下 4 个方面的调查来评估客户的健康状况：

（1）是否存在被确诊的疾病；

（2）是否存在某些疾病发生的潜在危险因素；

（3）是否存在某些疾病症状；

（4）是否有健康的生活方式或行为习惯。

健康状况调查与评估可以提供有价值的信息，它不仅可以帮助客户本人了解目前自身的健康状况，而且是健身教练制订以增强体适能和增进健康为目标的健身运动方案的基本依据。

健康状况问卷是要求客户进行健康体适能测试前填写的准备健身运动筛选问卷。健康状况问卷的第一部分是关于客户的个人资料和紧急情况下的某些信息，健身教练应该随时掌握这些信息，以备需要时联系客户的医生或家庭成员。第二部分包括客户的个人病史，这些信息能够有效帮助健身教练确定客户参加运动是否有危险并增大客户在没有医务监督下运动时的安全性，确定客户在开始运动前是否需要进行一次医学检查，同时能够帮助健身教练制订适当的健身运动计划以及确定对客户进行相关知识教育的具体内容。第三部分是关于已知的与安全和健康有关的行为，健身教练可以帮助客户改变这些行为，建立更加有利于健康的生活方式。第四部分是关于一些与健康生活有关的态度和看法。问卷中的问题加了编号，以方便使用，其注解位于问卷的开始部分。

二、健康体适能的测试评估方法

健康体适能测试，是确定不同个体体适能水平的工具，可以使健身教练了解不同客户的体适能水平及特殊的运动需求，是制订健身运动计划的主要依据。同时，健康体适能测试还可以反映客户运动锻炼的进度及效果，并用来激励客户进行运动锻炼。测试结果可转化为标准，作为参照。

健康体适能的测试项目种类繁多，有些特别适合成年人，有些特别适合儿童，各有特色。这些测试是经过严谨的科学验证后才公布的。较为适合健身教练应用的健康体适能测试项目及方法具有适合一般人、较容易实施的特点，包括心肺耐力、肌肉力量和耐力、柔韧性、身体成分、姿态等方面的测试与评价。

（一）心肺耐力测试方法

心肺耐力的测试项目包括安静心率测量、3min 台阶测试、1mile 步行测试、12min 耐力跑测试。

1. 安静心率测量

测量使用的器材为秒表或钟表。

用食指和中指指尖轻轻按压在桡动脉或颈动脉上，感觉到搏动即可测量 1min。安静心率应在早晨醒后立即测量。

正常的安静心率为每分钟 60～100 次。经常进行系统运动锻炼的人，安静心率会有所下降。这是个好现象。

2. 3min 台阶测试

3min 台阶测试是通过测试运动后心率的恢复情况，以评价其心肺功能。测试使用的器材有 12inch 高踏板、节拍器、秒表和钟表。

预设节拍器为每分钟 96 次，指导客户按"上、上、下、下"节拍运动 3min，即每分钟做 24 次"上上下下"。完成运动后 5s 内立即测量 1min 脉搏，记下心率并与评价标准表格对照，评价其功能水平。

若运动后心率越低，其心肺功能越好。

3. 1mile 步行测试

1mile 步行测试的目的是测量心肺耐力（VO$_2$max）。

测试使用的器材有秒表和计算器。测试场地为测量好的 1mile（1.6km）不受干扰的平坦路段。

指导客户快走 1mile，通过终点后，记录完成时间，然后尽快测量其运动后心率，并作记录。参考对照评价标准表格对其进行评价。

以下算出的 VO$_2$max 值越高，表示心肺耐力越好。

最大摄氧量公式：

VO$_2$max＝132.583－（0.0769×体重）－（0.3877×年龄）＋（6.3150×性别）－（3.2649×时间）－（0.1565×心率）

体重单位为磅；年龄单位为年；性别赋值为女性＝0，男性＝1；时间单位为分钟（取小数点后两位）；心率单位为次/分钟。

4．12min 跑测试

12min 跑测试的目的是测量心肺耐力（$VO_2 max$）。

测试使用的器材有秒表和距离标记（标杆筒）。测试场地为标准 400m 田径场，8 等分。每段距离 50m。

指导客户在 12min 内跑出尽可能远的距离。以米为单位记录客户所跑完的距离：

12min 内跑的距离越长，其心肺耐力越好。

（二）肌肉力量和耐力测试方法

肌肉力量和耐力测试项目包括握力测试、半仰卧起坐测试和俯卧撑测试。

1．握力测试

握力测试的目的主要是用来测量前臂肌肉的力量。

测试使用的器材为握力计。

调节握力计至适宜的握距，直立，手臂下垂持握力计，指针向外，用尽全力紧握，左右手各做 3 次，每次之间可休息 30s，取最佳成绩记录，对照评价标准表格。

测试结果数值越高，表示前臂肌肉力量越强，一般也用来表示上肢肌肉力量的强弱。

2．半仰卧起坐测试

半仰卧起坐测试的目的是测量腹部肌肉的耐力。

测试使用的器材为垫子、颜色胶纸、节拍器和尺。

指导客户仰卧在垫子上，屈膝 90°，手臂伸直放在身体两侧，掌心向下，在中指前紧靠中指贴第一条标志胶纸。第二条标志胶纸平行贴在第一条标志胶纸前方 8cm 处（45 岁以上），或 12cm 处（45 岁以下）。

将节拍器设置为每分钟 40 拍。指导客户有控制地抬起肩部离开垫子，约成 30°，双手一直接触地面，并要触到前面的标志胶纸。然后，还原至仰卧姿势，中指返回触到第一条标志胶纸为一次。按节拍"起、落、起、落"，每分钟做 20 次。测试中不可停顿，跟不上节拍就停止测试。

男子完成 75 次为满分，女子完成 70 次为满分。完成次数越多，说明腹肌耐力越强。

3．俯卧撑测试

俯卧撑测试的目的是测量上肢肌肉力量和耐力。

俯卧撑测试使用的器材为软垫子。

指导客户俯撑于地，双手分开与肩同宽，保持腰背挺直，头部、背部和臀部呈一直线，男性脚掌着地、女性屈膝，小腿抬起离开软垫子，膝部支撑在软垫子上。屈臂使身体平直下降至肩与肘处于同一水平面，然后伸直手臂将身体平直支撑起为一次，腹部不可触到地面或垫子。记录完成次数并与评价标准表格对照。俯卧撑完成次数越多，表示上肢肌肉力量和耐力越好。

（三）柔韧性测试方法

柔韧性测试项目常用的是坐位体前屈测试。

测试使用的器材为坐位体前屈测试仪和垫子。

首先让客户做热身和适度伸展运动，以免受伤。

指导客户赤足面对箱子坐在垫子上，脚后跟应顶在箱子的边缘，双脚与肩同宽，膝关节伸直。双手重叠，放于箱子上面，身体前屈，指尖慢慢向前移动。保持直膝，移至最远的位置，保持 1s。重复动作 3 次，取最好成绩。

将箱子 26cm 处设定为"0"点。将读数与评价标准表格对照。读数越高，表示其腰背及大腿后群肌肉的柔韧性越好。

（四）身体成分测试方法

身体成分测试使用的是皮褶测量法。

测试使用的器材为皮褶卡钳、软尺和钢笔。

测量位置为身体右侧，男性为胸部、腹部和大腿正中，女性为股四头肌、腰部和大腿正中。

以左手拇指及食指捏起客户的正确皮褶测量位置上 1cm 处的皮褶（确定没有捏起肌肉），然后，右手持皮褶卡钳钳在正确的皮褶位置，钳入的深度约是捏起皮褶高度的一半。右手在钳住皮褶后可稍放开 2s，使读数稳定后，记录该读数。

每个位置重复测量两次，若两次读数差距不超过 2cm，取其平均值作为该位置的正确读数。若多于 2cm，需再测量。

3 个位置的皮褶厚度测定后，取其总和，对照评价标准表格，对应性别、年龄，可得出体脂百分比，评价其是否适中。

（五）姿态评估方法

身体姿态是身体各个部分所处的位置，它反映了身体各部分组织结构间的力学关系。所以，姿态是评价生长发育水平的一项重要内容。正常的姿态不仅表现出健康的精神面貌，给人以优美的感觉，更重要的是它使身体各部分的空间位置处于最佳的省力状态，从而减轻肌肉韧带的紧张，减轻疲劳，并且有利于运动能力的发挥。不正确的姿态会额外增加肌肉韧带的负担，还会影响骨骼的发育，影响循环、呼吸、消化的正常功能。

姿态可分为静态姿态和动态姿态。静态姿态是指人体在相对静止状态下，身体各部位所处的某一相对位置；动态姿态是指人体在运动过程中身体各部位的位置。一般情况下，身体姿态的评价主要是静态姿态的评价，着重检查直立姿态。

静止姿态的评价可以以一条通过身体重心的垂直于地面的假想线，可称其为中轴线，作为参照来检查。理想的姿态是身体各个部分能够平衡、均匀地分布在这条直线上，这时身体各部分所承受的压力降到最低程度。相反，不正确的姿态是某些部分偏离正常位置并影响到其他部分的位置变化，从而使身体中的某些组织不断承受额外的压力，最终会导致这些组织出现伤痛。

通过站姿的侧面和后面，我们可以观察身体的头部、颈椎、腰椎、骨盆、踝关节的位置和结构关系。侧面重点检查头部的位置是否处于正中位；颈椎的曲度是否正常；是否含胸、圆肩、驼背；腰椎的曲度、骨盆的位置是否正常，腰曲是否过弯或过直；骨盆是否前倾或后倾。后面重点检查头部是否处于正中位；肩部是否水平、是否耸肩或塌肩；胸腰椎是否呈一条直线，是否存在脊柱侧弯；骨盆是否呈水平位；腿部是否呈一直线。

另外，要对胸廓形状、腿的形状、足的形状进行检查。

第三节　抗阻训练方案

一、训练原则

身体活动要达到健身目的，必须达到一定的运动强度和运动量才能收到良好的效果，要进行科学的身体锻炼，不能盲目地去运动。因此，在进行抗阻训练时必须遵循以下基本原则。

（一）超负荷原则

超负荷原则是运动训练的基本原则，是指对于运动量的要求要超出平时所适应的负荷，这样训练才有效果。这是一种为了提高肌力和肌肉耐力所实施的超过自身平时最大能力的训练，肌肉系统功能训练力量、耐力的超负荷是通过在抗阻训练中增加重复次数、减少每组之间的休息时间、增加重量、增加练习组数、增加训练频率等方法实现的。

（二）特殊性原则

不同的身体活动具有不同的效果，运动者期望获得什么样的运动效果，就应进行能产生那种效果的运动。因此在运动方案中，不同的需求要采用不同的运动内容。例如，要增加胸肌、肱三头肌的力量，就要采取卧推练习，而不是坐姿划船练习。高强度的抗阻训练可增强肌肉力量和肌肉的体积；如果要获得最大的肌力就必须对抗最大的阻力；而要提高肌肉耐力则要采取低阻力、多次数的抗阻训练才能明显提高，但肌肉力量和体积却不会有多大改变。

（三）渐进性原则

实施运动方案要逐步增加运动量，从而使运动方案能够安全而有效地进行。在抗阻训练中，如果一时突然给予肌肉过大的负荷，就容易造成伤害事故。所以应采取渐进的方法增加强度、次数和组数。身体适应能力随着渐进的负荷而增加，肌肉力量、耐力和肌肉体积也随之增加。

二、抗阻训练方案的制订依据与内容

（一）抗阻训练方案的制订依据

选择正确的锻炼手段和确定适当的运动负荷，是制订抗阻训练运动方案的关键。为了订制出个性化的抗阻训练运动方案，必须以健康状况的调查评估和健康体适能的测试评估获得的客户信息为依据，另外还要了解客户目前的抗阻训练技术经验和训练水平。一种确定客户训练经验与水平的简单方式是询问其参加训练的持续时间。对于以前没有训练经历的客户来说，参加训练少于 3 个月的属于初学者水平；3～12 个月的属于中级水平；超过 1 年持续训练的就属于高级水平。

制订抗阻训练运动方案的具体内容之前，要明确客户的锻炼目的。首先要明确客户需要重点增强锻炼哪些肌群，然后明确需要发展的是肌肉力量还是肌肉耐力，或是增加肌肉体积。

（二）抗阻训练方案的内容

抗阻训练运动方案的内容较为复杂，主要包括运动频率、运动时间、运动的选择、动作顺序、负荷和重复次数、完成组数、组间休息、训练方法等要点。

1．运动时间

一般来说，运动时间也取决于客户的训练水平，但作为一般健身者来说，一次抗阻训练的时间一般不超过 60min。

2．运动频率

运动频率受客户的抗阻训练水平、其他运动以及日常生活和工作的时间安排的影响。

健身教练应该主要以客户的抗阻训练水平来确定其运动频率。训练水平差的客户需要较多的休息时间，这就降低了训练频率。相反，训练水平较高的客户需要的休息时间较少，所以每周可以安排多次运动。但是，如果客户还有其他运动，而且总运动量很高，这种情况下就应该减小抗阻训练的频率。

为了使客户获得充分的休息，应该在相同肌群的训练中间至少安排一天的休息日。还可以根据客户的训练水平做出更详细的指导。一般来说，初级者的训练频率通常是每周 2 ～3 次；中级者的训练频率通常是每周 3～4 次；高级者的训练频率通常是每周 4～5 次。

初级者每周 2～3 次的训练应合理地平均分配。例如：可安排周一、周四训练或周一、周三和周五训练。

中、高级者可以接受每周 3 次以上训练的运动频率，但不能每天都训练同一组肌肉群，这时就需要健身教练为其制订分化训练计划。例如：每周练 4 天可以这样安排：周一和周四训练上身肌肉，周二和周五训练下身肌肉。

3．运动的选择

运动的选择就是为客户选择抗阻训练计划中的练习项目，这主要取决于客户的个人情况。所选择的练习动作应针对客户的特殊需要，排除不适当的运动。一般性的运动选择原则如下：

（1）健身教练应该在特殊性原则指导下选择动作，为了训练某些特定的肌群，应该选择这些肌群的针对性练习。

（2）应该考虑客户的时间问题。这个因素不仅影响练习项目的数量，还影响练习的方式。例如，单臂哑铃弯举练习所用时间长于双臂哑铃弯举所用的时间。

（3）对于没有抗阻训练经验的客户先安排其进行器械练习。因为器械练习较自由重量练习（杠铃、哑铃练习）在训练技术方面较为简单，同时也较为安全。

（4）对于存在身体结构问题或某些关节柔韧性较差的客户，选择运动项目更应慎重。例如，对于肩关节柔韧性非常差的客户，就不应让其进行直立推举哑铃的练习，否则容易造成腰部压力过大而受伤。

（5）可根据客户的具体身体状况和需要为其选择基本练习、辅助练习、结构练习和功能性练习。

（6）对初级者可选择每个肌群采用一个动作的方法，以基础肌肉锻炼为主；而对中级者和高级者则可选择每个肌群采用两个或两个以上动作的方法，并均衡锻炼基础肌肉和非基础肌肉。

4. 运动顺序

运动顺序是指在一次抗阻训练中将练习动作排成一个特定的序列。运动顺序应该使前一次运动引起的疲劳对下一项运动的影响最小。在抗阻训练中，安排运动顺序的方法很多，但是大部分可归纳为以下几个重要的方法：

（1）一般先进行基本练习、多关节练习，然后是辅助练习、单关节练习；或先进行大肌肉群的练习，然后进行小肌肉群的练习。如进行预先疲劳训练法，则先进行单关节练习，然后进行多关节练习。

（2）"推"和"拉"运动的交替进行。

（3）上肢练习和下肢练习交替进行。

（4）多关节练习、单关节练习与交替推拉练习相结合。通常先进行下肢的运动，然后是上肢的运动。

（5）循环训练。

5. 负荷强度和重复次数

研究证明，高负荷（最大或接近最大用力）和低重复次数的训练可使力量得到有效增大，而低负荷和高重复的训练可使肌肉耐力获得良好的发展。在某种程度上，肌肉力量和耐力在每种情况下都可以得到发展，关键是哪种负荷方案更有利于其专门的神经肌肉类型。以发展肌肉力量为主的抗阻训练应采用 $1\sim6RM$ 的强度；以发展肌肉体积为主的抗阻训练采用 $6\sim12RM$ 的强度；以发展肌肉耐力为主的采用小于或等于 $12RM$ 的强度。对于初学者水平的客户，开始阶段采用 $12\sim15RM$ 的强度较为合适。由于老年人（$50\sim60$ 岁或更老的人）在抗阻训练中可能会发生骨骼肌损伤，一般可采用 $10\sim15RM$ 的强度。这里应该指出，RM 代表该负荷可能举起的最高重复次数，而不是指负荷本身的绝对值，同为 $8RM$，对体适能不同的人，承受的绝对负荷值就可能不同。因此，采用 RM 作为负荷指标，就可能使抗阻训练更加适应运动计划个性化的需要。

6. 组间休息

客户的抗阻训练目标决定了组间休息时间。肌肉耐力训练，组间休息通常是 30s 或更少。肌肉体积训练，组间休息通常是 $30\sim90s$。肌肉力量训练，组间休息较长，尤其是下肢或全身性运动，长达 $2\sim5min$。

7. 组数

每次训练课要完成的组数与每次训练课需要的时间有紧密联系。组数的安排不像运动次数的安排那样直接受到主要抗阻训练目标的影响，但组数也与训练目标有关。尽管研究显示，只进行一组训练就能使肌肉增粗并提高，但是中级者和高级者可能需要增加组数来获得进一步提高。初学者一般不能进行多组训练，开始训练的几个月可以采用单组训练，随着训练水平的提高，可逐渐增加组数。发展肌肉力量与体积一般以 $3\sim6$ 组为宜，发展肌肉耐力一般以 $2\sim3$ 组为宜。需要说明的是以上的组数安排不包括热身组。

8. 训练方法的变化

为了帮助客户不断提高肌肉的力量、耐力或增大肌肉体积，降低过度负荷的危险，减少厌烦感并维持训练强度，需要在运动计划中应用多样化原则。可以通过周期性改变频率、负荷、训练量或休息时间来改变抗阻训练运动计划，使训练具有多样化。下面重点介绍一些常用方法。

（1）基本练习法

首先通过测试确定个人 10RM 的重量，然后完成 3 组训练，每组 10 次，每组练习的重量依据 10RM 的百分比来确定。例如：

第一组，10 次，50％×10RM；

第二组，10 次，75％×10RM；

第三组，10 次，100％×10RM。

（2）金字塔练习法

先确定个人 1RM 的重量，然后依据这个重量的百分比来确定以下每组练习的重量。随着每组逐渐加重，每组次数逐渐减少。例如：

第一组，12 次，50％×1RM；

第二组，8 次，65％×1RM；

第三组，6 次至力竭，75％×1RM。

（3）递减重量练习法

同金字塔练习法相反，随着每组逐渐减重，每组次数逐渐增加。例如：

第一组，6～8 次或至力竭，约 100％×10RM；

第二组，9～12 次或至力竭，约 80％×10RM；

第三组，13～15 次或至力竭，约 50％×10RM；

第四组，16～18 次或至力竭，约 20％×10RM。

（4）强迫次数练习法

当练习者做某一练习时，已完成一定的次数，无力继续完成全程规范动作时，健身教练可帮助其通过动作的"顶点"继续完成 1～2 次动作，使肌肉得到最大限度的锻炼。

（5）退让练习法

当练习者正常练习至疲劳后，健身教练可帮助其完成向心收缩动作，然后由其自己完成离心收缩动作。

（6）调整运动负荷量

为了避免客户出现对某个运动计划的不适应或过度疲劳的现象，可周期性地调整运动负荷量。运动负荷量的调整主要是改变多关节练习的负荷量。例如：如果客户每周锻炼 3 天，可以将这 3 天分别安排为"大负荷量日""小负荷量日"和"中负荷量日"。如果客户每周锻炼 4 天，可以采用"大负荷日"与"小负荷日"交替的方法。

（7）改变练习动作

为了使客户保持对健身运动的兴趣，提高锻炼效果，可每 4～8 周改变练习动作，甚至可以在每次锻炼课都改变一些练习动作。

第四节 伸展练习方案

一、训练原则

超负荷原则、特殊性原则、渐进性原则同样适用于改善柔韧性的伸展练习。

（一）超负荷原则

伸展练习必须达到一定的运动强度和运动量才能收到良好的效果，因此超负荷原则也是伸展练习的基本原则。对伸展练习运动量的要求同样要超出平时所适应的负荷，从而使柔韧性获得改善。

（二）特殊性原则

特殊性原则也适用于伸展练习。由于柔韧性具有关节的特殊性，因此要改善某一关节的柔韧性就要伸展与其相关的特定的肌肉。例如，改善肩关节的柔韧性与改善膝关节的柔韧性所要伸展的肌肉是完全不同的。另外，由于每个部位肌肉的功能具有特殊性，因此其伸展方法也具有特殊性。例如，伸展肱三头肌与伸展肱二头肌的方法是完全不同的。

（三）渐进性原则

改善柔韧性要逐步增加运动量，从而使运动方案能够安全而有效。在改善柔韧性的练习中，如果突然给予肌肉过大的负荷，就容易造成锻炼者受伤。所以应采取渐进的方法使身体适应能力随着渐进的负荷而增加。

二、伸展练习计划的制订依据与内容

（一）伸展练习方案的制订依据

制订改善柔韧性的伸展练习方案的主要依据，是柔韧性测试的评估结果。身体各部位柔韧性基本正常者，可以保持和提高柔韧性为目的，进行全身各部位的柔韧性练习。如果客户存在柔韧性较差，出现身体姿态和结构性问题时，应将柔韧性较差部位作为锻炼目标的重点。

（二）伸展练习方案的内容

1. 运动形式

根据近期训练目的正确选择运动形式，即手段有法，是取得锻炼效果的关键。

对于一般健身锻炼者来说，如果关节本身没有活动障碍，影响柔韧性好坏的主要问题在于肌肉的伸展性。锻炼应以静力性伸展练习为主，可让客户主动完成，也可帮助其被动完成。如客户有特殊需要，也可进行 PNF 练习。

2. 运动负荷

（1）静力性伸展练习的运动负荷。静力性伸展练习的运动负荷包括强度、持续时间、组数、间隔时间和运动频率五个方面。

①强度。不论是进行主动伸展练习，还是被动伸展练习，都应逐渐加大动作幅度或逐渐加大给予的助力。让客户感到目标肌肉受到的牵拉或略感不适，即为适合的负荷强度。

没有牵拉的感觉，达不到锻炼效果；但也不能使负荷强度大到引起疼痛的程度。

②持续时间。锻炼初期，当练习部位出现牵拉感觉时，停留 10～15s，以后逐渐延长持续时间，几周后可以增加到每次停留时间为 20～30s，一般不超过 30s。

③组数。重复 3～5 组。根据客户感觉，逐渐增大牵拉的程度。

④间隔时间。稍事放松，待牵拉感觉缓解后，即开始下一次练习。

⑤运动频率。柔韧性练习最好每天锻炼 1 次，如果时间不允许，至少隔天 1 次。否则不易收到和保持锻炼效果。

（2）PNF 练习的运动负荷。PNF 练习的运动负荷同样包括强度、持续时间、组数、间隔时间和运动频率五个方面。

①强度。每次练习前，先让客户做静力性的等长收缩对抗，然后被动伸展客户目标肌肉至感到牵拉或略感不适。

②持续时间。肌肉静力性收缩持续 6s，放松 6s，被动伸展 15～30s。

③组数。可重复 3～5 组。

④间隔时间。间隔时间短暂。

⑤运动频率。每周 3～4 次，最好达到 7 次。

3．注意事项

（1）开始进行伸展练习之前，应先进行慢跑等热身活动，以提高锻炼效果并预防受伤。

（2）避免进行冲击性伸展练习，以防止在伸展练习过程中发生运动损伤。

（3）伸展练习应从大关节开始至小关节。

（4）进行被动伸展练习时，一定要避免用力过大，要及时与客户交流，了解客户的感觉。

（5）伸展练习可以在准备活动、整理活动中进行。

（6）一般客户如无特殊的竞技运动需要，要避免进行某些竞技运动专项的柔韧性训练，以避免受伤。

（7）进行静力性伸展练习时，应保持呼吸顺畅。

（8）进行 PNF 练习时，应注意关节角度的极限，在静力性等长收缩阶段，要保持呼吸，并注意原动肌和对抗肌的配合。

第五节　有氧运动方案

一、训练原则

（一）超负荷原则[①]

有氧运动的超负荷原则是指要达到一定的锻炼效果，锻炼者所做的运动必须达到某个

---

① 刘胜，贾鹏，张先松．健身理论与方法指导［M］．武汉：湖北人民出版社，2021：72

基本阈值，亦即运动量的最低要求要超出平常所习惯的负荷。由此可推断，通过运动增强和提高了的生理功能是可逆的，它可在降低负荷或中断锻炼后又复下降。运动负荷的改变包括运动强度、持续时间和运动频率，三者综合作用的结果就是达到提高心肺系统功能所需的工作量或能量消耗。

（二）特殊性原则

运动锻炼的特殊性原则是指运动效果与参与运动的组织器官的形态机能变化之间的对应性。例如，以有氧运动（如慢跑）作为主要运动方式的人，他的肌肉力量不会有多大变化；同样，只进行抗阻训练的人，他的心肺耐力水平也不会有较大的提高。另外，一种有氧运动方式与另一种有氧运动方式不一定能取得相同的锻炼结果。例如，一个经常进行长跑锻炼并达到较高水平的人，却不一定适应自行车运动并表现出同样较高的水平。

（三）渐进性原则

人体内脏器官系统的功能活动有一定的惰性，因此在制订有氧运动方案时，一定要遵循渐进性原则。要针对锻炼者的身体情况和锻炼目标，运动量要由小到大，锻炼负荷应逐渐地提高。如果突然进行一次大强度、长时间的锻炼，则可能导致身体机能失调，使身体受到伤害。

二、有氧运动方案的制订依据与内容

（一）有氧运动方案的制订依据

有氧运动方案制订的依据同样来自于之前进行的健康状况调查评估和咖体适能测试评估中有关客户健康状况（特别是心血管系统的健康状况）的信息及心肺耐力的测试结果。有氧运动计划中的各个要素的确定都要适合客户目的身体健康状况和心肺耐力水平。[①]

制订有氧运动方案前，还应明确客户的运动目的。一般来说，客户进行有氧运动的目的主要有以下两个方面：一是为了提高或保持心肺耐力水平；二是为了消耗多余的脂肪，达到减肥的目的或维持合理体重。

（二）有氧运动方案的内容

1. 运动频率

对于体适能水平较低的初级者来说，开始训练的时候，每周训练的次数应该少一些，最好平均分配，可每隔1天运动1次，每周3次；当训练水平提高时，可增加训练频率，一般每周3~5次。

2. 运动强度

运动强度是设计运动计划中最重要，也是最困难的部分，需要适当的监测以确定运动强度是否适当。理论上，每个人在开始健身前都应该进行一次全面的远动试验，但这并不现实。另外，从安全角度考虑，多数人也并不适合一开始就做运动试验。有氧训练的阈值取决于客户开始的体适能水平，对于健康成人来说，这个阈值是50%~85%HRR（心率储备）。每个人的情况有所不同，有的人可能感觉50%HRR的强度就已经很剧烈了，但是

---

① 易锋，刘德华. 体育健身原理与方法［M］. 苏州：苏州大学出版社，2019：23

有些人可能感觉 85％HRR 的强度都很轻松。如果运动强度太大，可能导致过度训练和损伤。如果强度太低，生理刺激可能不足以达到机能的提高，而且难以达到训练目的。比较明智的办法就是开始选择较为保守的强度，然后逐渐增加强度，而不是开始就采用太大强度，导致过度训练的危险，并且可能坚持不下去。[①]

在运动中所应达到和保持的心率为靶心率（THR）。靶心率的测定可直接测定，也可间接测定。作为健身教练至少应该掌握两种间接测定法。

（1）心率储备测定法。心率储备是指最大心率与静息心率之间的差额。若个体的最大心率为 200 次/分钟，安静心率为 60 次/分钟，那么个体的心率储备就是 140 次/分钟。心率储备的百分比与 VO_2max 的百分比是相当的，如 60％的心率储备就相当于 60％的 VO_2max。

用心率储备测定运动强度的具体方法如下：

用最大心率减去静息心率得到心率储备值；

计算 60％和 80％的心率储备值。

用此计算结果加上静息心率就是靶心率范围值。

例如：一个 40 岁的男子，测得其最大心率为 175 次/分钟，安静心率为 75 次/分钟：要用储备心率确定其运动的靶心率。计算如下：

心率储备：175 次/分钟－75 次/分钟＝100 次/分钟

心率储备×60％＝100 次/分钟×60％＝60 次/分钟

心率储备×80％＝100 次/分钟×80％＝80 次/分钟

靶心率：60 次/分钟＋75 次/分钟＝135 次/分钟，相当于 60％ VO_2max 的运动强度；

靶心率：80 次/分钟＋75 次/分钟＝155 次/分钟，相当于 80％ VO_2max 的运动强度；

因此，该男子在运动中的靶心率范围值为 135～155 次/分钟。

（2）最大心率百分比测定法。这是另一种间接测定运动靶心率的方法，即采用个体最大心率的百分比（％ HRmax）。此方法的优点就是方便简单，而且经过验证也比较可靠。

由于％ HRmax 与％ VO_2max 呈线性关系，因此可以用％ HRmax 来估算运动中的代谢负荷。运动的适宜强度通常是 70％～80％HRmax，相当于 55％～75％ VO_2max。这种方法计算出来的运动强度要比用心率储备测定法中的运动强度（60％～80％ VO_2max）相对保守。

以上这两种间接测定运动强度的方法都可以运用在运动健身计划中，两种方法之间的差异不是很重要。但因为对于任何一个预算方程式而言都存在预算误差，这两种方法测定的运动强度在运动健身计划中也仅作参考。

（3）阈值。前面提到，引起心肺功能提高的运动刺激强度会因活动水平和年龄而不同，其变化范围为 50％～85％ VO_2max。但对于大多数人来说，运动强度的阈值范围如下：

60％～80％ VO_2max；

---

① 易锋，刘德华. 体育健身原理与方法 ［M］. 苏州：苏州大学出版社，2019：46

60％～80％ HRR；

70％～85％ HRmax。

这个阈值的下限主要是针对那些年老和长期静坐的人群，上限是针对那些身体机能较好的年轻人群。但对于那些有身体疾病和健康状况不良的人群则有必要采用低于下限的运动强度（即低于60％VO₂max）；而对于那些经常积极锻炼而且体力充沛的人群则可以采用高于上限的运动强度（即高于80％ VO₂max）。介于中间的运动强度（即70％ VO₂max，70％ HRR，80％ HRmax）是一个平均锻炼强度，主要适用于那些处于亚健康状态的人群。

（4）主观疲劳感觉量表。主观疲劳感觉量表是以自己的感觉来评估运动强度的方法，是冈纳·博格（GunnarBorg）在1962年研制的。通常，运动中的自觉强度以6～20的数字来代表，其中12～14表示有些吃力，它相当于60％～80％VO₂max，一般运动最适当的范围是在11～15之间。如果不知道最高心率以及感觉靶心率太高或太低时，就可以使用主观疲劳感觉量表来设定运动强度（表6-1）。此外，当人们在运动中习惯了靶心率强度的运动感觉时，就不必再在运动中通过频繁测量脉搏来确定自己的运动强度了。

表6-1　主观疲劳感觉量表

强度	感觉描述
6	非常非常轻松
7	
8	非常轻松
9	
10	比较轻松
11	
12	有点累
13	
14	累
15	
16	非常累
17	
18	非常非常累
19	

3．运动持续时间

运动持续时间取决于客户的目标、现有的训练水平和运动强度。有氧运动强度越大，需要的摄氧量就越大，能够维持的运动时间就越少。

低强度的活动每次必须超过较长时间（30 min以上），如果进行高强度的训练，也需持续20min或更长。由于相对较低的强度和较长的运动持续时间的训练对多数人来说更容易完成，以及高强度活动与潜在的危险问题和检查有关。所以，可让不是为了参加运动竞赛训练的客户采用长时间中等强度的活动。

4．运动形式

最好的运动就是客户所喜欢的并能长期有规律坚持的运动。现在大部分俱乐部都拥有多种心肺耐力训练器械及一些有氧集体课程，选择一项客户喜欢的运动将会帮助他们完成训练计划。

5. 有氧运动的训练方法

提高心肺耐力的有氧运动训练方法有持续训练、间歇训练、交叉训练、循环训练等。

(1) 持续训练法

持续训练法是指强度较低、持续时间较长且不间歇地进行训练的方法。指使用一种运动方式时，一旦达到了指定运动强度，就一直坚持下去，直到不能够将心率维持在计划范围才停止。开始4~6min为准备活动，之后至少有20min以上运动强度应保持在THR之内，最后5min左右为整理活动，降低运动强度，使心率逐渐恢复。持续训练法由于运动强度易控制，适合于所有人群。

(2) 间歇训练法

间歇训练法是大强度和小强度运动的交替。如3min高强度活动（锻炼时心率可超过THR高限的10%）与3min小强度活动交替进行。

(3) 交叉训练法

交叉训练是一种结合集中有氧运动形式的训练。它有两种方式：①每个训练阶段采用不用的运动形式，在一周内循环两种或更多运动；②在一次训练中采用几种不同的运动形式。

(4) 循环训练法

循环训练是将抗阻练习和有氧训练相结合的训练方式。将短时间的有氧训练放在抗阻训练之间。各联系之间只有短暂休息或无间歇。目的是将心率增加到THR范围之内，以达到心肺耐力与肌肉耐力的同步提高。

第七章 常见运动损伤的预防与处理

第一节 运动损伤概述

体育运动过程中发生的各种损伤，称为运动损伤。某些运动损伤的发生与运动项目、所采用的不当动作密切相关。对运动健身过程中损伤的发生原因、治疗方法、康复方法、预防措施有一定的了解，对于防止损伤发生，加快损伤修复和康复，改进训练方法和技术动作，促进锻炼者身心健康水平的提高具有重要意义。

一、运动损伤的分类

运动损伤的分类方法较多，常用的有以下几种。

（一）按损伤组织的种类分类

如肌肉肌腱损伤、韧带损伤、关节软骨损伤、骨折、关节脱位、内脏损伤、脑震荡、神经损伤等。

（二）按有无创口与外界相通分类

1. 开放性损伤

伤部皮肤或黏膜破裂，创口与外界相通，有组织液渗出或血液自创口流出，成为开放性损伤，如擦伤、刺伤等。

2. 闭合性损伤

伤部皮肤或黏膜完整，无创口与外界相通，损伤后的出血积聚在组织内，成为闭合性损伤，如关节韧带扭伤、肌肉拉伤、内脏破裂等。

（三）按发病的缓急分类

1. 急性损伤

瞬间遭受直接或间接暴力而造成的损伤称为急性损伤，其发病急、病程短，症状骤起。

2. 慢性损伤

因局部长期负担过度，由反复微细损伤积累而成的损伤称为慢性损伤，其发病级慢、症状渐起，病程较长。此外，还可因急性损伤处理不当或过早运动面转变为慢性损伤。

二、运动损伤的原因

（一）思想上不够重视

运动损伤的发生，常与健身教练和锻炼者对预防运动损伤的意义认识不足及缺乏预防知识有关。他们多存在着某些片面认识，不重视运动安全，思想麻痹大意，在运动健身过程中没有积极采取各种有效的预防措施。发生运动后，若不认真分析原因，吸取教训，会导致运动损伤时有发生。

（二）缺乏充分的准备活动

准备活动的目的是提高中枢神经系统的兴奋性，增强各器官系统的代谢水平，使人体从相对静止状态过渡到活动状态。据国内有关调查资料分析，缺乏准备活动或准备活动不合理，是造成运动损伤的主要原因。

（三）技术上的错误

技术动作的错误，违反了人体结构功能的特点及运动时的力学原理而造成损伤，这是初参加运动健身的人或学习新动作时发生损伤的主要原因。例如，进行卧推练习，双手握距过宽，使得肩部压力过大，当上肢和肩部力量不足时，使得肩部在进行卧推练习时发生损伤。

（四）运动负荷过大

安排运动负荷时，不遵守循序渐进、系统性和个别对待的原则，没有充分考虑到锻炼者的生理特点，运动负荷超过了锻炼者可以承受的生理负荷量，尤其是局部负荷过大，引起损伤。

（五）身体功能和心理状态不良

在睡眠或休息不好、患病受伤或伤病初愈阶段以及疲劳时，肌肉力量、动作的准确性和身体的协调性都会下降，警觉性和注意力减退，反应较迟钝，此时参加剧烈运动和练习较难的动作，就可能发生损伤。

（六）场地设备的缺点

运动场地不平，杠铃片或哑铃随意摆放在地面；器械维护不良或年久失修，表面不光滑或有裂痕；器械安装不牢固或安放位置不妥当；器械的结构不符合锻炼者的个体特点；缺乏必要的防护用具（如护腕、护踝、护腰等）；运动时的服装和鞋袜不符合运动卫生要求等。

（七）不良气象的影响

气温过高易引起疲劳和中暑，导致肌肉僵硬、身体协调性降低而引起肌肉韧带损伤；潮湿高温易引起大量出汗，发生肌肉痉挛或虚脱；光线不足，能见度差，影响视力，使兴奋性降低和反应迟钝而导致受伤。

三、运动损伤的预防原则

运动损伤的种类虽然很多，但健身教练只要遵循一定的预防原则，即可避免或减少运动损伤的发生。

（一）积极进行预防运动损伤的宣传教育工作

健身教练应当对锻炼者进行经常性和针对性的宣传教育，普及预防运动损伤的知识，使安全运动的观念深入锻炼者内心。

（二）遵守体育锻炼系统性和循序渐进的一般原则

对于不同性别、年龄、健康状况的锻炼者，都要区别对待。如果不加区别地给予同样的运动量与强度，身体素质较差的锻炼者难免受伤。

（三）注重拉伸练习

拉伸练习是有目的地将肌肉和软组织在运动前、中、后进行拉伸，使被拉伸的肌肉或软组织得到充分的放松，这有利于肌肉的疲劳恢复，防止肌肉的拉伤。保持肌肉的弹性，避免造成运动技术的僵硬和变形。准备活动时的拉伸练习能降低肌肉和软组织的内部黏性，增加弹性，提高肌肉温度，预防运动中的肌肉拉伤，主要采用主动性的拉伸训练；训练后的拉伸练习则是放松僵硬疲劳的肌肉，加速肌肉内部代谢产物的排出，减少肌肉的酸痛，尽快恢复体能，主要采用静力拉伸。

（四）加强运动中的保护与帮助

为避免可能发生的损伤，健身教练应当加强对锻炼者的保护，特点是在做某些大负荷或不稳定状态下的动作时，同时也应当教会锻炼者基本的自我保护方法。

（五）加强预防运动损伤的功能锻炼

加强易伤部位和相对较弱部位的训练，提高它们的功能，是预防运动损伤的一种积极手段。例如，为了预防腰部损伤，应加强核心肌群的力量训练，并增强其力量和控制能力。

（六）重视小肌群训练

人体的肌肉分为大小肌群，小肌群一般起固定关节的作用。一般的力量练习往往注重大肌群而忽略小肌群的练习，造成肌肉力量的不均衡，增加了运动时受伤的概率。小肌群的练习多采用小重量的哑铃、弹力带等。

（七）创造锻炼的安全环境

健身器材、设备、场地等在锻炼前都应进行严格的安全检查，例如，将杠铃片安装上杠铃杆后是否锁死，器械插销是否完全插入力量练习器插孔中，女性的项链，耳环等锐利物品在锻炼时是否暂时摘除等。

第二节　常见运动损伤的急救

一、急救的意义、原则和注意事项

急救是对意外或突然发生的伤害事故进行紧急的临时性处理。其目的是保护伤员的生命安全，避免再度受伤，减轻伤员痛苦，预防并发症，并为伤员的转运和进一步治疗创造条件。无论何种急性损伤，做好现场急救都是十分重要的。

急救时必须抓住主要矛盾，救命在先，做好休克的防治。骨折、关节脱位、严重软组织损伤或合并其他器官损伤时，伤员常因出血、疼痛而发生休克。在现场急救时，要注意预防休克。若发生休克，必须优先抢救。其次，急救必须分秒必争，力求迅速、准确、有效，做到快救、快送医院处理。

救护人员的态度要和蔼可亲，语言亲切、婉转；要有高度的责任感；要保持镇静，切不可惊慌失措或顾此失彼，即使出现危急情况也应镇静地进行有条不紊的抢救工作；急救技术要力求熟练敏捷，经急救处理后，应陪伴伤员到医院，并向医生介绍发病情况和急救经过。①

---

① 顾亚婷. 运动康复干预与全面健身运动处方研究［M］. 北京：新华出版社，2019：29

二、运动损伤的急救方法

（一）急救包扎法

包扎有固定夹板或敷料，限制伤肢活动，避免加重伤情；保护创口，预防或减少感染；支持伤肢，使之保持舒适的位置，减轻疼痛和压迫止血，防止或减轻肿胀等多种作用。包扎时，动作要柔和、熟练，包扎的松紧度应适中，过紧会妨碍血液循环，过松则起不到包扎的作用；绷带包扎要从伤部远端开始。[1] 包扎结束时，绷带末端要用胶布黏合固定或将绷带末端留下一段，纵形剪开，缚结固定，但缚结不要在伤口处。

1. 绷带包扎法

要根据包扎部位的形态特点，采用不同的包扎方法。

（1）环形包扎法。用于包扎肢体粗细均匀的部位，如手腕、小腿下部和额部等，也是其他包扎法的开始或结束时使用的包扎法。包扎时，先张开绷带，把带头斜放在伤肢上并用拇指压住，将绷带绕肢体一圈后，再将带头的一个小角反折，然后继续绕圈包扎，每圈都盖住第一圈，包扎3～4圈即可。

（2）螺旋形包扎法。用于包扎肢体粗细相差不大的部位，如上臂、大腿下部等。包扎时先做2～3圈环形包扎，然后将绷带向上斜形缠绕，每圈都盖住前一圈的1/2～1/3。

（3）反折螺旋形包扎法。[2] 用于包扎肢体粗细相差较大的部位，如前臂、小腿、大腿等。包扎时，先做2～3圈环形包扎后，用左拇指压住绷带上缘，将绷带向下反折，向后绕并拉紧绷带，每圈反折一次，后一圈压住前一圈的1/2～1/3，反折处不要在创口或骨突上。

（4）"8"字形包扎法。[3] 多用于包扎肘、膝、踝等关节处。方法有二：一是先在关节处做几圈环形包扎后，将绷带斜形环绕，一圈在关节上方缠绕，一圈在关节下方缠绕，两圈在关节凹面相交，反复进行，逐渐离开关节，每圈压住前一圈的1/2～1/3，最后在关节上方或下方做环形包扎结束；二是先在关节下方做几圈环形包扎后，将绷带由下而上，再由上而下地来回做"8"字形缠绕，使相交处逐渐靠拢关节，最后做环形包扎结束。

2. 前臂悬挂法

前臂悬挂法分大、小悬臂带两种。

（1）大悬臂带。常用于除锁骨和肱骨骨折以外的其他上肢损伤。将三角巾的顶角置于伤肢的肘后，以一定角度拉向健康侧肩上，伤肢屈肘90°角。前臂放在三角巾的中央，再将三角巾的另一底角向上翻折并包住前臂，两底角在颈后打结。最后拉直顶角并向前折回，用胶布粘贴固定。

（2）小悬臂带。常用于肱骨或锁骨骨折。先将三角巾折叠成4横指宽的宽带，也可用宽绷带或软布袋代替。将宽带的中间置于前臂的下1/3处，屈肘90°角，宽带两端在颈后打结。

（二）止血法

据研究，健康成人平均每千克体重约有血液75mL，总血量可达4000～5000mL。若

① 张家春，毛逸铭. 运动健身风险管理学 ［M］. 上海：上海交通大学出版社，2019：49

② 黎鹰. 运动损伤与预防 ［M］. 杭州：浙江大学出版社，2019：40

③ 张家春，毛逸铭. 运动健身风险管理学 ［M］上海：上海交通大学出版社，2019：52

急性大出血达到全身总血量的 20％，即可出现面色苍白、头晕乏力、口渴等急性贫血的症状；若出血量超过全身血量的 30％，即可能危及生命。因此，对外出血的伤员，尤其是大动脉的出血，必须立即止血；对疑有内脏或颅内出血的伤员，应尽快送医院处理。这里主要介绍外出血的几种止血方法。

1. 绷带加压包扎法

用数层无菌敷料覆盖创口，再用绷带加压包扎，以压住出血的血管而达到止血效果，同时抬高伤肢。它适用于小动脉、小静脉和毛细血管出血的止血。

2. 指压法

在动脉行走中最容易被压住的部位称为压迫点。指压法的要领是在出血部位的上方，在相应的压迫点上用拇指或其余 4 指把该动脉管压迫在邻近的骨面上，以阻断血液的来源而达到止血的效果。这是动脉出血时的一种临时止血法，所加压力必须持续到可以结扎管或用止血钳夹住血管为止。常用的压迫止血法有：

（1）颞浅动脉压迫止血法。一手扶伤员的头并将其固定，用另一手拇指在耳屏前上方一指宽处摸到搏动后，将该动脉压迫在颞骨上。它适用于同侧前额部或颞部出血的止血。

（2）额部动脉压迫止血法。在下额角前约 1.5 cm 处摸到搏动后，用拇指将该动脉压迫在下颌骨上。它适用于同侧面部出血的止血。

（3）锁骨下动脉压迫止血法。在锁骨上窝内 1/3 处摸到搏动后，用拇指把该血管压迫在第一肋骨上。它适用于肩部及上臂出血的止血。

（4）肱动脉压迫止血法。将伤臂稍外展、外旋，在肱二头肌内缘中点处摸到搏动后，用拇指或其余 4 指将该动脉压迫在肱骨上。它适用于前臂及手部出血的止血。

（5）指动脉压迫止血法。伤员仰卧，患腿稍微外展、外旋。在腹股沟中点稍下方摸到搏动后，用双手拇指重叠（或掌根）把该动脉压迫在耻骨上。它适用于大腿和小腿出血的止血。

（6）胫前、胫后动脉压迫止血法。在踝关节背侧，于胫骨远端摸到搏动后，把该动脉压迫在胫骨上；在内踝后方，将胫后动脉压迫在胫骨上。它适用于足部出血的止血。

（三）关节脱位的临时急救

关节脱位是指骨关节在直接或间接暴力作用下，失去正常的链接位置，一般分为全脱位和半脱位两类。脱位的征象与骨折较为相似，如疼痛、肿胀及皮下瘀血、功能丧失、畸形。X 线检查等可以确定脱位的具体情况。对于上肢脱位，通常采用的方法是大悬臂带固定，对于下肢脱位则无须固定，迅速送医院即可。

（四）骨折固定法

骨或骨小梁连续性发生破坏，称为骨折。骨折患者的典型表现是伤口出现局部变形，肢体等出现异常运动，移动肢体时可听到骨擦音，因此，伤口剧痛，局部肿胀、瘀血，伤后出现运动障碍。对于骨折者或怀疑是骨折者均应现场按骨折处理。出现骨折后尽可能少搬动患者，如需搬动必须动作谨慎、轻柔、稳妥，以不曾加患者痛苦为原则。疑脊椎骨折必须用木板床水平搬动，千万不能进行头、躯体、脚的不平移动。注意保暖及防止现场休克。有创口则应包扎及止血。患者骨折端应妥善地简单固定。一般用木板、木棍等，所选用材料要长于骨折处上下关节，做超关节固定。固定的松紧要合适，不能太紧或太松。固定时可紧贴皮肤垫上棉花、毛巾等松软物，外以固定材料固定，以细布条捆扎。经上述急救后即送医院进行伤口处理。

（五）人工呼吸和胸外心脏按压法

呼吸停止和心脏停止，可能单独或同时发生。呼吸停止后则全身缺氧，随即可引起心跳停止；心跳停止后，血流即停止，可迅速引起重要脏器（如脑）缺血。引起呼吸、心跳骤停的原因较多，较常见的有心脏疾病、严重创伤、大出血等。心跳呼吸骤停救护围绕A、B、C 三大要素进行，A 代表 arway，表示保持呼吸道通畅，即心跳、呼吸骤停病员口腔内若有异物，在进行人工呼吸和胸外心脏按压之前，要及时清除口腔异物；B 代表breath，表示重建呼吸；C 代表 cireu lation，表示重建循环。心跳停止而呼吸尚未停止的伤员，应立即进行人工呼吸并注意心脏工作情况，进行胸外心脏按压并注意维护呼吸道通畅；呼吸和心跳都停止的患者，应同时进行人工呼吸和胸外心脏按压，最好由两人配合进行，一人做人工呼吸，一人做胸外心脏按压，两者操作频率之比为 1∶4。呼吸、心跳骤停的抢救，必须做到行动迅速，争分夺秒，才可能挽救患者生命。人工呼吸和胸外心脏按压，对于抢救生命、促使病员复苏意义重大。因此，健身教练掌握人工呼吸和胸外心脏按压法是非常必要的。

1. 人工呼吸

肺位于具有一定弹性的胸廓内，当胸廓扩大时，肺也随着扩张，于是肺的容积增大，外界空气进入肺内，即为吸气；当胸廓缩小时，肺也随之回缩，肺内气体排出体外，即为呼气。对呼吸停止的人，可根据以上原理用人工被动扩张与缩小胸廓的方法，使空气重新进出肺部，以实现气体交换，称为人工呼吸法。人工呼吸方法较多，最有效的是口对口吹气法。

（1）口对口吹气法。伤员仰卧，头部置于极度后仰位，打开口腔并盖上一层纱布。救护者一手托起患者下颌，掌根部轻压环状软骨，使其间接压迫食道，以防吹入的空气进入胃内；另一手捏住患者鼻孔，深吸一口气后，对准患者口部吹入。吹气完后，立即松开捏住鼻孔的手。如此反复进行，每分钟吹气 16～18 次。

（2）注意事项。施行人工呼吸前，应迅速消除患者口腔、鼻腔内的假牙、分泌物或呕吐物，松开衣领、裤袋和胸腹部衣物。开始时，吹气的气量和压力宜稍大些，吹气 10～20次后应逐渐减少，以维持上胸部轻度升起为宜。牙关紧闭者，可采用口对鼻吹气法，救护者一手闭住患者口部，以口对鼻进行吹气，其他操作与口对口吹气法相同。

2. 胸外心脏按压法

心脏位于胸腔纵膈的前下部，前邻胸骨下半段，后卫脊柱，其左右移动受到限制。胸廓具有一定的弹性，按压胸骨体下半段，可间接压迫心脏，使心脏内的血液排出；放松按压时，胸廓恢复原状，胸内压下降，静脉血则回流至心脏。因此，反复按压和放松胸骨，即可恢复血液循环。

（1）操作方法。患者仰卧在木板或平地上。救护者双手手掌重叠，以掌根部放在患者胸骨体的下半段，肘关节伸直，借助于自身体重和肩臂肌的力量，弹性用力下压，使胸骨体下半段和相连的肋软骨下陷 3～4cm，，随后立即将手放松（掌根不离开患者皮肤），如此反复进行。成人每分钟按压 60～80 次；小儿用单手掌根按压，每分钟按压 100 次左右。

（2）注意事项。救护者只能用掌根压迫患者胸骨体下半段，不可将手平放，手指要向上稍翘与肋骨离开一定距离；按压方向应垂直对准脊柱；按压应弹性用力，用力不可太与肋骨离开一定距离；按压方向应垂直对准脊柱；按压应弹性用力，用力不可太轻或太大，太轻不能起到间接压迫心脏的作用，太猛会引起肋骨骨折；在就地进行抢救的同时，要迅速请医生来处理。

（3）按压有效的表现。摸到颈动脉或股动脉搏动，上肢收缩压在 60mmHg 以上，口唇、指甲床的颜色比按压前红润，有的患者呼吸逐渐恢复，原来已散大的瞳孔也随着缩小而趋恢复。若出现以上表现，说明按压有效，应坚持操作到患者出现自动心跳为止；如果没有出现上述表现，则说明按压无效，应改进操作方法和寻找其他原因，但在专业医务人员到场前，不可轻易放弃现场抢救。

第三节　常见运动损伤的处理方法

伤后及时采取正确的处理方法，是减轻炎症反应，促进修复的重要手段。

一、中药疗法

中药治疗跌打损伤，有着独特、系统的治疗法则和丰富多样的治疗方法，具有内外兼治、价廉简便、疗效显著的特点。中医治疗创伤时有各种外治和内治方剂，前者有各种外敷药、外搽药、渗透药、膏药和熏洗药，后者有各种丸剂、散剂、丹剂、酒剂和汤剂。

二、冷热疗法

冷热疗法是运用低或高于人体温度的物理因子刺激，进行治疗的一种物理疗法。

（一）冷敷法

冷敷能降低局部组织温度，使血管收缩，减轻局部充血，抑制神经的感觉，具有止血、镇痛、防止或减轻肿胀的作用。常用于急性闭合性软组织损伤的早期，伤后立即使用，冷敷后应加压包扎并抬高伤肢。冷敷时一般使用冰袋或冷冻气雾剂。冰袋或使用冰块装入塑料袋内作伤部冷敷约 20min；若用冷冻气雾剂作局部喷布冷敷时（面部不宜使用），喷射出的细流应与皮肤垂直，瓶口距皮肤 20～30cm，每次约 10s，不可喷射过多，以防发生冻伤。如条件限制，也可用冷水毛巾置于伤部（夏季除外），2～3 min 更换一次。

（二）热疗

热疗包括热敷、红外线照射等，它能扩张局部血管，增强血液和淋巴循环，提高组织的新陈代谢，解除肌肉痉挛，加速瘀血和渗出液的吸收，促进损伤组织的修复，具有消肿、解痉、减少粘连和促进愈合的作用，常用于急性闭合性软组织损伤的中、后期和慢性损伤的治疗。热敷时一般采用热水袋或热毛巾，每天 1～2 次，每次 20～30min。毛巾无热感时要立即更换，热敷的温度要适当，以防烫伤。

三、按摩疗法

按摩是治疗软组织损伤的重要方法，不仅疗效显著，而且经济、简便、易懂、易学、易于推广，只要使用方法得当，不会产生副作用。对于按摩手法的基本要求是均匀、持久、柔和、深透。

四、保持支持带的应用

软组织损伤是指皮肤、肌肉筋膜、肌腱腱鞘、韧带、关节囊、滑囊、血管、神经等组织的损伤。根据伤部皮肤和黏膜是否完整，分为开放性损伤和闭合性损伤两类。

（一）开放性软组织损伤

1. 撕裂伤

皮肤撕裂伤多发生于头部，尤以额部和面部较多见，如篮球运动中眉弓部被他人肘部碰撞，引起眉际皮肤撕裂。若撕裂伤口小，经止血、消毒处理后，可用创口贴黏合；伤口较大则需缝合，必要时要使用抗菌素治疗。

2. 刺伤和切伤

其处理方法基本上与撕裂伤相同。凡被不洁物致伤且创口小而深时，应注射破伤风抗毒素。

3. 擦伤

擦伤因皮肤受到外力摩擦所致，皮肤被擦破出血或有组织液渗出。创口浅、面积小的擦伤，可用生理盐水或凉开水洗净创口。创口周围也可用75％酒精棉球自内向外呈环形消毒，创口上涂擦碘伏，创口一般不用酒精直接涂擦，因为酒精对伤口刺激性太强。但面部擦伤最好不用紫药水涂抹；关节附近的擦伤也不宜使用暴露疗法，以免皮肤干裂而影响关节运动。

（二）闭合性软组织损伤

闭合性软组织急性损伤在运动损伤中最为常见，健身教练必须掌握其处理方法，尤其是早期处理方法。

1. 早期

指伤后 $24 \sim 48$ h 内。此期病理变化的主要特点是组织撕裂或断裂后，出现血肿和水肿，发生反应性炎症。临床上表现为损伤局部的红、肿、热、痛和功能障碍。因此，该期的处理原则是制动、止血、镇痛、防肿及减轻炎症。处理方法可根据具体情况选用一种或数种并用。冷敷、加压包扎并抬高伤肢，这种方法应在伤后立刻使用，有制动、止血、止痛及防止或减轻肿胀的作用。冷敷一般使用冰袋，而后用适当厚度的棉花或海绵置于伤部，立即用绷带稍加压力进行包扎。24 h 后拆除包扎固定，根据伤情再作进一步处理。

外服新伤药：使用此法常可达到消肿、止痛和减轻炎症的效果。此外，若伤后疼痛较剧烈，可服用止痛剂。如局部红肿显著，可同时服用清热、止痛、活血、化瘀的中药。

2. 中期

指受伤 $24 \sim 48$h 以后。此期病理变化和修复过程的主要特点是肉芽组织已经形成，凝块正在被吸收，坏死组织逐渐被清除，组织正在修复。临床上，急性炎症已逐渐消退，但仍有瘀血和肿胀。因此，该期的处理原则主要是改善局部的血液和淋巴循环，促进组织的新陈代谢，加速瘀血和渗出液的吸收及坏死组织的清除，促进再生修复，防止粘连形成。治疗方法有按摩、针灸、外贴活血膏或外敷活血、化瘀、生新的中草药等，可选用几种方法进行综合治疗。热疗和按摩在中期的治疗中极为重要，但是，按摩手法应从轻到重，从损伤周围到损伤局部，损伤局部的前几次按摩必须较轻。

3. 晚期

指损伤组织已基本修复，但可能有瘀痕和粘连形成。临床上，肿胀和压痛已经消失，但功能尚未完全恢复，锻炼时仍感到微痛、酸胀和无力，个别严重者出现伤部僵硬或运动功能受限等。因此，该期的处理原则是恢复和增强肌肉、关节的功能。若有瘀痕和粘连，应设法软化或分离，以促进功能的恢复。治疗方法以按摩、理疗和功能锻炼为主，配合支持带固定及中草药的熏洗等。

第四节　常见运动损伤的处理原则

一、肌肉拉伤

肌肉拉伤是肌肉、肌腱或其周围软组织受到过度牵引而引起的损伤。常见于缝匠肌、腓肠肌、股四头肌、髋关节屈肌、髋关节内收肌、背肌、三角肌和肩袖肌群等。

（一）原因

牵拉力量过大，如准备活动不充分、用力过猛；协调性差，导致主动肌和对抗肌的同时用力。

（二）症状与体征

1. 一级（轻度）

局部疼痛，力量有轻微下降，局部轻微肿胀、瘀血和压痛。

2. 二级（中级）

除有上述症状外，程度上严重一些，肌肉力量明显下降。

3. 三级（重度）

肌肉功能丧失，在肌肉上能触摸到凹陷。

（三）处理原则

轻中度肌肉拉伤可按照闭合性软组织损伤处理，怀疑有肌肉、肌腱完全断裂者，应在局部加压包扎。固定患肢，立即送医院，必要时还要接受手术治疗。

预防方面：锻炼者应当注意加强对抗肌群的力量和柔韧训练，使屈肌和伸肌的力量及伸展性达到相对平衡，这是防止肌肉拉伤的有效措施。同时还要做好充分的准备活动，合理安排运动量，纠正动作和技术上的缺点。[①]

二、肩袖损伤

肩袖损伤指肩袖肌腱或合并肩峰下滑囊的损伤性炎症病变。

（一）病因

主要是由于肩关节的反复旋转或超常范围的活动，引起肩袖肌腱和肩缝下滑囊受到肱骨头与肩峰或喙肩韧带的不断挤压、摩擦和牵扯所致。

（二）症状及诊断

主要症状：疼痛，多在肩关节的外侧，有很多患者夜间加重，肩关节活动受限，局部

---

① 张家春，毛逸铭. 运动健身风险管理学［M］. 上海：上海交通大学出版社，2019：99

有微肿。患肢上举做反弓投掷姿势时出现肩痛，上臂抗阻外展痛以及内旋转痛。

（三）处理原则

急性期活血化瘀止痛，慢性期舒经通络。

三、中暑的急救处理与预防

由于热环境而引起的疾病称为中暑，俗称热病。

（一）现场急救

首先将病人搬到阴凉通风的地方平卧（头部不要垫高），解开衣领，同时用浸湿的冷毛巾敷在头部，并快速扇风。轻者一般经过上述处理会逐渐好转，再服一些人丹或十滴水。重者，除上述降温方法外，还可用冰块或冰棒敷其头部、腋下和大腿腹股沟处，同时用井水或凉水反复擦身、扇风进行降温，严重者应立即送医院救治。

（二）一般处理

对一般中暑病人应改善环境，给予含盐饮料以及口服人丹、十滴水、藿香正气丸。对重症中暑病人应采取以下措施：

（1）物理降温：可在头部、腋下、腹股沟等处安放冰袋，并用 50％酒精擦浴。

（2）药物降温：氯丙嗪、非那根各 25 mg，加生理盐水 500 mL，静脉滴注。1～2h滴完，3h 后可重复使用。如效果不好，可加用 10 mL 地塞米松。

（3）补充水分和电解质：每日摄入水量需达 3000 mL。

（4）有循环衰竭时，应早期加用毛地黄药物。

（5）有脑水肿时，及时应用脱水剂。重要的是加强宣传，大力提倡以预防为主的方针，避免发生中暑。

（三）中暑的预防

1．预防中暑的 4 个指数

（1）气温指数。研究表明，盛夏的气温每升高 1℃，都可能对体弱者或老年人产生不良影响，因而气温的高低本身就有警示作用。比如 33℃时，人就会有热的感觉，这是防暑降温的起始温度。35℃时，人体赖以散热的辐射、对流、传导形式逐渐减弱或停止，蒸发（出汗）便是最重要乃至唯一的散热方式。因此，此时应及时补足水分及钾、钠、镁等电解质。37℃，一级警报！此温度下人可能因大量出汗而出现脱水或电解质紊乱。38～39℃，二至三级警报！一些人，特别是体质较弱者的心会不堪重负，可能出现意外，这时应该进行物理降温和药物防护。医学专家认为，当气温升高到 38℃，或虽然气温是 35℃，但湿度过大时，便是可能发生中暑及心脑血管意外的天气。在这种天气状况下，人的皮肤血流量会增加 3 倍以上，心输出量增加 50％～70％，因而可能使心衰的发生率增加 1 倍，使心脏病的死亡率增加 1.5 倍。

（2）中暑指数。电台或电视台在进行气象预报时，同时报告中暑指数。中暑指数分 5级，到了第 4 或第 5 级，即"易中暑"或"极易中暑"时，人们就该采取相应措施以防中暑了。

（3）疾病风险指数。电台或电视台在进行气象预报时，常报告疾病风险指数。疾病风险也分为 5 级：少、偏少、一般、偏多、多。疾病包括呼吸道感染、哮喘、脑溢血、脑梗死、高血压、冠心病、心肌梗死等常见病。当听到这些疾病的风险指数是"偏多"或

"多"时，应倍加防范。

（4）室内调节最佳温度。室内温度调节是抵御酷暑高温的重要措施。日本医学专家研究发现，最适宜的室内空调温度是可穿西装、打领带仍很舒适，平均温度为24.4℃；上着短袖衬衣，下着薄面料裙、裤的女子，适宜温度为27.8℃，男女平均有2～3℃的差别。总的来说，最适宜的空调温度为27～28℃，不应低于24℃。此外，室内温度还应随室外温度的变化进行调整，以室内外温差小于5℃为宜。

2．预防中暑的方法

（1）训练与适应。适当的耐热训练和渐进性的运动量可提高热耐受能力。一是进行有意识的体育锻炼，如初夏时节每天早晚进行散步、跑步等项目约1h，使人体出汗；二是初夏时不急于开空调，炎热时启用空调温度应保持在26℃，不宜太冷。

（2）补充水分。运动时应该有规律、有计划地补充水分。例如，在运动开始之前2～3h就饮用500～600mL，运动前10～20min时饮用200～300 mL，剧烈运动时每15～20min补充150～300 mL，剧烈运动后更应依体重下降程度补充水分。

（3）补充电解质。在水中加入少量食盐或含氯、钾、钠成分的食物，如柳橙、番茄、香蕉与乳制品，350 mL的柳橙或番茄汁的电解质含量相当于30000 mL汗水的电解质含量。盐水调制法：1000 mL水放入1/2茶匙食盐与水调和，每次喝半杯，一天喝3～4次。

（4）冰袋冷敷降温。可到医院购买医用冰袋或自制冰袋。自制冰袋的方法是：准备一些湿的绒布把冰块包裹起来，再用一个干净塑料袋套上放入冰箱，冷冻后即可在盛夏外出活动或坐车时用冰袋擦擦脸或胳膊，起到防暑降温的效果。

（5）温水洗浴。夏天酷热解：暑时千万不要用冷水洗浴，皮肤遇冷水会收缩表皮血管而影响散热，浴后会感觉更热。可用藿香正气水、风油精等药品擦拭，蒸发吸热。

（6）喝西瓜皮粥。夏季上火食欲不振，喝西瓜皮粥可以降热解暑，提高免疫力。具体做法：西瓜皮削去外表硬皮，切成粒，与粳米同煮。先用旺火煮沸，再转用小火煮成粥状，放入白糖即可。

（7）穿着适当衣物。穿浅色、通透性好、重量轻的衣物。

第八章 体重控制

体重控制是健康生活方式的重要内容，同时也是健身指导中最常见的问题。本章介绍了体重控制的原理与方法。健身教练应重点了解肥胖和过瘦的原因，掌握科学、有效的减肥和增肌增重方法。

第一节 体重与身体成分

一、体重

（一）体重及标准体重的概念

体重是人体各部分（骨骼、骨骼肌、关节、韧带、脂肪组织等）的总重量，即以重量为单位的人体各组织成分的总和。体重是反映人体充实程度的整体指标，可以间接地反映人体的营养状况。体重过轻可作为营养不良或患有疾病的重要特征；体重过重则表现为不同程度的肥胖。

标准体重是以身高为基准的体重，最早于1978年由世界卫生组织推荐，常用来作为评价肥胖的标准。

我国成年人标准体重参考计算方法如表8-1所示。

表8-1 我国成人标准体重参考计算方法

身高（cm）	年龄	性别	标准体重（kg）
＜165	18岁以上	女	身高（cm）－110
＜165	18岁以上	男	身高（cm）－105
＞165	小于30岁	女	身高（cm）－102.5
＞165	小于31岁	男	身高（cm）－100
＞165	30～50岁	女	身高（cm）－107.5
＞165	30～50岁	男	身高（cm）－105

（二）体重指数及其划分

体重指数（body mass index，BMI）的计算公式是体重（kg）除以身高（m）的平方，可用来评价人的体重是否正常。1999年世界卫生组织制定了肥胖的诊断标准，将BMI大于25（kg/m^2）定为超重，大于30（kg/m^2）定为肥胖，然而，此标准是基于欧洲人群的标准，不太适用于亚太地区。亚洲人较低的BMI下便出现代谢性疾病，而且脂肪更易堆积在腹部。世界卫生组织亚太区办事处、国际肥胖研究协会以及国际肥胖专家组于2002年2月联合发布了《亚太地区肥胖的重新定义和处理》，将BMI＞23（kg/m^2）和25（kg/m^2）分别定为超重和肥胖。有学者认为此标准适用于成年人，而不适用于儿童。国内有学者提出用BMI男生＞18和女生＞17.5来判定6～12岁儿童少年是否肥胖。

二、身体成分

（一）身体成分的概念

身体成分是指组成人体的各组织、器官的总成分。根据各个成分的生理功效，常把体重分为体脂重（脂肪重）和去脂重（瘦体重）。身体成分常以体脂百分数来表示。

$$体脂百分比＝体脂重/体重×100\%$$

（二）身体成分估算方法及其划分

身体各组成成分的数量及其分布，不但影响体质的强弱，脂肪数量的增加和分布还会对人体的健康产生不利的影响。因此，身体成分被认为是与健康相关的体质评定指标，用它可以监测营养状况和体液平衡状况，评价生长发育等，在临床和基础研究中具有重要价值，越来越受到人们的重视。身体成分评估在减肥、健身和运动员控制体重等方面也都有十分重要的意义。目前测量评估身体成分的方法有：人体测量法（如皮褶厚度法、围度法、核磁共振法、CT 法、双光能分析法、近红外线测试法）、身体密度法（水下称重法、空气置换法）、生物电阻抗分析法、生化方法等。下面对于健身场馆常用的测量方法做简单介绍。

1．皮褶厚度法

人体脂肪分布有一定的规律，通常 2/3 存在于皮下，1/3 存在于身体内部脏器周围，皮下脂肪厚度与体脂总量有着一定的比例关系，因此，皮褶厚度的测量不仅可以反映体脂分布情况，也可以从不同部位的皮褶推算出体脂总量。然而皮褶厚度反映体脂总量的程度会受到年龄、性别、总脂肪量及测量部位和技术的影响。一般情况下，同龄的女性皮下脂肪要多于男性。皮褶厚度法是一种简单易行的测量方法，但测量人员要经过专业的培训，否则会出现较大的测量误差。测量时取身体的右侧部位，躯干有肩胛骨、胸部、腹部和髂前上棘等部位；四肢有肱三头肌和大腿等部位。女性常测量的部位有肱三头肌、髂前上棘和大腿部位的皮褶厚度；男性常测量胸部、腹部和大腿部位的皮褶厚度。

2．生物电阻抗分析法

这种方法的基本原理是利用非脂肪组织比脂肪组织有更高的电荷容量，更易于导电，电流传导速度快，表示身体所含脂肪少，因此用测量电流通过身体脂肪和非脂肪组织时的差别来估算身体成分，测量时在腕部和踝部放置体表电极，使用无痛电流，测定身体对电流的阻抗，从而间接估算出体脂重、去脂体重以及身体含水量。该法方便快捷，易被接受，但生物电阻抗法测得的体脂含量准确性仍需深入研究，目前改进方法集中在对回归方程的修订上，现已有适用于中国人的身体成分估算公式，而且开始使用分段阻抗测量技术，即上肢、下肢和躯干分别测量。从理论上讲，分段阻抗测量要优于全身阻抗测量法，尤其对于身体成分分布不均匀的人群（胖、瘦、高、矮等）更是如此。

3．体脂的划分标准

体脂的划分标准如表 8－2 所示。

表 8－2　体脂的划分标准

体脂分类	体脂含量（%）	
	男	女
极限体脂	3～5	11～14
标准	12～18	16～25
肥胖	19～24	26～31
痴肥	＞25	＞32

注：此标准适合成年人。

（三）体重、身体成分控制的意义

人体健康需要合理的体重和身体成分比例，体重过轻或过重以及身体成分比例失调都会对人体健康造成危害。体脂量过多，会造成肥胖，不仅给生活、工作带来不便，而且严重影响健康。大量流行病学研究表明：成年肥胖，尤其是腹部脂肪积累过多的肥胖与胰岛素抵抗、高血脂、高血压、心血管疾病、脑出血意外、糖尿病、脂肪肝以及某些肿瘤有重要的发病学关系。儿童肥胖方面也面临许多问题，如影响神经网络的发育、智力水平降低、反应迟钝；生长素分泌水平降低，影响正常生长发育；心肺功能降低、肢体行动困难等。由于肥胖能增加相关疾病的发病率和死亡率，缩短人类寿命，所以肥胖已成为当前面临的重要的公共健康问题。体脂过少也会危害人体健康，如长期节食、营养不良、厌食症及其他疾病造成体脂过少时，人体会出现代谢紊乱、身体功能失调，严重者可导致死亡。

第二节　能量平衡与体重控制

一、能量

能量是人体生存和从事一切活动的基础。机体的一切生命活动，如细胞的生长繁殖、组织更新、营养物质的运输、代谢废物的排泄、心脏跳动、神经传导等，都需要能量。人体的热能来源于食物，食物在体内经酶的作用进行生物氧化释放出能量。

（一）能量单位

营养学上所用的能量单位常以"千卡"（kcal）表示，相当于 1000g 水升高 1℃（由 15℃升高到 16℃）所需要的能量。在物理学上，能量的法定计量单位是焦耳（J），也可以用"千焦耳"（kJ）"兆焦耳"（MJ）作为能量计量单位。它们的换算公式是：1 千焦耳（kJ）＝0.239kcal，1 兆焦耳（MJ）＝239kcal，1kcal＝4.184kJ，1000kcal＝4.184MJ。

（二）能量物质

营养素中的碳水化合物、脂肪和蛋白质，在体内氧化分解产热，是人体的能量来源，故称为能量物质。它们在体内的氧化过程和体外的燃烧有类似之处，但由于在体内的最终产物不同，所以释放的能量与体外有所不同。糖和脂肪在体内与体外的最终产物都是二氧化碳和水，而蛋白质在体内不能完全氧化成二氧化碳和水，尚余含氮有机物（尿素、肌杆等）排出体外，这部分物质还可产热，所以蛋白质产热比体外少。此外，3 种能源物质的消化率不同，也影响它们在体内的产热量。每克碳水化合物、脂肪、蛋白质在体内氧化的生理有效热量分别为 4.0kcal、9.0kcal 和 4.0kcal。

二、能量平衡

所谓能量平衡即机体消耗和摄入的能量趋于相等。能量平衡也是评价营养状况的重要指标。当能量的摄入量与消耗量相等时，人体的体重保持恒定；能量摄入量大于消耗量时，体重就会增加；能量摄入量小于消耗量时，体重则会减轻。后两种情况往往有损于身体健康。少年儿童因处于生长发育期，能量的摄入应大于消耗，才能保其正常的生长发育。

（一）能量的消耗

人体的能量消耗包括以下几个主要部分：基础代谢（basal metabolism）的消耗、运动的生热效应（the thermic effect of exercise，TEE）、食物的生热效应（the thermic effect of food，TEF）和机体生长发育所需的能量。成年人的能量消耗为前 3 项，第 4 项适用于儿童、少年和孕妇，也包括长期患病引起机体大量消耗后处于康复期的人群。

1. 基础代谢及其影响因素

（1）基础代谢。基础代谢是维持人体基本生命活动的能量。即在无任何体力和紧张思维活动、全身肌肉松弛、消化处于静止状态的情况下，用以维持体温和人体必要的生理功能（呼吸、循环、排泄、腺体分泌、神经活动和肌肉紧张度等）所需的能量。基础代谢的测定应在清晨、空腹、静卧及清醒状态下进行，而且室温要保持在18～25℃之间。研究结果表明，人体基础代谢的高低虽与体重有关，但并不成比例关系，而是与体表面积成正比。所以，单位时间内人体每平方米体表面积所消耗的基础代谢量被称为基础代谢率（basal metabolism rate，BMR）。

1985年，世界卫生组织提出以安静代谢率（resting metabolism rate，RMR）代替基础代谢率。安静代谢率是测定维持人体正常功能和体内稳态，再加上交感神经系统活动所需消耗的能量。测量安静代谢率时，要求受试者仰卧或静坐于安静舒适的环境中，全身处于休息状态，距离上次就餐或剧烈活动至少数小时。这种状态比较接近于人的休息状态。RMR稍高于BMR，但两者差别很小。目前，采用RMR更为普遍。

（2）基础代谢率的估算。由于测量之前准备工作多、具体操作烦琐，RMR往往需通过一些公式来推算。RMR与身体体积成正比例关系，随年龄的增加而减小。Harris－Benedict公式是一种较为简单常用的估算基础代谢率的公式：

男子：

RMB＝88.362＋（4.799×身高）＋（13.397×体重）－（5.677×年龄）

女子：

RMB＝447.593＋（3.098×身高）＋（9.247×体重）－（4.33×年龄）

RMR单位：kcal·day^{-1}，身高单位：cm，体重单位：kg，年龄单位：岁。

如果已经测到个体的瘦体重，那么就可以用下述公式推算RMR。因为肌肉的新陈代谢率在男女之间并无差异，因此用该公式可不考虑性别。

RMR（kcal·day^{-1}）＝370＋21.6×瘦体重（kg）

（3）影响因素。基础代谢受体表面积与体型、年龄和性别、内分泌以及气温等因素的影响。

①体表面积与体型。基础代谢随着体表面积的增大而增大。体表面积大者，向外环境中散热较快，基础代谢亦较强。同体重瘦高的人较矮胖的人体面积相对较大，其基础代谢亦较高。

②年龄和性别。婴幼儿生长发育快，基础代谢旺盛，随着年龄的增长，基础代谢逐渐下降。成年后基础代谢率每隔10年约降低2%。一般成年人比儿童基础代谢率低，老年人又低于成人。女性的RMR比男性低5%～10%，即使相同的身高体重也是如此。

③内分泌。许多腺体分泌的激素都可对细胞代谢起调节作用。

④气温。炎热地带的居民基础代谢较低，一般热带居民基础代谢率约比温带同类居民低10%；严寒地区居民基础代谢率约比温带地区同类居民高10%。

2. 运动的生热效应

TEE代表从事体力活动所需要的能量消耗。其在人体总能量消耗中占主要部分，在所有引起能量消耗的组成部分中，TEE的变异较大，即最容易发生改变。TEE与体力活动的强度、持续时间以及工作的熟悉程度有关。体力活动的强度越大，持续时间越长，工作越不熟练，能量消耗就越多。

3. 食物的生热效应

TEF 是指进餐后数小时内发生的超过 RMR 的能量消耗。TEF 是人体由于摄食引起的一种额外的能量消耗，是食物消化、转运、代谢和储存过程中能量消耗的结果。不同食物的 TEF 各有差异，糖类的 TEF 相当于糖类本身所产生热能的 5%～6%，脂肪的 TEF 为 4%～5%，蛋白质的 TEF 为 30%。膳食的 TEF 与膳食结构有关，一般的混合膳食约为 10%，高糖膳食约为 8%，高蛋白质膳食约为 15%。TEF 在进食后 2h 左右达到高峰，3～4h 后恢复正常。

4. 生长发育的能量消耗

处在生长发育阶段的儿童和少年一天的能量消耗还应包括生长发育所需要的能量。新生儿按每千克体重计算时，比成人相对多消耗 2～3 倍的能量。3～6 个月的婴儿，摄入的能量中有 15%～23% 被机体用于生长发育的需要而被留在体内。研究表明，每增加 1g 新组织约需要 20kJ（4.78kcal）的能量。孕妇特别是在怀孕后期也要考虑这部分的能量消耗。

5. 影响能量消耗的其他因素

精神紧张及应激状态可使人的能量消耗增加，在较高应激状态时，基础代谢可提高 25%。寒冷可使能量消耗增加 2%～5%，高温条件下（30～40℃）能量消耗也增加，从 30℃ 到 40℃，每升高 1℃ 约增加 0.5% 的能量消耗。但在热带已适应者，其基础代谢比寒带人低。机体发热时，代谢升高。体温到 39℃ 时，基础代谢可增加 28%。

6. 能量消耗的估算

在基础代谢率算出后，用以下标准估算每日活动所需热量。计算所得的值为维持当前体重所需能量的粗略估计值。

（1）低强度。对一个只需要很少的身体活动（大多数时间坐着工作）进行工作或休闲（例如不进行有规律的体育活动）的人，按 RMR×1.4 计算。

（2）中低强度。对工作时更多的时间是走或站立以及从事有规律（至少每周 3 天）的中低强度的体育活动的人，按 RMR×1.6 计算。

（3）中高强度。对于需要高强度体力活动的工作（如搬运工等），或从事有规律（至少每周 4 天）的中高强度的体育活动的人，按 RMR×1.8 计算。

例如，计算一位 50 岁的男性办公室工作人员的每日能量消耗。其身高为 182.9cm，体重为 97.7kg，每周 3 次快速地步行 3000m，其他时间基本不活动。

RMB＝88.362＋（4.799×182.9）＋（13.397×97.7）－（5.677×50）＝1991kcal

由于他进行有规律的中等强度运动，故每日能量消耗＝RMR×1.6＝3186kcal

（二）能量的摄入

人体能量来源是食物中的糖类、脂肪和蛋白质，这 3 种产热营养素在人体的代谢中既各有特殊生理功能，又互相影响。糖类与脂肪间可互相转化，二者对于蛋白的消耗也有替代作用。在选择食物时，应考虑到各营养素之间的平衡，根据我国居民的习惯，一般成年人膳食中糖类、蛋白质和脂肪供能各占总能量的 60%～70%、10%～15% 和 20%～25%。人体能量的需要量因受身体活动强度、年龄、性别、生理特点等因素影响而有所不同，一般成人能量摄入量和消耗量保持平衡，就能维持各种正常的生理活动和身体健康。

（三）能量不平衡的危害

在一定时期内机体的能量收支不平衡，首先反映在体重的变化上，然后可发展到降低身体机能，影响健康，引起疾病，缩短寿命。因此能量平衡有很重要的意义。

1. 热量过多的危害

摄入热量过多，其多余部分在体内转变为脂肪，脂肪过多形成肥胖。肥胖对健康不利，因为身体肥胖，不但有大量脂肪积聚在皮下，而且还有许多脂肪沉积在一些内脏上，如果大量脂肪沉积在肝脏上，使之变成脂肪肝，肝脏的许多重要生理功能就会受到影响；腹腔、肠系膜大网膜和胸腔上堆积脂肪，可使膈肌活动受限，胸腔容积变小，也会妨碍呼吸和气体交换；如果心包上的脂肪增多，也能压迫心脏，影响血液回流，使人容易产生疲劳，不能承受较重的体力活动，并常感到头痛、头晕、心悸、腹胀等；肥胖还往往引起体内脂类代谢紊乱，造成血脂过高，易发生动脉粥样硬化，所以，许多疾病都与肥胖有关。研究报道，肥胖者得冠心病的概率比体瘦者多 5 倍，高血压比正常人多 2～3 倍。肥胖还易并发糖尿病、胆结石、胰腺炎和痛风症等。

2. 热量过少的危害

当热量摄入不足时，体内贮存的脂肪和糖原，甚至体内的蛋白质也被动用来分担供能，使体重减轻，瘦体重也减轻，导致肌力减弱，工作效率下降。长期能量摄入不足，影响蛋白质的吸收和利用，会加重体内蛋白质的缺乏，引起蛋白质营养不良症。其临床表现为基础代谢降低、消瘦、贫血、精神萎靡、皮肤干燥、肌肉软弱、体温降低、抵抗力下降、健康水平下降并易患感染性疾病等。

造成饮食不平衡的原因有两个：饮食和运动。就个体而言，可能是摄入热量过多或不足，也可能是缺乏运动或运动过度。此外，某些疾病也可使热量代谢失去平衡。为了避免热量摄入过多或过少对人体造成的危害，要注意保持热量的收支平衡，积极参加体育锻炼。

三、体重控制

（一）保持体重不变的原则

基本原则是"热量平衡"。在实践中应按照"量入为出"和"量出为入"的原则来安排饮食量（能量摄入量）和体力活动量（能量消耗）。

（二）减体重

减体重计划应符合能量消耗大于能量摄入的原则。采用的方法有：控制饮食（减少能量的摄入）、增加运动（增加能量消耗）、控制饮食和运动相结合。

饮食方面应注意平衡膳食，减少能量摄入，选择热量低、营养素含量全面的食品。严格限制高热量、高脂肪、高糖类食品的摄入。控制零食的摄入，特别是控制睡觉前以及非饥饿状态进食。注意合理安排进食时间。

运动方面应注意运动量循序渐进，以消耗大量能量的运动为主，但要避免过度疲劳。

（三）增体重

增加体重，应从运动、饮食和睡眠等方面采取相应措施，不仅增加摄食量，也要增加运动量，要使机体热量摄入量大于机体消耗的热量，使人体蛋白质代谢为正氮平衡。

系统的肌肉力量练习能够促进骨骼肌蛋白的合成，使肌肉重量增多，体积增大。

配合运动训练，应及时调整饮食，每天进食 4～5 餐，食物选择以易消化吸收、高蛋白、相对高热量为原则，用循序渐进的方式逐步增加各种营养物质的摄入量，饮食量应使机体处于热量正平衡。应控制油脂类食品的摄取，减少患冠心病等疾病的风险，补充适量的维生素和矿物质，保证充足的睡眠。

第三节　减肥

一、肥胖的原因

这里主要讨论单纯性肥胖的原因。虽然，肥胖基本上是由于体内能量代谢不平衡，能量的摄入超过能量的消耗以致体内脂肪蓄积过多造成的，但与遗传（即个人生理代谢特点）、生活方式（活动量、饮食结构）、环境、心理、文化等多因素相关。即肥胖是一种多因素引起的复杂疾病，不应只用单因素来解释。

（一）遗传因素

研究表明，单纯性肥胖具有遗传倾向，肥胖者的基因可能存在多种变化或缺陷。基因筛选的研究发现，肥胖相关基因位于 2、10、11、20 号染色体上，由一个相对庞大的基因组控制，但尚未能够在患者中发现共有的"肥胖基因"。

在对双胞胎、领养子女家庭和家系的调查中发现，肥胖具有一定的家族聚集性。如双亲均肥胖者，子女中有 70％～80％的人表现为肥胖。双亲之一（特别是母亲）为肥胖者，子女中有 40％的人较胖。双亲都瘦的，其子女中仅 10％的人为肥胖。人群的种族、性别和年龄差异对致肥胖因子的易感性不同。研究表明，遗传因素对肥胖形成的作用约占 20％～40％。遗传因素可以表现在很多方面，如有的是体内缺乏分解脂肪的酶，使脂肪合成占优势；有的人小肠较长，使食物消化吸收充分，摄入较多热能，这些人虽食量不大，但易发胖；遗传还影响人的性格，如是否爱运动，易激动；代谢特点（如基础代谢率的高低）等，都会影响能量消耗。

但遗传变异进程是非常缓慢的，而 20 世纪后期，肥胖发生率的全球性快速增长提示：肥胖可能不是遗传基因发生显著变化引起的，而主要是人类生活方式、生活环境转变造成的。

（二）生活方式

1. 体力活动减少

随着现代交通工具的日渐完善，职业性体力劳动和家务劳动量减轻，人们处于静态生活的时间增加。大多数肥胖者不爱劳动；坐着看电视或玩手机是许多人在业余时间的主要休闲消遣方式，成为发生肥胖的主要原因之一。另外，某些人因肢体伤残或患某些疾病而使体力活动减少；某些运动员在停止经常性锻炼后未能及时相应地减少其能量摄入，都可能导致多余的能量以脂肪的形式储存起来。经常进行体力活动或运动，不仅可增加能量消耗，而且可使身体的代谢率增加，有利于维持机体的能量平衡，还可以增强心血管、呼吸系统的功能。因为高强度剧烈运动不易坚持较长时间，而且在短时间的高强度运动中，主要以消耗体内糖类（肌糖原、肝精原等）提供的能量为主，而不是首先消耗脂肪。在进行中、低等强度体力活动时，人体更多动员体内脂肪分解以提供能量。由于中、低强度的体力活动可坚持的时间长、被氧化的脂肪总量比高强度剧烈运动多。因此，应强调多进行有氧的中、低强度体力活动，如走路、慢跑、蹬自行车、打羽毛球等。另外，经常参加锻炼者比不经常锻炼者的静息代谢率高；在进行同等能量消耗的运动时，前者能更多地动员和利用体内储存的脂肪，更有利于预防超重和肥胖。

俗话说："病从口入"，病源于生活方式。肥胖也是如此。因此，若要控制肥胖，应从改变生活方式入手。

2. 进食过量

从流行病学调查中发现，经济发达国家和地区的肥胖患病率远远高于不发达国家和地区。其原因之一是发达国家和地区食物供应丰富，人们消费高蛋白质、高脂肪食物的量大增，能量总摄入很容易超过总消耗。目前人们越来越多地摄入富含高能量的动物性脂肪和蛋白质，摄入的谷物类食物减少，对富含膳食纤维和微量营养素的新鲜蔬菜和水果的摄入量也偏低。与我国传统的膳食模式相比，目前的膳食模式（含较多的非营养素密集性食物），更容易引起肥胖。不良饮食习惯也会造成肥胖：如不吃早餐常导致午餐、晚餐甚至一日总摄入量增加；三餐食物能量分配及间隔时间不合理，晚上吃得过多而运动较少；摄入过多的快餐食品。快餐食品往往富含脂肪和能量且营养素构成单调，经常食用不仅易致肥胖，并有引起某些营养素缺乏的可能。肥胖者的进食速度一般较快，使大脑来不及处理传入摄食中枢的信号而不能做出相应调节，饱足感未出现就已摄入过量食物。此外，经常性的暴饮暴食、夜间加餐、吃零食等不良进食习惯，也是肥胖的主要原因。

（三）环境因素

经济发展和现代化生活方式对进食模式有很大影响。随着家庭成员减少、收入增加和购买力提高，食品生产、加工、运输及储藏技术有所改善，可选择的食物品种更丰富。家庭收入增加，在外就餐和购买现成的加工、快餐食品的情况增多，其中不少食品的脂肪含量过高。特别是有些人经常参加"宴会"和"聚餐"，常过量进食。有的人遇到不顺心的事常以进食消愁等。

政策、新闻媒体、文化传统以及科教宣传等，对膳食选择和体力活动都会产生很大影响。如电视广告对儿童饮食模式的影响很大，广告主要宣传高脂肪、高能量和高盐的方便食品或快餐食品，会造成对儿童饮食行为的误导。

（四）其他

除上述引起肥胖的原因外，还有如下因素。

1. 年龄

肥胖的发生率随年龄的增长而增长，这与年龄增长代谢率降低有关，也与随年龄增长活动量减少、能量消耗减少以及性腺功能减退有关。

2. 性别

雌激素有促进脂肪合成的作用，故女性较男性脂肪多，特别是产妇和长期服用雌激素避孕药的妇女更易发胖。此外，女性脂肪细胞较男性多，活动量一般较少，也是引起肥胖的原因。

3. 精神、心理因素

人的精神和心理情绪对食欲与消化吸收机能都有影响。如情绪好，食欲旺盛，消化吸收就好，也容易使人摄入过多热量而致肥胖，正所谓"心宽体胖"。

二、肥胖的危害

肥胖不仅使人行动不便，影响美观，而且可引起人体生理、生化及病理等一系列变化，使人工作能力降低，容易发生多种慢性疾病，甚至影响人的寿命。

（一）肥胖与死亡率

美国癌症协会的资料显示：BMI与死亡率之间关系密切。BMI在22～25之间，男女的死亡率最低；低于22或高于25，其死亡率都增加；BMI为30时，死亡率明显增加；接近40时，死亡率上升得更显著；而低于20时，死亡率也增加。有调查表明，没有一个百岁以上的老人是肥胖者，而且几乎所有的研究都发现，中心性肥胖比全身性肥胖具有更高的疾病和死亡危险，即脂肪分布是比肥胖本身对死亡率和相关疾病罹患率更重要的危险因素。

（二）肥胖与相关疾病

肥胖与许多慢性疾病有关，控制好体重是减少慢性疾病发病率和病死率的一个关键因素。

1. 2型糖尿病

肥胖和腹部脂肪蓄积是发生2型糖尿病的重要危险因素。对我国24万人的数据分析显示：BMI＞24者，2型糖尿病患病率是BMI为24者的2倍；BMI≥28者是BMI为24者的3倍。男性和女性腰围分别为≥85cm和≥80cm时，2型糖尿病患病率分别为腰围正常者的2～2.5倍。中心性肥胖比全身性肥胖患糖尿病的危险性更大，肥胖持续时间越长，发生2型糖尿病的危险性越大；儿童、青少年开始患肥胖、18岁后体重持续增加和腹部脂肪堆积者，发生2型糖尿病的危险更大。代谢综合征与胰岛素抵抗密切相关，肥胖、腰围超标和缺少体力活动是促进胰岛素抵抗进展的重要因素。

2. 高血压

对我国24万人的数据分析显示，BMI＞24者，高血压患病率是BMI为24者的2.5倍；BMI≥28者，高血压患病率是BMI为24者的3.3倍。男性腰围≥85cm，女性腰围≥80cm，其高血压患病率是腰围正常者的2.3倍。而且，随着BMI的增加，收缩压和舒张压也随之升高。肥胖持续时间越长（尤其是女性），发生高血压的危险性越大。高血压经减重治疗后，血压也随体重的下降而降低。肥胖引发高血压的机制可能与胰岛素抵抗、代谢综合征有关。

3. 冠心病和其他动脉粥样硬化性疾病

研究表明，肥胖是促进动脉粥样硬化的重要因素之一：BMI增高是冠心病发病率的独立危险因素，冠心病（如急性心肌梗塞、冠心病猝死和其他冠心病死亡）发病率随BMI的上升而增高。高血压、糖尿病和血脂异常都是冠心病和其他动脉粥样硬化性疾病的重要危险因素，而肥胖导致这些危险因素聚集，大大促进了动脉粥样硬化的形成。BMI＞24和BMI≥28的个体，有2个及以上危险因素聚集者的动脉粥样硬化的患病率分别是BMI为24者的2.2倍和2.8倍。腰围超标的危险因素聚集者是腰围正常者的2.1倍。

4. 血脂异常

有资料显示：BMI≥24者，血脂异常（甘油三酯≥200mg/100mL）检出率是BMI为

24 者的 2.5 倍；BMI≥28 者的检出率是 BMI 为 24 者的 3 倍；腰围超标者，高甘油三酯血症的检出率为腰围正常者的 2.5 倍。BMI>24 者和 BMI≥28 者的高密度脂蛋白胆固醇降低（<35mg/100mL）的检出率分别为 BMI 在 24 以下者的 1.8 倍和 2.1 倍。腰围超标者，高密度脂蛋白胆固醇降低的检出率为腰围正常者的 1.8 倍。

5. 脑卒中

我国脑卒中的发病率较高。研究表明：肥胖者缺血型脑卒中发病的相对危险度为 2.2，脑动脉粥样硬化是其病理基础。它的发病危险因素与冠心病很相似，肥胖导致的危险因素聚集是导致缺血型脑卒中罹患率增高的原因之一。

6. 阻塞性睡眠呼吸暂停综合征

肥胖引起的睡眠呼吸暂停，是由于颈、胸、腹和横膈部位的脂肪堆积过多，胸壁运动受阻，使卧位时上呼吸道变窄、气流不畅而造成的呼吸困难。因血液二氧化碳浓度过高、血氧过低可抑制呼吸中枢，引起暂时窒息。如伴有严重呼吸道疾病，则容易产生肺动脉高压、心脏扩大和心力衰竭等。

7. 某些癌症

与内分泌有关的癌症，如女性绝经后的乳腺癌、子宫内膜癌、卵巢癌、宫颈癌；男性的前列腺癌及某些消化系统癌症（如结肠直肠癌、胆囊癌、胰腺癌和肝癌）的发病率与肥胖存在正相关。究竟是促进体重增长的膳食成分（如脂肪），还是肥胖本身与癌症的关系更密切，还有待进一步研究。

8. 胆结石和脂肪肝

肥胖者胆结石的患病率是非肥胖者的 4 倍，中心性肥胖者的危险性更大。肥胖者的胆汁中胆固醇过饱和、胆囊活动减少，可能是胆结石的成因。

肥胖是非酒精性脂肪肝的危险因素之一，有报道，BMI≥24 者，脂肪肝高达 41.5%；而非超重者，脂肪肝检出率为 11.3%；肥胖合并血糖耐量异常或糖尿病患者的脂肪肝更严重。另外，重度肥胖者肝纤维化、炎症和肝硬化的发病率也高。

9. 内分泌及代谢紊乱

脂肪细胞不仅储存脂肪，还具有内分泌功能，同时也是许多激素作用的靶器官。肥胖者血浆胰岛素水平明显高于正常，并存在胰岛素抵抗；体力活动能通过减轻体重而提高机体对胰岛素的敏感性。肥胖者血循环中的性激素平衡被打破，如腹部脂肪过多的女性常有排卵异常、雄激素分泌过多的症状，并伴有生殖功能障碍。有些中度肥胖女性易罹患多囊卵巢综合征。

10. 骨关节病和痛风

临床上常观察到肥胖者中膝关节疼痛和负重关节的骨关节病较多。肥胖者痛风的发生率较高与高尿酸血症直接相关。痛风性关节炎是在关节内由于尿酸盐形成的痛风石引起反复发作的急性炎症。但体重增加与尿酸水平上升的关系还不太清楚，可能与肥胖引起的代谢变化（内源性核酸分解代谢产生嘌呤并合成尿酸较多）和饮食因素（含嘌呤较高的动物性食品）有关。

三、减肥的方法

目前，世界各国减肥的方法很多，如饮食减肥法、运动减肥法等，人们可以根据具体情况合理选用。以下主要介绍饮食、运动和减肥法。

（一）饮食减肥法

饮食减肥法是所有减肥法的基础，其基本内容是：限制膳食热量、调整膳食结构与改变膳食习惯。

1. 限制膳食热量

原理：减少热量摄入，造成机体能量平衡，迫使身体消耗体内脂肪。一般低能量膳食：女性每天摄入 1000～1200kcal，或比原来摄入的能量低 300～500kcal。减重速度以每周不超过 0.5kg 为宜，速度过快不仅影响正常生理机能，有损健康，且减重的质量不好，即所减重量中的非脂肪细胞成分（如蛋白质与水）较多，减肥的效果也不易巩固。低能量膳食期间，为了避免因食物减少引起维生素和矿物质不足，应适量摄入含维生素 A、B2、B6、C 和锌、铁、钙等微量营养素补充剂。可按照推荐每日营养素摄入量设计添加混合营养素补充剂。

总之，每天摄入热量以不少于 1000～2000kal 为宜，避免极低能量膳食（即每天少于 800～900kcal），如有需要，应在医务监督下进行。

2. 调整膳食结构

减肥膳食结构的基本原则是：在低能量膳食基础上，摄入低脂肪、适量优质蛋、含复杂糖类（如谷类）和较高比重新鲜蔬菜、水果的膳食。即在满足人体各种营养素需要并使之平衡的基础上，减少总热量的摄入，让身体中的部分脂肪氧化以供机体能量消耗。

减肥膳食结构中，蛋白质、脂肪、糖类占总热量的百分比分别为 15%～20%、20%～25%、60%～65%。蛋白质的供给量每天不少于 1.5g/kg 体重。减少能量摄入应以减少脂肪为主。血脂异常者应限制摄入富含饱和脂肪酸和胆固醇的食物（如肥肉、内脏、蛋黄）。

摄入适量优质蛋白质，在能量负平衡时非常重要，它可提高机体免疫能力；减少人类组织中的蛋白质被动员作为能量；与谷类等植物蛋白质的氨基酸起互补作用，提高植物蛋白质的营养价值。

不吃或少吃谷类主食的观点和做法是错误的。谷类中的淀粉是复杂的糖类，可防止进餐后血糖骤升，对维持血糖水平有好处。谷类食物还富含膳食纤维，对降低血糖、预防癌症有一定的好处。减少总能量摄入时，也要相应减少谷类主食量，但不减少其在食物总量中的比例。

蔬菜、水果的体积大而能量密度较低，又富含人体必需的维生素和矿物质，以蔬菜和水果替代部分其他食物，能增加饱腹感而不会摄入过多能量。

改变饮食习惯：

进食要有规律，可少食多餐，增加进食次数：一日可进食 4～6 次，但总热量须在限度以内。避免少餐多吃，这可减少餐后胰岛素的分泌和提取合成。此外可使胃容积较小，减少饥饿感。

放慢进餐速度、细嚼慢咽，可减少进食量。进餐速度过快易造成多吃。切忌暴饮暴食或漏餐。

不要进餐后即睡或静坐不动。进餐后如适当活动，可使食物特殊动力作用的热能消耗比平时增加 2 倍。

应少摄入盐，因钠在体内会增加水滞留。

少吃刺激食欲的食物，如辛辣食物。

但是，有研究发现，辣椒素能促进脂肪分解代谢，同时，辣食中的可溶性纤维是一种良好的淀粉阻滞剂，而纤维吸水膨胀，体积增大，使胃有饱满感。

少饮酒，酒精是高热量食物，1g 酒精产生 7kcal 热量。

少吃油炸、油腻食物和过多零食，此类食物往往是高热量的非营养素密集性食物。

尽量采用煮、煨、炖、烤和微波加热的烹饪方法，用少量油炒菜。

减少含糖饮料摄入，养成饮用白开水和茶水的习惯。

饮食减肥需要较长时间，并且要持之以恒，达到理想体重后，需继续注意控制几个月，否则调整好的饮食习惯很难养成，很容易恢复原状，体重就随之回升，前功尽弃。

饮食减肥法是所有减肥法的基础，而只是控制饮食，不结合增加体力活动或不采取其他措施，减肥的程度和持续效果就不易达到让人满意的程度。一般超重或轻度肥胖者，饮食减肥与运动减肥结合使用是最常用、最科学有效的方法；重度中度肥胖者采用此减肥方法时，还需要配合多种其他方法才能奏效。

（二）运动减肥法

运动增加能量消耗，是造成机体热能负平衡的另一种手段。实践证明，目前国际公认最安全可靠、反弹也小的减肥方法是：运动减肥与饮食减肥的有机结合。

除了增加能量消耗，运动还作用于神经内分泌系统，有益于脂肪代谢的调节，促进脂肪分解，减少脂肪合成。在运动时，肾上腺激素分泌增加，脂解激酶释放增加，加强甘油三酯的水解过程。运动还使胰岛素分泌减少，抑制体脂合成，促进体脂分解，能促进血游离脂肪酸、葡萄糖的利用，一方面使脂肪细胞释放大量游离脂肪酸，细胞缩小；另一方面，消耗多余葡萄糖，使之不转为脂肪，减少异生脂肪的聚积。但并不是任何运动的减肥效果都好，符合以下条件成效才大。

1. 有氧运动

提倡动力型的有氧运动，并有大肌肉群参与的中、低强度运动。中等强度相当于运动中心率达 100 ～ 120 次/min；低强度相当于心率为 80 ～ 100 次/min。中等强度运动消耗的能量，男、女每分钟分别为 4.8 ～ 7.0 kcal 和 3.3 ～5.1kcal，低强度消耗能量每分钟分别是 1.9 ～4.6kcal 和 1.4 ～ 3.2 kcal。

2. 经常运动或活动

经常运动或活动，使神经、内分泌系统及酶的活性等生理、生化过程发生系列适应性变化，使骨骼肌氧化脂肪酸和酮体的能力增强，有利于消耗体脂。

"没时间"常成为人们不参加运动的理由，并把增加活动看成是一种"负担"，应该转变观念，把运动或活动作为提高身体素质、保证健康的必要条件。创造更多的活动机会，并把增加活动的意识融于日常生活中；适当改变日常生活习惯，尽量选择较多活动以替代较省力的条件。例如，在城市，鼓励人们在 1km 距离内用步行替代坐车；短途出行骑自行车；提前一站下车而后步行到目的地；步行上下 5 层以内的楼梯以替代乘电梯等。

3. 注意事项

（1）每天安排运动。运动的量和时间应按减肥目标计算，对于需要削减的能量，一般采取增加运动和控制饮食相结合的方法，其中 50% 由运动减肥法解决，其余 50% 采用饮食减肥法。

（2）运动量的安排。应根据减肥者的体能、年龄和兴趣等进行，以某一项运动为主，再配合其他运动。

（3）增加运动量和提高强度应循序渐进。尤其是有心、肺疾病或近亲中有严重心血管病史者。剧烈活动前进行充分的热身和伸展运动，逐渐增加肌肉收缩、放松速度，能改善心肌供氧、增加心脏的适应性；运动后的放松活动，使体温渐渐回落，逐渐降低肌张力，可防止止急、慢性肌肉关节损伤；避免负荷过量，过量负荷会使免疫功能降低。

（4）如出现以下症状，应立即停止运动：①心跳异常，如心率比平时运动时明显加快；②严重气短；③暂时性失明或失语；④运动中感到头晕、恶心，意识紊乱。

第四节 增重

一、过瘦的原因

根据消瘦的原因，通常分为单纯性消瘦和继发性消瘦两类。单纯性消瘦又包括体质性消瘦和外源性消瘦。以下主要探讨的是外源性消瘦。

（一）单纯性消瘦

1. 体质性消瘦

主要为非渐进性消瘦，具有一定的遗传性。

2. 外源性消瘦

通常受饮食、生活习惯和心理等各方面因素的影响。食物摄入量不足、偏食、厌食、漏餐、生活不规律和缺乏锻炼等饮食生活习惯以及工作压力大、精神紧张和过度疲劳等心理因素都是导致外源性消瘦的原因。

（1）饮食失调

在某些情况下，个人的饮食方式将会对健康产生不利的影响。这种状况如果得不到纠正，将可能使健康水平严重下降，甚至造成死亡。在临床上称为进食障碍，包括神经性厌食、偏食、食物摄入量不足的饮食失调等。饮食失调是指亚临床的不健康饮食方式，常常是进食障碍的先兆。

关于饮食失调和进食障碍，并没有单一的机制可以解释其发病原因。一般认为，遗传和生物力学的、心理学的以及社会文化方面的因素都可能引起这种疾患的发生。据调查，在经济状况较好的青年女性和某些强调体型的优秀女运动员当中，这种疾患的发生率较高。目前有假设认为，追求苗条的社会压力引发了年轻女性的不健康饮食方式；而关于女子运动员为获得成功的压力，加上某些项目对体重的特殊要求，综合起来形成了饮食失调的原因。据报道，超过60％的女子体操运动员都表现出某种类型的饮食失调症状。

（2）缺乏锻炼

随着社会的进步、科技的发展和生产方式的变革，身体直接参与的劳动越来越少，又没有专门的体育活动，身体的肌肉就得不到刺激和锻炼，导致肌肉不发达甚至萎缩。瘦体重又是身体的主要成分，瘦体重过轻直接导致体重过轻。

（3）不规律的生活方式

不规律的饮食、作息时间对身体伤害很大。根据一些资料表明，很多人的睡眠远远不足 6 个小时，身体一直处于透支状态。睡眠是人体体力恢复的重要措施，也是促进肌肉生产的"生长激素"的分泌异常活跃时期。没有睡眠保证，身体很难得到恢复。

（二）继发性消瘦

由各类疾病所引起的消瘦我们称之为继发性消瘦。胃肠道疾病如胃炎、胃下垂、胃及十二指肠溃疡，代谢性疾病如甲亢、糖尿病，慢性消耗性疾病如肺结核、肝病等，都可能引起消瘦。另外，胆囊切除术等腹腔手术术后也可能导致消瘦。

二、过瘦的危害

过瘦与肥胖一样，都是亚健康的一种。人体内的肌肉、脂肪含量过低，体重指数 BMI 小于 18.5 即为消瘦。消瘦者不仅容易疲倦、体力差，而且抵抗力低、免疫力差、耐寒抗病能力弱，易患多种疾病。

（1）消瘦的儿童、少年则有营养不良和智力发育的问题。因为儿童和少年正处于生长发育时期，需要的热量及营养物质都较高，过瘦的儿童和少年会出现热量短缺，蛋白质、矿物质及维生素等缺乏的现象。

（2）消瘦的青年人常伴有肠胃疾病。

（3）消瘦的中老年人易患骨质疏松。

（4）消瘦的女性易出现月经紊乱、闭经及骨质疏松。

（5）消瘦的人群容易出现便秘现象。由于食物及液体摄入量过少，使肠道缺少应有的刺激，造成便秘。

三、增重的方法

目前增重的方法主要有：饮食增重法、药物增重法、运动增重法。以下主要介绍饮食增重法和运动增重法。

（一）饮食增重法

饮食失调造成了一部分人体重过轻，所以又有一部分人在为增加自己的体重而操心。对于他们，很重要的一个策略就是应尽可能地使瘦体重增加，而不要造成脂肪的堆积。另外，当一个人的体重持续下降或增加体重非常困难时，应接受医学检查来排除潜在疾患的可能。

1．增加热量

摄入的能量必须保持大于消耗的能量才能增加体重。当人体摄入的热量大于消耗的热量时，才能有多余的热量用于肌肉生长。经研究表明，体重无变化时，摄入和消耗的热量是相等的，此时在饮食量和消耗量不变的基础上，额外增加摄入 3500kcal 热量，便可增重 500g 左右。科学健康的增重方式是：将额外增加的 3500kcal 热量分配到 1 周内摄取，即每天额外增加热量摄取 500kcal，每周的体重增加数控制在 500g 左右。

2．进餐频率

少量多餐的进餐方式有助于改善血糖和胰岛素的调节张力，改善体内氮的滞留，提高机体自我调控的能力。研究表明，每天以少量多次原则进餐 5 次或 5 次以上者的体重高于每天进餐 3 次或 3 次以下者，而且皮褶厚度前者低于后者。

3．调整膳食组成

摄入热量的分配必须科学。人体摄入的热量来自蛋白质、糖类和脂肪这 3 种营养素，它们都可以产生热量，但不能相互代替，否则对健康不利。如糖类过多而脂肪过少，会加重胃肠负担；如脂肪过多而糖类过少，则可能引起肥胖症、心脑血管疾病；如蛋白质过少，会使生长发育受抑、机体抵抗力降低。所以它们的摄入必须有一个科学的比例：人体摄入热量的 55％～65％应来自于糖类，15％～20％来自于蛋白质，其他来自于脂肪。

（二）运动增重法

系统的肌肉力量练习，能够促进骨骼肌蛋白质的合成，使肌肉重量增加，体积增大。

1．抗阻训练

美国运动医学协会 1998 年建议将抗阻训练纳入完整体适能计划。系统的抗阻训练，能够促进骨骼肌蛋白质的合成，使肌肉体积增大，重量增加。对于初练者，练习的强度和运动量要循序渐进，开始训练时，使用负荷要较轻，次数频率也要较少。随着身体运动状况的调整和适应，及时增加肌肉抗阻训练。增重客户每周尽量达到 2～3 次抗阻训练，每次训练选择主要肌肉群进行抗阻训练，负荷强度为 8～10RM，既有利于局部肌肉塑造，又有利于瘦体重的增加。

2．心肺耐力训练

长期规律的心肺耐力训练可以提高机体的有氧适能的水平。有氧适能的提高就会使肺的通气能力、血液的载氧能力、心脏泵血能力、动脉血管对血液的再分配能力及肌肉利用氧的能力提高。适当的心肺耐力训练对抗阻训练有非常大的促进作用，对瘦体重增加非常有必要。但也要注意，持续时间不可过长，一般控制在 30 min 以内较为合适。

第九章　不同人群的健身指导

减肥塑身和强身健体人群的健身营养方案如何制定？体重控制与减肥塑身有哪些新理念？有氧健身与无氧健身有何区别？不同人群的健身与营养方案各有何特点？女子孕期的安全健身项目怎样选择以及监控？冠心病等特殊人群的健身锻炼方式、强度、持续时间和频度如何控制？不同类型糖尿病人群的运动方式与膳食方案怎样调配……这些都是健身教练必须掌握的基本内容，本章试图以浅显的语言和前沿的知识来解答这些问题，以求为广大健身教练寻找一把指导不同人群健身方法的小小钥匙。

第一节　减脂塑身人群的健身指导

今天，为了美丽，为使青春永驻，人们不惜将大把的钞票掷向健身房，以通过外在美调动内在活力，于是减脂塑身及其形体雕塑越来越受到人们的喜爱。而且，集人体测评、设计、训练雕塑和整体形象美化的系统工程将成为人们减脂塑身和形体雕塑所关注的新内容。因此，健身教练在对会员进行形体雕塑指导时，尤其应注意形体标准、健身理念、营养方案、减肥处方等综合知识的立体运用。

一、肥胖的定义、危害、原因及判定标准

（一）肥胖的定义、危害及原因

（1）定义。世界卫生组织认为，肥胖可被简单定义为过多脂肪在体内积累到引起健康损害程度的一种慢性非传染性疾病。

（2）危害。肥胖对身体的主要损害是容易引起非胰岛素依赖性糖尿病、心肌梗塞、脂肪肝、冠心病、高血压、中风、胆囊疾病、胆肾结石、呼吸功能不全、骨关节炎、痛风、胰腺炎、儿童疾病、皮肤疾病，增加外科手术的危险性，反应缓慢、运动能力下降，女性容易引起乳腺癌、月经异常、卵巢机能不全和子宫发育不全、不孕症、子宫内膜癌等，特别是腹部和内脏脂肪含量过多对健康损害最大。

（3）原因。从营养学角度看，肥胖是营养过剩的表现，是由于能量的供给大于能量的消耗，作为机体燃料的脂肪在体内过剩而储存起来的一种状态。

从医学角度看，肥胖是指脂肪细胞数量增加和脂肪细胞中脂肪储存过剩，身体脂肪过度增多，体重超过正常值的 20% 以上，并对健康造成了严重危害的一种超体重状态。

（二）肥胖的判定标准

肥胖的测定及其评价方法很多，可从原子、分子、细胞、组织系统和整体等不同水平和层面测试。常用方法有以下几种。

1. 根据体重指数（BMI）判定

体重指数＝实际体重（kg）/身高（m²）。

我国肥胖问题工作组（WGOC）根据二十余万人测量的 8 万份血液样本分析后，提出

我国成人体重指数的界值点为：BMI≥24kg/m² 为超重，BMI≥28 kg/m² 为肥胖。

2．根据标准体重判定

（1）成年男子标准体重（Kg）

标准体重（Kg）＝身高（cm）－100（适用 165cm 以下人群）

标准体重（Kg）＝身高（cm）－105（适用 166～175cm 以下人群）

标准体重（Kg）＝身高（cm）－110（适用 176cm 以下上群）

（2）成年女子标准体重。在成年男子标准体重相应组别基础上减去 2.5kg。

3．根据腰臀比（WHR）判定

腰臀比（WHR）＝腰围/臀围

国际最新研究提出：男性腰围与臀围比值最高限度为 0.85～0.90，女性为 0.75～0.80。通常腰臀比值小于 0.9（男）或 0.8（女）为好，大于这个比值为肥胖。

4．根据理想体重判定

理想体重是指在体质调查材料中统计得出的死亡率最低的体重数值。它以脂肪占机体重量的 13％～15％来衡量。理想体重带有医学性质，我国的计算方法如下：

北方人理想体重（kg）＝［身高（cm）－150］×0.6＋50

南方人理想体重（kg）＝［身高（cm）－150］×0.6＋48

5．根据体脂百分比判定

常用以下 Brozek 公式推测身体脂肪含量：

脂肪（％）＝［4.570/身体密度－4.142］×100％

身体脂肪含量用体脂百分比最可靠。正常成年人理想身体成分的平均体脂含量如表 9－1。身体脂肪过少，指储存脂肪低于必需脂肪的限度；身体脂肪过多，则发生肥胖。

表 9－1　身体脂肪含量的判断标准

指标	男性	女性
正常	14％～16％	20％～22％
脂肪含量过少	3％～5％	10％～12％
肥胖	20％～25％	25％～30％

一般 30 岁以下成年人的体脂含量占体重的百分比，男子约为 10％，女子约为 25％。若男子超过 15％，女子超过 30％即为肥胖。

二、减肥塑身人群的健身方法

（一）运动减脂的好处

（1）增加热能消耗量。

（2）影响安静代谢率及生热作用。

（3）使能量消耗和能量摄入准确适应，利于保持脂肪平衡。

（4）改善心血管、呼吸、消化系统功能，保持瘦体重，防止减体脂后的体重反弹。

（5）改善肥胖内分泌失调。

（6）防止或减轻肥胖合并症。

（二）减肥塑身人群的健身锻炼方案

健身锻炼方案是指在身体健康检查的基础上，根据健身者的锻炼目的或需要，运用科学健身的原理，来确定健身者适宜的健身锻炼的项目内容、强度、次数、时间及要求等的定量化的训练方案或凭证。制定健身锻炼方案前，必须询问健身者的病史或健康状况，进行体格检查和必要的实验室检查，特别是心功能检查，从而确定适宜的训练内容和运动负荷（强度、数量、次数、时间及要求等），使机体在一定时期内获得适量的训练。经过一段时间的训练后，再根据机体功能提高或改善的状况，重新设计出新的健身锻炼方案，以达到强健身体、疗疾康复、减肥塑身的目的。

1. 减肥塑身运动的形式、内容和方式

用于降低体重的运动应以中等强度（体质差者采用小强度）、较长时间、动力性、全身性的有氧运动为主，辅之以力量训练和柔韧训练。如有大肌肉群参与的走、跑、游泳、骑车、有氧舞蹈和健身操等项目。走、跑虽方便易行，但耗时、枯燥，下肢负重；室内坐位或卧位骑车（采用功量计），下肢不着地，膝关节负担轻，可调节运动量，但需购置设备，且有久坐或久卧后的体位不适以及固定体位运动存在的热传导差及枯燥等问题；有氧舞蹈及健身操是一种良好的运动，既是全身性活动，又可提高健身者兴趣，易于坚持，但可能需要经费投入。

此外，身体状况好的练习者还可选择跳绳，每天在进行其他运动的同时跳绳 10min，其效果相当于 500m 健身跑的功效。游泳对减肥也有效果，每周 3~4 次，每次不少于 20min；还有各种球类活动、游戏和气功等也可能达到减肥的目的。

2. 减肥塑身运动的时间和频率

每次运动持续 30~60min，每周至少运动 3 次；也可早晚各锻炼一次，减肥者每天坚持运动则效果最佳。建议减肥者每次持续运动时间最好不要少于 40min（水平较高者可达 90min 左右），不要超过 120min。

3. 减肥塑身运动的强度及监控

运动强度是健身锻炼方案的四要素（其他三要素是运动形式、时间、频率）中最重要的一个因素。一般用运动中的心率反映运动的强度，准确测量 10s 的脉搏乘以 6，即代表运动中的每分钟心率。在有氧运动中，减肥运动的强度应为最大吸氧量（VO_2max）的 50%~70% 或最大靶心率的 60%~70%（青少年可达 75%）。在此负荷强度范围内运动，脂肪氧化的绝对速率处于理想状态，即此时脂肪燃烧最快。

三、减肥塑身人群的饮食与营养补充

（一）减肥塑身者的饮食结构

适当减少食物中碳水化合物的摄入和提高蛋白质的摄取量，限制脂肪摄取量，补充丰富的维生素、矿物质、微量元素和食物纤维。调整饮食结构的目的是在限制总热能的范围内合理分配蛋白质、脂肪和碳水化合物类热能的比值，达到营养平衡，既减重又要保证机体正常需要。合理的热能比值为，蛋白质/脂肪/碳水化合物＝（20%~25%）/（15%~20%）/（50%~60%）。

1. 减少碳水化合物的摄入

减少碳水化合物摄入的同时，应优先选用全麦面包、煮玉米、粗粮杂粮等，慎重选用牛角面包、肉松面包、热狗面包、油饼、油条、点心、蛋糕，忌吃蔗糖、蜜糖、饴糖和含糖量多的饮料及糕点等，可减少胰岛素的分泌，从而减少脂肪的合成和储存。

2. 提高蛋白质的摄取量

提高蛋白质的摄入比例（一般在15％～20％之间，最高时可达25％）可以防止瘦体重的流失，并通过运动适当增加瘦体重。蛋白质以选用禽肉（如去皮鸡肉、清炖瘦牛肉等）、鱼肉（清蒸鱼等）、白灼虾、鸡蛋白及豆制品、奶制品（如乳清蛋白、大豆蛋白、豆腐、豆浆、牛奶等）为佳，限制猪肉、鸡蛋黄（日摄入量不超过2个）的摄入，慎重选用火腿肠、肉肠、酱鸡翅、红烧肉、烤鸭、水煮鱼等。此外，蛋白质的摄入会使机体代谢率提高30％，远高于碳水化合物和脂肪，有利于减脂。适量减少碳水化合物的摄入，以便于运动时动用游离的脂肪酸，但不能少于总能量的45％～50％，一般可达55％～60％。

3. 限制脂肪的摄取量

脂肪摄入量可控制在15％～20％之间，但不可超过25％。摄入适量的脂肪能够抑制胰岛素和胰高血糖素的分泌，促进机体的脂肪利用，并产生饱腹感。

4. 适当饮水

适当饮水也是减肥的关键。在饮食控制过程中，如果限制饮水量，减体重速度看似较快，但在所减体重中，脂肪仅占13％，水占84％。而不限制饮水时，虽然减体重速度会慢一些，但在所减体重中，脂肪将占25％，水为75％。一般每天应喝七八杯水（2000～2500mL），体重越大饮水量应越多，体重每超过理想体重13.5kg，就要在此基础上每天增加饮水500mL。

（二）减肥塑身者的饮食方式

正常人一日三餐饮食热能分配应为3：4：3。减肥者科学的三餐热量分配大约为：早餐占全天总热量的28％，午餐占39％，晚餐占33％，也可根据实际需要作适当调整。人体胰腺分泌的各种消化酶夜间高于白天，即消化吸收功能夜间好于白天，如果晚餐丰富、过量，加之晚间消耗能量的活动少，会增加体内脂肪储存。故晚餐忌吃得过饱或过于丰富，宜清淡。还可适当增加早餐热量的摄入，减少晚餐热量的摄入。另外，睡前不要加餐，纠正吃零食的习惯，进食避免过快，少饮酒与咖啡，适量饮茶，少食盐，每天不超过5g。改进烹饪方式，少煎、炒、烹炸、油炳、干烧，多拌、卤、煮、清蒸、滑溜，减少用油量等。

（三）减肥塑身者的食量控制

控制食量不等于禁食，如果摄入糖、脂肪过少，"脂库"中储存的脂肪转化为热量，一时难以满足人体的正常活动需要，就会导致低血糖，出现头晕、心悸、乏力等症状。因此，控制饮食既不能禁食也不能减得太快，要逐渐递减。食量控制应以有饥饿感，又能保持正常活动的精力、体力为宜，一般是逐步降低到正常需要热量的60％～70％。

在任何一种情况下，每减少身体中0.454kg的脂肪，须消耗3500kcal热能。如果一个人每天有500kcal能量的负平衡，那么每周可同样减少身体中0.454kg的脂肪。建议每周降体重的最大数量为0.454～0.908kg（约0.5～1.0kg），每天的能量负平衡不宜超过1000kcal。

对于肥胖的人，饮食调整的原则是控制总能量摄入基础上的平衡膳食。能量摄入一般建议每天减少1256～2093KJ（300～500kcal），严格地控制油脂和精制糖，适量控制精白米面和肉类，保证蔬菜水果和牛奶的摄入。

四、体重控制与减肥塑身新理念

（一）低 GI 食物减肥法

GI 是"食物血糖生成指数（Glycemic Index）"的英文缩写 GI 值是指当我们将食物吃进体内后（相对于吃进葡萄糖时）使血糖升高的比例。简单来说，越容易使血糖快速上升的食物，其 GI 值就越高，像糖类和淀粉类是属于高 GI；反之，使血糖上升速度较慢的食物，其 GI 值就越低，像油脂类和蛋白质属于低 GI。食物血糖生成指数是指 50g 碳水化合物的食物与相当量的葡萄糖在一定时间（一般为 2h）体内血糖反应水平的百分比值，反映食物与葡萄糖相比升高血糖的速度和能力。有时也称"升糖指数"。通常把葡萄糖的血糖指数定为 100。一般而言，食物血糖生成指数大于 70 为高 GI 食物，小于 55 为低 GI 食物，55～70 为中 GI 食物。专家们提出用"食物血糖生成指数"（GI）的概念来衡量某种食物或膳食组成对血糖浓度影响的程度。最初食物血糖生成指数（GI）适用于糖尿病患者选择富含碳水化合物类食物的参考依据，现在也广泛用于肥胖者和代谢综合征患者的膳食管理以及健康人群的营养教育中。

如何借由吃低 GI 食品来达到减肥的效果，和胰岛素的分泌有极大的关系。我们在吃下糖类、淀粉类等 GI 值高（升糖指数高）的食物后，血糖就会快速升高，促使胰脏分泌胰岛素来降低血糖浓度，将之转换成为生活中所需的能量，但是如果摄取了过多的糖类、淀粉类食物时，胰岛素会将多余的糖类转换成脂肪，储存在体内，就容易导致肥胖了。所以当我们吃进 GI 值低（升糖指数低）的食物，减缓血糖上升的速度，胰岛素的分泌量减少，也减少脂肪的形成和堆积，就是所谓的"低 GI 饮食法"，也称为"低胰岛素减肥法"。

（二）重视早餐

据美国《小儿科》杂志最新（2008 年）报道，美国明尼苏达大学公共卫生学院的一项新研究发现，与不吃早餐的孩子相比，有规律进食早餐的青少年体重更轻、锻炼更多、饮食更健康。研究人员对美国明尼苏达州明尼阿波利斯圣保罗地区的 2216 名青少年进行了研究，对他们的饮食模式、体重及其他生活方式展开了为期 5 年的跟踪调查。研究结果表明，早餐越有规律的孩子，其体质指数越低。总是不吃早餐的孩子比每天吃早餐者平均体重高出大约 2.3kg。

研究人员指出，美国大约有 25% 的孩子经常不吃早餐，导致年轻人肥胖率日益升高。皮雷拉教授的理论解释是：早上吃饱肚子，孩子们在一天里可以更好地控制食欲，防止中餐及晚餐时暴饮暴食，有助于控制体重，保持身材。

（三）避免蔬菜摄入过量

大家都知蔬菜里含有丰富的维生素和食物纤维，适量食用可促进肠道蠕动，发挥抗氧化作用，但摄入过多会产生很多危害，如容易形成结石，不易消化；影响吸收，易导致缺铁性贫血。故值得那些用吃蔬菜代替吃主食的减肥者们警惕。

第二节　强身健体人群的健身指导

古希腊人特别欣赏躯体的力量与健康、活泼的形体和姿态。他们认为"健美的人体应具有宽敞的胸部、灵活而强壮的脖子、虎背熊腰的躯干和块块隆起的肌肉"。受其影响，当今世界也开始注重塑造健、力、美三结合的人体。至今仍脍炙人口的著名雕塑《掷铁饼者》，就是这一时期人体健美的真实写照。后来在米洛斯岛上发掘出来的维纳斯大理石雕像，就成了古希腊女性人体美的化身。为了使会员达到强身健体之目的，下面将向健身教练介绍一些强身健体人群的健身指导方法。

一、有氧健身与无氧健身锻炼的不同作用

（一）有氧健身锻炼的作用

（1）有氧运动可以有效地改善心血管系统、呼吸系统功能，提高人体的最大摄氧能力。

（2）改善脂肪代谢，燃烧多余脂肪。

（3）增强肌肉耐力（红肌纤维为主）及体力。

（4）减肥塑身。

（5）预防和治疗糖尿病（同力量训练）。

（6）预防和治疗高血压。

（7）提高骨密度，保持或增加瘦体重（LBM）。

（8）增加胰岛素的敏感性，改善内分泌系统的调节机能。

（9）有氧健身能健脑，并延缓老年人认知功能的下降。

（二）无氧健身锻炼（肌肉力量训练）的作用

（1）延缓衰老。有研究证明，长期力量训练者比实际生理年龄年轻5～7岁。

（2）美化体形体态。发达肌肉，改变（修塑）体形。

（3）增加骨密度。减少骨质疏松、关节病以及其他相关疾病。

（4）消耗更多热量，防止肥胖，改善脂肪代谢。

（5）减少运动器官的损伤和疼痛。

（6）改善身体对碳水化合物的代谢机能，促进心血管健康，预防和帮助治疗糖尿病。

（7）降低患癌风险。

（8）锻炼速度、力量及爆发力，培养神经、肌肉的"强度"。

二、强体人群的健身方法

（一）健美训练的一般动作与锻炼方法

1. 健美颈部肌群的锻炼动作与方法

（1）锻炼颈部的肌群及常见练习。要想使颈部变得强健漂亮，就必须锻炼胸锁乳头肌、斜方肌、颈阔肌及夹肌、头长肌、颈长肌等与颈部健美有关的肌肉。主要练习动作有站姿颈屈伸、侧向颈屈伸、仰卧颈屈伸、俯卧颈屈伸、俯立颈屈伸等。

（2）颈部肌群锻炼方法建议。①锻炼的初级阶段，一般只进行徒手颈绕环和左右转颈等练习，也可不安排专门的颈部练习，6个月后每次课选择1～2个动作，每个动作练习2～4组，每组10～12次左右。

②在没有专门器械的情况下，可以徒手（或毛巾）的自抗力练习为主；6个月至1年后，可增加重量练习，如负重颈屈伸等，以使颈部肌群与全身肌群平衡发展。

2．健美肩部肌群的锻炼动作与方法

（1）锻炼肩部的肌群及常见练习。男性要想展示肩的宽度和力度，体现"倒三角形"体形。女性要想体现肩的圆滑感，展现柔美的曲线，并弥补"塌肩""窄肩""瘦肩"和"锁骨窝太显"等先天的不足，唯一的办法就是加强肩部肌群，尤其是三角肌的锻炼。主要练习动作有站姿提肘上拉、站姿侧平举、站姿前平举、躬身侧平举、俯立飞鸟、颈后推举、颈前推举、坐姿推举哑铃、平举下拉橡皮带、侧上拉橡皮带、站立耸肩、俯立耸肩等。

（2）肩部肌群锻炼方法建议。①初练时按不同的锻炼部位，每次课可安排一个动作，每个动作可做 2～3 组；半年至一年的锻炼课，每次可选择两个动作为组合，每个动作做 2～4 组；一年以后应根据实际情况，选择三个动作为一组合，每周练两次，每次课的每个综合组约为 8～10 组。②一般的肩部锻炼方法男女大致相同，只是由于锻炼的要求和目的不同，在试举的重量和运动量的选择上有所区别。对要求减肥的女子而言，其试举的重量要轻些，次数可多些，每组一般 14 次以上；对那些为了发达肌肉的男子，其试举的重量应大些，次数可少些，每组一般 8～12 次。在锻炼中，还必须根据肩部的生理特点，把每个动作按不同的部位（如肩部的前中后）合理地安排在训练课中，以使"肩膀"周围的肌群都能得到锻炼。

3．健美臂部肌群的锻炼动作与方法

（1）锻炼臂部的肌群的常见练习。健美臂部应重点锻炼肱三头肌、肱二头肌、肱肌。主要练习动作有站姿反握弯举、坐姿托肘固定弯举、俯身弯举、斜板单臂弯举、单臂坐弯举、斜卧弯举、反握引体向上、颈后臂屈伸、仰卧臂屈伸、俯立臂屈伸、站姿双臂胸前屈肘下压、仰卧撑、直臂后上拉举、腕屈伸、站姿双手卷棒、重锤握力器交替握等。

（2）臂部肌群锻炼方法建议。胳膊肌肉的锻炼，重点应集中在上臂，以练肱二头肌和肱三头肌为主。其他的肌肉如前臂的屈肌和伸肌，只要适当安排 2～3 个动作就足以能与上臂肌肉协调发展。这是因为在练上臂的同时，前臂也加入了运动，从而得到了锻炼。锻炼胳膊时应充分注意下列几点：①两手交替练习和依次练习的项目，其负荷应完全相同，既要练屈肌又要练伸肌，只有这样，才能使臂肌发达对称。②一般女子的锻炼，往往以增强臂力，提高肌肉的弹性和减缩多余的脂肪为目的。在锻炼中，练习重量常以中小重量为主，练习次数可多些。而男子的锻炼多数是以发达臂部肌肉、增强臂力为主要目的。练习重量应以大重量为主，练习次数可少些。

4．健美胸部肌群的锻炼动作与方法

（1）锻炼胸部的肌群及常见练习。健美的胸部主要有赖于发达的胸大肌。主要练习动作包括平卧推举、斜卧推举、仰卧飞鸟、俯卧撑、双杠臂屈伸、仰卧屈臂上拉、仰卧直臂上拉、坐姿屈臂扩夹胸等。

（2）胸部肌群锻炼方法建议。

①初练至 3 个月的锻炼期：除掌握基本的动作要领外，主要应以发展胸部形状为主。可隔天练习，每周练 3 次，每次课选 1～2 个动作。此外，在练胸肌时最好同练背阔肌及大腿肌群结合起来，以取得更好的效果。

②3 个月以后至 1 年的锻炼期：即第一阶段是 3 个月至 6 个月，第二个阶段是 6 个月至 1 年。一般在这个时期的训练中，主要以扩大胸腔、改变基本体形为主，促使胸肌发

达，每次课练 2～3 组。

③1 年以后的锻炼期：根据胸肌的发展情况，合理地选择发展不同部位的 3～5 个动作为一个组合。由于运动量逐渐增大，还要与身体其他部位的锻炼结合起来，每次课可选 3～10 个动作为一个组合，综合组数为 3～4 组。

5. 健美背部肌群的锻炼动作与方法

(1) 锻炼背部的肌群及常见练习。锻炼背部的主要练习动作有坐姿重锤颈后下拉、单杠引体向上至颈后、俯立划船、俯卧提拉、屈体硬拉、坐姿双手划船、坐姿对握胸前平拉等。

(2) 背部肌群锻炼方法建议。

①女性背部肌群锻炼方法建议。在初级阶段主要应以掌握正确的锻炼背部的动作要领和改变背部的形状为主，其中，第一个月主要掌握背部练习的动作要领。第二、第三个月改变背部的肌肉形状，使之形成良好的形体。第三个月至一年的锻炼主要是进一步改变背部的肌肉群和形状，巩固训练后所获得的形体，使肌肉坚实而富于弹性，胸部更加丰满挺拔，以体现女性的"曲线美"；1 年以后的锻炼主要应以加强背部重点肌肉群的锻炼为主。另外，在各阶段的锻炼中，要注意背部各肌群的平均发展。

②男性背部肌群锻炼方法建议。一般男子的背部锻炼，应从背阔肌的训练着手，先使其宽厚和形成良好的体形，1 年后，再根据各人的背部肌肉发展特点，合理地安排重点锻炼部位。在锻炼课中，一般在 1～3 个月内，每次课可选两个动作，做 2～3 组；3 个月至1 年内，每次课可选 2～3 个动作，做 5～8 组。不论男女，发达肌肉的最佳次数都是每组8～12 次；如果着重减缩脂肪者，次数可多些；如果着重在发展力量者，次数应少于 8 次。

6. 健美腰腹部肌群的锻炼动作与方法

(1) 锻炼腰腹部的肌群及常见练习。要想使躯干强壮，就要发展竖棘肌和腰背伸肌以及股后肌群力量。要想使腹部曲线优美，肌肉结实而有力，就必须加强上腹部（腹直肌上部）、下腹部（腹直肌下部及髂腰肌）和腹部两侧（腹内外斜肌）肌群的锻炼。主要练习动作有俯卧两头起、俯卧挺身、直腿硬拉、俯身展体、负重体侧屈、侧卧弯起、负重转体、俯卧转体挺身、仰卧起坐、仰卧举腿、仰卧两头起、悬垂收腹举腿、仰卧双腿绕环等。

(2) 腰腹部肌群锻炼方法建议。腰腹肌的健美锻炼应与发达其他部位的肌肉的锻炼严格区别开来。特别要注意：每次课应选择 2～4 个动作；练习的组数约为 3～5 组；每组的次数不得少于 20 次；间歇时间最多不超过 30s；每周至少安排 2～5 天。动作频率稍快；初练时动作难度要求不必过高，从徒手到持器械，有一定基础后不断增加训练难度和增加器械的重量。从运动生理学的能量供应与热量的消耗来说，腰腹肌的锻炼应安排在每次训练课的最后，这是使腰腹健美的关键。

7. 健美臀部肌群的锻炼动作与方法

(1) 锻炼臀部的肌群及常见练习。

(2) 臀部肌群锻炼方法建议。在锻炼课的安排中，一般前 3 个月选择 1～2 个动作，每个动作可做 2～3 组；对重点减肥者还可适当增加。3 个月后，除根据自己的特点选择动作外，每次训练课最多不能超过 4 个动作，每个动作练习的组数和次数可与前 3 个月基本相同。

8. 健美腿部肌群的锻炼动作与方法

（1）锻炼腿部的肌群及常见练习。健美腿部应重点发展股四头肌、小腿三头肌、股二头肌以及半腱肌、半膜肌等肌群。主要练习动作有坐姿腿举、下蹲起（前蹲、后蹲、半蹲、深蹲）、坐姿腿屈伸、跨举、仰卧腿举、斜架负重蹲起、俯卧腿弯举、对抗腿弯举、站姿负重提踵、练习架提踵、坐姿负重举踵、壶铃蹲跳等。

（2）腿部肌群锻炼方法建议。

①腿部肌肉块较多，从健身健美角度出发，一般以大腿前面的股四头肌和小腿后面的小腿三头肌为主，以股二头肌等肌群为辅。

②腿部力量和肌肉增长有其客观规律，在开始的1～2年内，增长速度较快，以后越来越慢。到了一定程度时，增长曲线往往上下起伏，好像到了生理极限。根据遗传学的研究结果表明，腿部肌肉力量的极限所出现的时间最高点是受遗传因子影响的。因此，可以说，每个人的生理极限是有差异的。有些人练来练去腿部肌肉不会怎么长，就是这个原因。在这种情况下就必须采取不同重量，不同站距，不同角度，不同方法等进行多组数和多次数的练习。腿部的潜力是很大的，只要不怕艰苦，坚持练习，腿部力量和肌肉都会逐渐地得到增强和增长，挺拔、美观、强健、有力的双腿一定会实现。

（二）健身健美锻炼中运动负荷的运用

1. 健身健美训练运动负荷的特点

健身健美训练运动负荷的特点是以中大强度为主，周训练次数多，训练课时间长，负荷总量重。且主要受训练的强度、组数、次数、时间、密度以及练习动作性质等因素的制约（表9-2）。

表9-2　运动强度的相关因素

强度	重量/（%）	次数	速度	主要作用	适应对象
大	90～100	1～6	慢、中	发展力量	中、高级
中	70～80	8～12	慢、中、快	发展肌肉力量	初、中级
小	65	16以上	中、快	降脂、增长肌肉耐力	脂肪型初级者

注：重量指本人力所能及的最大重量；次数指一组的练习重复次数；速度指一次动作的快慢。

如表9-2所示，不同强度的组合其训练效果不同。因此，选择正确的训练强度是有效发达肌肉的关键，特别是对有些刚开始从事健美训练的学生尤为重要。以训练水平的高低来确定初、中、高级运动员的训练时间和一周的训练次数，是运动负荷特点的又一特征。初、中级水平者每次训练课时间约1～1.5h，周训练次数3～5次不等，而高水平运动员则以局部肌群或某一块肌肉的训练来确定训练课时间和一周的训练次数。课训练时间一般约1.5～2h（有时达2.5h），周训练次数在9～12次不等。训练负荷量是指肌肉纤维接受到重点刺激的总量。从形式看，单个动作上举的负荷量并不大，但单个动作重复上举的负荷量和重复组数所构成的负荷量远远超过其他项目。

综上所述，大运动负荷训练具有使机体疲劳加深、恢复时间加长的特点。因此，作为一名健身教练或练习者，了解运动负荷的特点，对于如何采用训练后的机体恢复措施，如训练后整理与放松活动，以及有助恢复的各种按摩手段，如日光浴、蒸汽浴、桑拿浴和保证足够的睡眠时间、必要的营养素供给等，是调动锻炼者的训练积极性和提高训练质量的重要保证，否则就很难坚持长期的大运动负荷训练。

2. 健身健美训练运动负荷的安排与调节方法

（1）健身健美训练运动负荷的安排方法。健身健美锻炼的核心负荷形式是渐进性超负荷。渐进性超负荷有两个含意，一是锻炼负荷必须超过生活中正常负荷水平；二是在进程上后来施加的负荷必须超过前面施加负荷的水平。在超负荷的大前提下，一般可用负荷强度作为训练目标，以负荷量限制训练程度，以组间间歇和训练频率保证机体恢复、提高。

①负荷强度的安排。正常情况下，1～4RM 的负荷强度的主要练习目标是增长绝对肌力与体力；6～12RM 发达肌肉，壮肌增块；较合适的应用是：初、中级水平 8～12RM；高级水平 8～10RM；高级后水平 6～8RM 等；15～20RM 主要发达小肌群，增进肌肉线条、弹性及减脂；20～30RM 则有助于雕琢肌肉、增进肌肉质量、增强心肌功能，以及减缩体内脂肪等。

②负荷量的安排。对于胸、背、大腿等大肌肉群，初级水平以每部位总组数 1～3 组为宜；中级水平 6～9 组；高级水平 12～14 组；高级后水平 16～18 组。而对于肩、肱二头肌、肱三头肌、前臂、腹部、小腿等小肌群，初级水平以每部位总组数 1～2 组为宜；中级水平 3～6 组；高级水平 8～10 组；高级后水平 12～14 组。

③组间间歇。在平时训练活动中，一般可为 60s，强度较大时可延长至 90～120s，最多不超过 180s；在赛前训练中，由于其他负荷因素的变化，间歇时间可缩短为 30－45s，但一般不少于 10～15s。

④训练频率。提倡每部位重复训练的休息时间至少要有 48h，强度与量大者需延长到 72～100h 的休息时间，为此建议的周训练次数为 3 次，或 4 次、5 次、6 次，乃至 10 次、12 次的分化训练等。

（2）健身健美训练运动负荷的调节方法。在影响运动负荷大小的几个因素中，数量和强度是两个主要因素。时间与数量有密切关系，一般来说，数量多时间就长，因而通过数量基本可以反映出时间因素。而密度一般变化不大。在几个因素之间，关键是如何处理好数量与强度的关系。运动负荷大小总是因人因时而异，很难提出一个统一标准。关于运动负荷的数量掌握与调节方法，不外有下面几种方式：

①加大运动负荷的方式。增加量、减小强度，增加量、保持强度，增加量、增加强度，保持量、增加强度，减小量、增加强度。

②减小运动负荷的方式。减小量、保持强度，减小强度、保持量，量和强度均适当减小。

③在考虑运动负荷的安排时，主要注意两个问题：一是运动负荷住要是量和强度、大小如何掌握，中、小运动负荷的范围又怎样，在各种不同运动负荷中，各个因素又如何掌握；二是各种不同的动作如何安排和搭配，也就是说，是集中刺激好，还是全面影响好。所以，负荷的组合与运用也须因时、因地、因人而异。

在上述几种方式中，究竟采用何种方式，要视训练时期、训练任务以及练习者的习惯不同而变化。但健美运动负荷的增加依然遵循量变到质变的一般规律，总是先有组数、次数、总重量等数量的增加，然后才会转化为强度的增加和成绩的提高。如果没有一定量的积累，而是硬拼强度，那不仅达不到发达肌肉的目的，而且容易造成损伤或伤害事故的发生。

3. 健身健美训练负荷练习动作的安排方式

不同发达肌肉动作的安排主要有 3 种类型：

（1）全面影响（刺激）肌肉。

（2）分部位影响（刺激）肌肉。

（3）集中影响（刺激）肌肉。

三、强身健体人群的饮食控制与营养补充

（一）不同运动形式人群的营养补充（表 9－3）

表 9－3　不同形式的营养补充

运动形式	营养物质
力量练习	肉类、牛奶等蛋白质为主
大强度、短时间运动	水果、蔬菜等碱性食物
小强度、长时间运动	淀粉类食物为主
一般运动淀粉、豆类	水果为基本营养

资料来源：（美）索西·李（SoheeLee）. 徐晴颐，译. 健身手册 目标设定 训练模式 营养策略与健身计划. 北京：人民邮电出版社，2019.

（二）增加肌肉体积与减脂的特殊营养

目前，在运动界有一些特殊营养品对于壮大肌肉、减缩脂肪、提高健身健美锻炼的效果及运动成绩等有一定的作用。我们除了注重基础膳食营养以外，还可以通过补充这一部分营养品来达到通过健身健美锻炼增加肌肉体积及减脂塑身的目的。

1. 营养添加剂

满足身体基础代谢和锻炼代谢的能量，以及构成体质的基质材料需求，是达到健身健美锻炼目的的重要条件。为此，在日常膳食的基础上，还可依据不同的生理特点和健身锻炼目标，进行特殊的营养安排和食谱组合。近年来，通过特殊的营养手段，即使用营养膳食补充品来干预疲劳、帮助恢复、提高运动能力备受重视。营养添加剂，或称膳食补充品（Dietary Supplement）是 1994 年 12 月美国从"健康补充品"（Health Food）改称而来的，在日本被称为"功能补充品"（Functional Food）。这类补充品是随着营养学（尤其是运动营养学）的发展而产生的。

在 20 世纪 60－70 年代以前，营养学的研究主要从发现和治疗营养缺乏病，制订每日营养素供给量标准或推荐每日膳食允许量（RDA）出发，来保证每日由膳食中取得足够的营养素来预防营养缺乏病，维持身体健康。近年来，营养学的研究已发展到如何运用营养素来促进健康、提高运动能力、防治疾病的阶段。

目前，运动营养膳食补充品数量很多，根据其功能可将其分为基本营养膳食补充品、专项膳食补充品、营养膳食干预补充品等几种类型。

然而，对于普通的健身人群而言，在已获得平衡膳食的情况下，一般并不提倡再额外补充营养品，因为，过多的营养对健身健康可能有害无利。例如，食用过多的蛋白质会增加胆、肾的负担；过量地补充维生素 A，会引起中毒并使头发自然美受到破坏等。强调营养，就意味着应该平衡地、合理地摄取人体所需要的各种营养素。

2. 运动营养补剂

运动营养补剂是指一些经过浓缩的高纯度营养素，能够快速、高效地为机体提供营

养。在营养已成为重要内容的现代健美训练体系中，运动营养补剂的作用已获得空前重视。目前，常用的健美运动营养补剂大致有蛋白质、氨基酸、肌酸、丙酮酸、L－肉碱、抗氧化剂、碱性盐、磷酸盐、激力皂甙、CLA、刺茨藜、HMp 等几类。

（三）一般健身健美锻炼者的饮食指导

对于参加健身锻炼的一般人来说，控制热能平衡非常重要。理想的膳食结构比例是蛋白质应该占总量的 18％～25％，脂肪占总量的 20％～30％，碳水化合物占总量的 55％～60％。同时，一日五餐，热量的摄入也必须保持适当比例。即早餐应占全天总量的 20％，午前餐 10％，午餐 30％，午后餐 10％，晚餐 30％等。这样，就从根本上解决了健身健美锻炼者在老式三餐模式的每餐之间容易产生饥饿感（在这个时间内的工作、学习效率滑向低谷）的"两饿（锻炼前饿和锻炼后饿）"与"偏食（必须的营养成分不足而供能太多，或必要的营养成分过剩而供能缺乏）"的问题。

第三节　康复人群的健身指导

通过健身教练对会员成功的指导，尤其科学合理的健身锻炼与饮食调配，不仅能使青年人充满朝气、楚楚动人，使中年人青春延续，使老年人重显风采；使减肥塑身者的身心趋于正常，使强身健体者的身心趋于完美；也能使疾病人群的身心趋于康复。总之，可以让健身教练指导的对象充满自信，给他们带来幸福，伴他们走向成功之路。

一、高血压人群的健身锻炼与营养补充

联合国世界卫生组织将高血压定义为：未服抗高血压药情况下，收缩压≥140mmHg 或舒张压≥90mmHg。

（一）高血压人群的健身锻炼方案

对于未出现心、脑、肾等严重合并症的轻、中度高血压患者均可进行运动疗法。特别是对伴有交感神经活性亢进的轻度高血压病人效果尤佳。但对于重度高血压病人，因运动时可至短时间的血压升高而增加危险性，故在血压未得到充分控制的情况下应禁用运动疗法。

（1）健身运动的方式。一般以有氧运动为主，如步行、慢跑、骑自行车、游泳和体操等。静力性练习及最大重量的举重应尽量避免。此外，气功、放松练习也是有效的运动治疗方式。

（2）健身运动的强度。研究认为 40％～80％VO$_2$max 的强度对降压都有效，而 50％VO$_2$max 的强度较 75％VO$_2$max 的强度降压效果更加明显。因为血浆中乳酸堆积达阈值时的运动水平大致相当于 50％VO$_2$max，所以运动强度以轻中度为宜。

（3）健身运动的时间。每次运动的时间一般以 30～60min 为宜。每周 3 次以上即可产生降压效应。研究发现，每周 5～7 次运动锻炼比每周 3 次运动降压效果更明显。

（二）高血压人群的饮食建议

高血压患者应适当控制饮食并减轻体重。建议体重指数（BMI，kg/m^2）应控制在 24 以下。研究资料显示，如人群平均体重下降 5kg，高血压患者体重减少 10％，则可使胰岛素低抗、糖尿病、高脂血症和左心室肥厚得到改善。饮食上注意减少钠盐，每天不超过

5～6g。减少膳食脂肪，有的流行病学研究资料显示，即使不减少膳食中的钠和不减重，如能将膳食脂肪控制在总热量的 25％以下，多不饱和脂肪酸/饱和脂肪酸（P/S）比值维持在 1，连续 40 天就可使男性收缩压和舒张压下降 12％，女性下降 5％。补充适量蛋白质，蛋白质占总热量 15％左右，动物蛋白占总蛋白质的 20％。注意补充钾和钙，如绿叶菜、鲜奶、豆制品等。多吃蔬菜和水果。

二、高脂血症人群的健身锻炼与营养补充

高脂血症或高脂蛋白血症即胆固醇、甘油三酯、低密度脂蛋白胆固醇升高及高密度脂蛋白降低。

（一）高脂血症人群的健身锻炼方案

高脂血症患者宜采用中等强度、长时间周期性大肌群参与的运动。现在认为改善脂代谢所需运动强度应低于改善心肺功能的强度，约为 40％～60％最大摄氧量（VO_2max）强度或 60％～70％最大心率（HRmax），大于 80％ VO_2max 强度与低强度效应相同。运动频率为 3～5 次/周。每次持续时间为 45～60min（准备活动 5～10min，运动部分 25～40min，整理活动 5～10min）。但也有研究认为，运动频率大于 3 次不会导致血脂的更大改善，甚至有研究发现每周 2 次的运动，共 3 个月也能使总胆固醇（HDL－C）上升 19.3％，低密度脂蛋白胆固醇（LDL－C）下降 12.8％。近年来，美国疾病控制预防中心和美国运动医学会推荐小量、短时、多次、累积和完成总的运动时间和运动量，同样可以取得较好的效果。

也有人建议，采用有氧运动与力量练习相结合的方式，力量练习的负荷为最大重量的 80％。

（二）高脂血症人群的饮食建议

合理膳食是预防和治疗高脂血症的基础和有效措施。对于高脂血症人群来说，膳食治疗是最重要的。研究表明，膳食治疗能降低血清总胆固醇（TC）5％～10％，而 TC 每减少 1％，冠心病的发病率就可下降 2％。

1. 控制总热量，防止超重和肥胖

（1）控制食量。每餐只吃七、八分饱，放慢进食的速度，吃一口，多嚼一会，再咽下，并在可吃可不吃的时候停止进食。专心的进食，细致的咀嚼，才能自然的控制食量。同时要注意减少富含脂肪的主食类食物，如面包，饼干，油条，油饼，麻花，方便面……

（2）减少烹调油的摄入。烹调时少放油，避免任何油炸或过油食品。减少在饭店就餐次数，如果无法避免时，一定不要吃有比较多，甚至是油炸的菜肴。尽量点些清淡低脂的菜肴，如：白灼、清蒸、凉拌等方式，并多选择绿叶蔬菜。

（3）注意隐性脂肪。什么是隐性脂肪呢？就是我们平时会忽略掉的，不会在意的，比如很多零食，如：薯条、薯片、小点心，膨化食品，蛋黄派，饼干、还有坚果类、面条汤料、冰淇淋、咖啡伴侣等都含有大量脂肪，其中还有很多含有反式脂肪酸。

2. 控制胆固醇和饱和脂肪酸的摄入

（1）控制胆固醇的摄入量。高胆固醇来自以下四类食物，我们在选择食物时要予以控制。

①蛋类：蛋类的蛋黄，如鸡蛋黄、鸭蛋黄、咸蛋黄、皮蛋黄等。

②肉类：肥肉、鸡皮、鸡翅、凤爪、香肠、腊肠、腊肉等。

③动物内脏：脑、腰、肝、肠等。

④海产类：墨鱼、鱿鱼、虾膏、蟹黄、鱼子、鱼头等。

⑤油类：奶油、牛油、鸡油、猪油、椰子及其制品如椰油、椰浆等。

（2）减少饱和脂肪酸的摄入量。

3. 食物多样化且搭配合理

食物多样食物多样是指一日三餐的食物种类全、品种多。合理安排一日三餐的时间及食量，进餐定时定量。早餐提供的能量应占全天总能量的 25%～30%，午餐应占 30%～40%，晚餐应占 20%～30%。

合理搭配合理搭配包括粗细搭配、荤素搭配、酸碱搭配等。配制合理的饮食就是要选择多样化的食物，使所含营养素齐全，比例适当，以满足人体需要。

4. 不同类型高脂血症人群的膳食要有所区别

美国自 20 世纪 60 年代广泛开展旨在降低血清总胆固醇（TC）的公众健康教育，即美国国家胆固醇教育计划（NCEP）。目前，国际上普遍采用 1994 年美国 NCEP 的高胆固醇血症诊断、评价和治疗专家组（ATPU）提出的标准。根据我国人群 20 世纪 90 年代膳食情况并参照美国 ATPD 的膳食治疗方案，也制定了高血清胆固醇膳食治疗目标和我国高脂血症膳食控制方案（表 9-5）。

表 9-5 我国高脂血症膳食控制方案

食物类别	限制量（每天）	选择品种	减少或避免品种
肉类	75g	瘦猪、牛、羊肉、去皮家禽、鱼	肥肉、禽皮肉、鱼子、鱿鱼、加工肉制品（肉肠类）动物内脏：肝、脑、肾、肺、胃、肠
蛋类	3～4 个/周	鸡蛋、鸭蛋、蛋清	蛋黄
奶类	250g	牛奶、酸奶	全脂奶粉、乳酪等奶制品
食用油	20g（2 平勺）	花生油、菜籽油、豆油、葵花籽油、色拉油、香油、调和油	棕桐油、猪油、牛羊油、奶油、鸡鸭油、黄油
糕点、甜食		最好不食用	油饼、油条、炸糕、奶油蛋糕、巧克力、冰淇淋、雪糕
糖类	10g（1 平勺）	白糖、红糖	
新鲜蔬菜	400－500g	深绿叶菜、红黄色蔬菜	
新鲜水果	50g	各种水果	加工果汁、加糖果味饮料
盐	6g（半勺）		黄酱、豆瓣酱、咸菜
谷类	500g（男）400g（女）		米、面、杂粮
干豆	30g（豆腐 150g/豆腐干 45g）	黄豆、豆腐、豆制品	油豆腐、豆腐泡、素什锦

三、糖尿病人群的健身锻炼与营养补充

糖尿病人的胰岛素分泌不足和胰岛素作用的有效性降低，就会导致血液中糖分过高，致使多余的糖由尿中排出，所以称其为糖尿病。

（一）糖尿病人群的健身锻炼方案

(1) 糖尿病运动治疗的实用对象。糖尿病运动治疗的对象主要适用于空腹血糖在 16.7mmol/L（300mg/dl）以下的 II 型糖尿病病人，特别是超重或肥胖者。对于缺乏运动而肥胖的中年以上患者和伴有高脂血症、高血压病的糖尿病人，运动锻炼有良好的生理效应，相当一部分人采用运动与饮食相结合的方法可达到控制血糖的目的。

(2) 糖尿病人群的健身运动方式。糖尿病运动治疗主要采用中等强度节律性有氧耐力运动。运动的形式应根据病情、体力及客观条件选择适合个人特点和兴趣的运动项目。最好选用尽可能动员较多大肌群的运动，这样的运动能量消耗大，对呼吸循环系统也能够产生有效的刺激。目前推荐的运动形式有散步、快走、慢跑、骑自行车、做广播操及各类健身操、太极拳、球类、划船、爬山及上下楼梯等。运动形式不必是单一的，可以是交换组合的。要避免快速高强度运动，如快跑、快速游泳、体操、网球等。此外，除了无并发症的轻度糖尿病人以外，赛车、举重、拳击、游泳等运动也不宜参加，以免兴奋交感神经及胰岛细胞等，引起糖原分解和血糖升高。步行安全，简捷而易行，是最易坚持的一种锻炼方式，是首选的运动项目。不同人群运动方式的选择可参见表9－6。

表9－6 不同人群运动方式的选择

老年、妊娠糖尿病	肥胖型糖尿病	轻度糖尿病（无并发症）
散步、下楼梯	平地快走、慢跑、上楼梯	举重、拳击
平地自行车	坡道自行车	游泳
太极拳、体操	登山、各类球类训练	体育比赛
轻微家务劳动	擦地板	重体力劳动

关于阻力锻炼对葡萄糖代谢的影响的研究比较少，已获得的证据显示短期和长期阻力锻炼对葡萄糖平衡和胰岛素活动的影响与有氧运动相似。尽管研究证据表明阻力锻炼是有利的，但是糖尿病患者，尤其是 I 型糖尿病患者（胰岛素依赖型，IDDM）是不提倡进行阻力锻炼的。阻力运动可以产生 Valsalva 反应，持续的运动可使血压升高，这使得有视网膜病变的患者可能发生视网膜剥离、玻璃体出血等危险，也使得神经病变的患者有发生皮肤外伤和溃疡的危险。但如果给予严格的筛查和监督，可以防止运动造成的伤害。证据表明，将有氧运动和阻力锻炼合理地结合起来，对糖尿病患者是十分有效的。

(3) 糖尿病人群的健身运动强度。运动量和强度一定要适中，而且要个体化。运动过度反而会使血糖过大波动，使病情加重；运动量过小，对肌肉没有足够的刺激，达不到运动治疗的目的。对没有合并症的轻中度糖尿病病人，推荐中等强度运动，即指运动时耗氧量占本人最大耗氧量的 60%（60% VO_2max）。美国运动医学会推荐糖尿病患者应以有氧运动为主，达到 40%～60% 的最大耗氧量，或是 60%～90% 的最大心率。国内学者多主张以 60% VO_2max 运动 30min。

(4) 糖尿病人群健身运动的时间和频率。目前，大多数学者推荐餐后 1～2h 定时进行运动，认为此举有很好的降糖作用。日本学者研究，认为餐后 90min 运动较餐后 30min 及 60min 运动的降糖作用好。熊艳的研究显示，降糖效果最好为餐后 90min 进行，餐后 60min 次之，而餐后 30min 进行的降糖作用最差。另外，运动的时间因人而异，视所用药物品种而异，应在药物发挥最大效力之前进行，如注射普通胰岛素以餐后 0.5～1.5h 运动为宜；口服优降糖时的高峰浓度为服药后 1.5h，故运动在餐后 0.5～1h 即可，运动时间应避开药物高峰作用时间及空腹时间。

（二）糖尿病人群的饮食控制建议

糖尿病人的饮食控制原则主要有两条：其一是控制血糖，纠正代谢紊乱，防止出现各种并发症；其二是保证足够的营养物质，以维持机体生理功能、提高体力和延长寿命。这两者看起来是互相矛盾的，然而任何一方面都不可以偏废。所以糖尿病人的饮食控制的关键在于要找到二者的平衡点，这样才能二者兼顾。在实施的过程中要注意以下九个方面：

（1）合理控制总热量。

（2）碳水化合物要适量摄入。

（3）减少脂肪的摄入。

（4）优质蛋白质的供应要充足。

（5）补充 B 族维生素。

（6）补充无机盐和微量元素。

（7）注意膳食纤维的补充。

（8）合理安排餐次，科学配膳。

（9）选用代糖甜味品。

四、心脑血管病人群的健身锻炼与营养补充

心脑血管病是指因血管病变，主要是动脉硬化引起不同程度闭塞所致的心脏和脑部两组疾病，一个是脑动脉闭塞所致的脑血栓形成、栓塞以及出血性疾病，另一个是营养心脏的冠状动脉闭塞的冠状动脉粥样硬化性心脏病（简称冠心病）。

（一）心脑血管病人群的健身锻炼方案

1. 冠心病人群健身锻炼的方式、强度、持续时间和频度的控制

（1）锻炼方式。运动以耐力性有氧运动项目为主，其方式可以采用：

①步行。如果以 80～85m/min 的速度步行，心率可达 100 次/min，100m/min 以上者，可使心率达 100～110 次/min。

②走一跑交替。步行 1min 与慢跑 0.5min 交替进行，共 20 次，总时间为 30min，走速约 50m/min，跑速为 100m/min。

③健身跑。一般为 8km/h，缓慢者只 4～5 里/h。有过急性心肌梗塞者，不宜进行慢跑，以免发生意外。

④骑自行车。应用功率自行车在室内锻炼，运动强度（功率）为 450～750kg·m/min，持续 15min。

（2）运动强度。运动强度是制定冠心病人运动处方中最重要和难度最大的部分，对运动的效果和安全性有直接的影响。通常用运动的靶心率控制运动强度。可以用最大心率的 60% 作为靶心率。最大心率可用：220－年龄（岁）推算。

（3）持续时间。耐力性运动持续时间一般要求每次运动持续 40～60 min，其中包括 120 min 的准备活动（如伸展活动、关节活动等）和 5～10 min 的整理活动。真正的锻炼时间为 20～30min，至少 20min，其中达到适宜心率的时间应持续在 5min 以上。

（4）锻炼频度。要取得运动效果并使其得以维持和积累，运动频度应为每周 3～4 次，隔日一次最好。如果一次运动强度等于或大于 60%，持续 20min，则每周 3 次；如果运动

强度小，就要增加运动频度或时间，以确保运动量和运动效果。有些活动，如散步、健身气功、太极拳、保健操等可以每天练习。

2. 脑血管病人群的健身运动康复

脑卒中病人的运动属于医疗康复的范畴，需要在专门的康复医师的指导下进行，本书不再赘述。

（二）心脑血管病人群的饮食建议

心脑血管病人的膳食要坚持"三限制"和"三增加"的原则，即限制脂肪、食盐和总热量；增加膳食纤维、维生素和钾、钙。

（1）限制脂肪摄入。

（2）限制食盐摄入。

（3）限制膳食总热量。

（4）增加膳食纤维和新鲜蔬果。

（5）增加维生素 B1、B6，维生素 E 和 C 食物。

（6）适且补充钾和钙。

（7）适量补充蛋白质。

（8）选择合适的保健药品。

五、骨质疏松人群的健身锻炼与营养补充

骨质疏松症的定义为：原发性骨质疏松症是以骨量减少、骨组织显微结构退化为特征，以致骨的脆性增高而骨折危险性增加的一种全身骨病。

（一）老年人骨质疏松的健身锻炼方案

对于老年人，因为骨骼逐渐衰老，为了减少骨量的下降幅度，延缓骨质疏松的发生，宜选择符合其生理特点和运动能力的有氧运动项目如走跑交替、慢跑、登山、中老年健身操、体育舞蹈、太极拳和广播操等。另外，还应有针对性地选择骨折多发部位（因骨质疏松所致骨折主要集中在腰椎，四肢长骨近端和远端等处）的专项肌力锻炼，以加强肌肉对骨骼产生的牵张力和对骨强度的影响作用。

1. 走、跑交替运动

走、跑交替既有增强体质的显著效果，又便于从实际出发灵活掌握运动量，活动不剧烈且容易坚持，是一种较适合中老年人锻炼身体的好方法。锻炼方法是先走后跑，交替进行。根据身体的适应程度逐渐增加走跑的时间、距离和次数。刚开始锻炼时，一般是先走1min，再跑 1min（每分钟 100m 左右），次数上可隔周递增 1 次，如第 1 周走 5 次跑 5 次（共 10min），第 3 周走 6 次跑 6 次，第 5 周走 7 次跑 7 次，一直增加到走 10 次跑 10 次，就不再增加跑的速度，以出汗、稍喘气、跑后心率不超过 120 次/min、无异常感觉为宜。

2. 慢跑运动

开始时慢跑 400m，1～2 周后逐渐增加距离，待距离稳定在 1200～1600m 左右，身体逐渐适应时，也可改为中等速度；以出汗、喘粗气、跑后心率不超过 120 次/min、疲劳恢复较快为宜。

除了慢跑、游泳、爬楼梯、蹬自行车等基本方法外，还有许多有氧训练方法，如划船、太极拳、中老年迪斯科、篮球、排球、足球、羽毛球等项目。但球类运动均应在具备

一定训练基础的条件下进行，而太极拳、健身舞、中老年迪斯科等简便易行，应大力提倡。

3．专项肌力锻炼

（1）日常静力性体位训练。取坐或站位时，伸直腰背，收缩腹肌和臀肌，增加腹压，吸气时扩胸伸背，接着收颏和向前压肩或背靠椅坐直；卧位时应平仰、纸枕，尽量使背部伸直，坚持睡硬板床，对所有骨质疏松患者，无论有无骨折都应进行本项训练，使其通过训练，习惯这种姿势，以防骨折和驼背的发生。

（2）力量性训练。握力训练，每日坚持握力训练 30min 以上；俯卧撑练习：每日 1 次，尽量多做，每次所做个数不得少于前 1 次，先从低难度开始；拉橡皮（筋）条练习：两腿分开与肩同宽，直立于 1 棵大树或类似物体前，取 1 根 3～4m 长的橡皮条，绕过树干，两手各持橡皮条的 1 端于体侧，并绷直皮条，做各种练习。

练习一：两臂同时前后摆动，用力向体后拉橡皮条。

练习二：手心向上，两臂同时屈肘，用力拉橡皮条至胸前，伸肘，还原。

练习三：转身、背向树干，两腿前后站立，前腿成弓步，两臂屈肘将橡皮条置于两侧肩上，然后同时用力伸臂向前拉直皮条，屈肘还原。

练习四：上述 3 种方法组合，每种方法来回重复 15～20 次，每天练习 1 次或每周练 3～4 次，持之以恒可增强上肢肌肉和胸背部肌肉的力量，有效牵伸脊柱，提高肩关节的柔韧性，同时锻炼了腿部肌肉力量，具有全身性强骨、健骨效果，能起到预防骨质疏松的作用。

特别值得注意的是，原发性骨质疏松的发生多见于中老年人，而且这一人群发生骨折的危险性较高，必须重视运动的安全性。因此，运动强度宜选择中等强度为好。同时，强度一定要循序渐进，不可操之过急。

（二）骨质疏松症人群的饮食建议

骨质疏松症包括骨矿物质和骨基质的减少，矿物质主要由钙、磷和一些微量元素组成，骨基质主要由胶原蛋白组成。当人的饮食中缺少钙、磷、蛋白质和微量元素即可导致骨质疏松，所以营养与骨质疏松关系密切。其中适量补钙就是预防骨质疏松症的最重要环节。为了防治骨质疏松症，需要注意以下的营养补充。

（1）合理调配膳食结构。

（2）适时适量补钙。

（3）选用大豆植物雌激素。

（4）注重维生素 D 的摄入。

（5）减少糖和盐的摄入。

第四节　特殊人群的健身指导

老年人、孕妇都是健身锻炼中必须悉心照顾的群体。人体的衰老，其中一个重要原因就是缺少运动，因此，加强健身锻炼一直被视为老年保健的必由之路。怀孕也是一种特殊情况，因为它给孕妇增添了额外的应激，即超出了单纯运动锻炼引起的应激。而孕期科学的健身锻炼不论是对腹中的宝宝，还是母亲的健康都极为重要，因此，对特殊人群的健身指导也是健身教练面临的重要课题。

一、老年人的健身锻炼与营养补充

(一)老年人健身锻炼方案

1. 健身运动强度

运动强度是运动处方的核心部分,对运动效果和运动安全有直接的影响。一般老年人应以中等强度的有氧运动为主。以心率来控制强度容易接受和运用。一般人运动时心率在160次/min以下的运动都是有氧运动。一般认为身体健康的老年人运动时以本人最大心率的60%～80%为宜,女性(>55岁)的健身心率范围在100～120次/min,男性(>50岁)健身心率范围在120～130次/min,而过去不从事运动、很少从事运动或身体素质较差的老年人,他们的运动强度只能达到本人最大心率的50%左右或更低。[①]

对于老年人运动强度的设置因人的健康程度和体力大小不同而不同,一般可以下公式为中间值上下调节:

运动目标心率＝(220－年龄－安静心率)×(60%～80%)＋安静心率

运用此公式时要注意两点:一是不要在很短的时间内把心率提高到目标心率,运动前一定要做充分的准备活动来热身和逐步提高心率。准备活动一般需10min左右。二是在长时间相对固定运动强度的运动中心率会逐渐增高,超过目标心率,在心率增高较多时,要降低运动强度以避免生理负荷过大。

运动后的放松是对运动效果的保证,也是运动的延续,放松有利于促进恢复和防止肌肉延迟性酸痛,积极消除运动中产生的疲劳物质。放松方式可以有慢跑、全身抖动、运动肌肉的反向牵拉、按摩、拍打等多种方式,放松时间可以在10min左右。运动负荷是否适宜,可从用脉搏和呼吸的改变来判断。如果运动后两分钟时,脉搏下降了20%以上,则表明这次运动负荷的强度和量是适宜的;如果运动后第五分钟时,呼吸应恢复正常,心脏不应再怦怦作响,第二天晨起脉搏应波动不大,体重基本不变,也可以认为负荷强度和量是适宜的。

2. 健身运动时间

库珀认为,一般人在运动时至少要在运动强度为心率150次/min水平上运动5min时才能获得锻炼效果,而且随运动时间的增长,锻炼效果也增强。但是对大多数老年人而言,运动时的适宜心率往往在130次/min左右,达不到150次/min的心率。在运动心率较低时,运动时间就要相应增加,这样才能得到相同的锻炼效果。不同的运动强度选择不同的运动时间,对应关系如下[心率:(次/min):运动时间(分)]:110:180;120:90;130:45;140:20;150:10。运动量确定后,运动强度大时,持续时间应相应较短,采用同样运动量时,体质好的老年人宜选择强度中等、持续时间稍短的练习,每次最好有30～60min。运动时间如果太短,身体中的内分泌系统、心血管系统、呼吸系统、运动系统等器官功能不能在短时间内被激活或达到高峰,不能收到最理想的锻炼效果。如果运动时间太长,能源物质消耗过多,汗液丢失过多,引起机体过度疲劳,抵抗能力下降,也达

---

① 费加明. 城市老年人健身 生命质量特征及运动干预研究[M]. 生活·读书·新知三联书店,2017:61

不到理想的锻炼效果。

3. 健身运动频率

运动频率即每日或每周运动的次数，一般每日或隔日运动一次，视运动量的大小和自我感觉而定。有资料表明，每周锻炼3～5次能获得较好的锻炼效果，体质差的老年人每周锻炼2～3次，也可提高有氧能力。

（二）老年人的饮食建议

老年人摄食的总原则是：食物多样、营养平衡、数量适度、清淡可口、卫生安全。

在老年人一日的食物摄入量上，我国《中国居民膳食指南（2007）》建议：老年人每天最好能吃到100g以上的粗粮或全谷类食物，因为85g或以上全谷食物可以帮助控制体重，减少慢性病风险。鱼虾类及瘦肉100g，豆类及其制品50g，新鲜绿色蔬菜300g左右，新鲜水果250克左右，牛奶250g，烹调用油30g，食盐5g，食糖少于20g，少饮或不饮酒，供给足够的水分。

在老年人的摄食方式上，专家们主张十大原则：

（1）蛋白质要保证。食用营养丰富，容易消化的优质蛋白，如鸡肉、鱼肉、兔肉、羊肉、牛肉、瘦猪肉以及豆类制品等，以补偿组织蛋白的消耗。

（2）食物多样化。各种食物都要吃一点，如有可能，每天的主副食应保持10种左右。海带、紫菜中钾、碘、铁的含量较多，对防治高血压、动脉硬化有益。经常选用贻贝、淡菜、海带、蘑菇、花生、核桃、芝麻等则可增加必需微量元素锌、硒、铜等的摄入量，也有助于防治高血压和动脉硬化。

（3）蔬菜多而新鲜。新鲜绿叶菜及红、黄色瓜果类（如胡萝卜、南瓜、杏子等），含维生素A、维生素C和纤维素较丰富，应多选用。对保护心血管、防癌防便秘有重要作用。

（4）水果多样化。各种水果含有丰富的水溶性维生素和微量元素，利于维持体液的酸碱度平衡，防止便秘。

（5）牛奶要保证。每天要保证250g牛奶，它是蛋白质、钙的最佳来源。对于不能耐受乳糖的老人，可以改用酸奶。

（6）少食多餐。每餐进食的数量要少，过分饱食会使消化系统过重，有害健康。每餐应以八九分饱为宜，尤其是晚餐。一天可三餐主餐，两次加餐。即每天时餐4～5次。如从膳食中摄取营养素不足，特别是维生素和矿物质，可适当使用营养素补充剂。

（7）菜肴清淡。老年人因食欲低下而可能口重，但是过多摄入盐会给心脏、肾脏增加负担，易引起血压增高。老年人一般每天吃盐最好在5g以下。

（8）宜软不宜硬。老年人牙齿常有松动和脱落，咀嚼肌变弱，消化液和消化酶分泌量减少，胃肠消化功能降低。因此，饭菜要做得软一些，烂一些。要以蒸、煮、炖、炒为主，避免油腻、腌制、煎、炸、烤的食物。

（9）宜热不宜冷。老年人对寒冷的抵抗力差，如吃冷食可引起胃壁血管收缩、供血减少，并反射性引起其他内脏血液循环量减少，不利健康。因此，老年人的饮食应稍热一些。

（10）宜慢不宜快。细嚼慢咽，可以减轻胃肠负担，促进消化。另外，吃得慢些也容易产生饱腹感，防止进食过多，影响身体健康。

二、孕期及哺乳期女子的健身锻炼与营养补充

（一）怀孕女子孕期及产后健身锻炼指导

1. 孕期健身锻炼安全项目的选择与锻炼方法

（1）平地散步锻炼。[①]

①散步方式。有些孕妇每天都以散步的方式运动，有些喜欢跑步的孕妇当觉得跑步太困难、后腰和膝盖承受不了时，会转而采用走一会儿慢跑一会儿的方式或者是散步的方式运动。随着怀孕天数的增加，尽量避免爬陡峭的山，因为那样会让孕妇的心律陡增，也会给孕妇的后腰施加更多的压力。

②散步要领。孕妇要特别关注走路的姿态。直立，背部成自然的"S"形曲线，两肩向后、向下收紧，不要耸肩。挺胸向前走。手臂放松，前后甩而不是在身体周围摆动。

③散步禁忌。在炎热潮湿的天气中不要散步，那样孕妇的心律会升高得更快，而且身体也会过热。地面结冰时也不要外出散步，因为怀孕时孕妇的平衡感不如平常好。如果天气不好，只能在室内运动，在踏车上散步时，抓住两边的扶手（不要只死死抓住一个扶手）。在踏车上做运动比在地面散步对平衡感的要求更高。

④散步要求。孕妇散步时确保其穿着能起支撑作用的散步鞋。由于孕妇怀孕时的体重比平常增加，其关节也得承受额外的压力，关节需要所有帮助缓冲震动的东西，孕妇的脚可能会肿胀到比平常大半码。

（2）水中慢游锻炼。一些孕妇觉得散步不舒服，尤其在怀孕的最后3个月。因而她们改做一些对身体影响小的运动，譬如游泳。事实上，一些孕妇表示只有在水中时，她们才真正觉得舒服。

水中锻炼是非常好的，因为在水中孕妇不必担心自己的平衡。水浮起孕妇的体重，也包括孕妇腹中宝宝的体重，减轻孕妇后腰的压力。同时，水也能减少重力的影响，减轻孕妇关节的压力。没有什么能比在水中慢慢地游动更让人平静的了，游泳甚至能减轻一些由怀孕引起的肿胀感。另外，孕妇在水中基本不可能摔倒。

同时，孕妇也能进行大量的锻炼，如在游泳池里跑步，用湿手套和泡沫哑铃等专用器材锻炼自己的肌肉。随着腹中胎儿的不断成长，孕妇可能需要修改自己的水中锻炼计划。使用踢水板可能会让孕妇不舒服，因为它强迫孕妇躬着背，这可能会引起孕妇的背部疼痛。蛙泳也可能导致孕妇身体不舒服。另外，别忘记喝水，因为即使在游泳池中，孕妇也可能缺水。

（3）低强度的有氧健身操或瑜伽锻炼。不论是有氧运动或是力量锻炼，甚至瑜伽班，都必须和孕妇受限制的身体相适应—包括平衡感的下降、重心的改变、不断增加的关节的疏松以及不断减少的耐心。孕妇锻炼班给了孕妇们消除和很难相处的人产生隔阂的机会，也能缓解她们浮肿的脚踝的痛苦。

（4）科学合理地连续举重锻炼。如果孕妇以前从未进行举重，那么怀孕阶段不是孕妇开始一项无人监督的力量练习的好时期。但是，如果孕妇知道在举重室干什么或者在家里曾用哑铃锻炼过，就没有理由暂停其锻炼习惯。只要将自己的锻炼计划做合适的修改，仍

---

①　刘胜，贾鹏，张先松. 健身理论与方法指导［M］. 武汉：湖北人民出版社，2021：102

然有很多好的理由坚持锻炼，但是作为初学者，必须和在孕妇锻炼方面有经验的教练员配合，或者是加入健身俱乐部的一个有监督的孕妇力量训练班级。

孕妇必须不断地调整其力量锻炼计划，使之与每天都在改变的身体相适应。比起自由举重，孕妇可能更偏向于使用器械，因为器械能给孕妇更多的支撑而要求更少的平衡。

2. 孕期健身锻炼安全措施

（1）怀孕妇女应与自己的医生商讨其健身计划，并征得健康保健医生的同意。

（2）每周锻炼活动 3 天，并有充分的准备活动及放松练习。

（3）避免使心率超过 140 次/min 的剧烈活动。

（4）避免长时间（超过 40min）的运动锻炼和剧烈活动。

（5）避免在湿热的环境中运动，因为那种环境能将体温升至 38℃以上，易导致中暑。

（6）怀孕 4 个月以上仰卧时，不要进行任何活动。

（7）避免做弹跳式的运动及躯体过度屈伸的活动。

（8）一些高危孕妇不宜在孕期参加训练。

3. 产后健身锻炼建议

孕妇生完孩子几天或者几周，在医生做完检查之后，一旦自己感觉不错，就可以开始尝试简单的运动，如每天散步。产妇逐渐会感到散步时自己的步子变得轻快起来。另外，可以考虑一下买一个婴儿慢跑车或者是专用手推车，把它和自己的自行车绑在一起，这样就能安全地带着小宝宝出去骑车锻炼了。

如果产妇生产没有什么并发症，不超过 6 周医生就会同意其去参加更有活力的运动，如游泳、慢跑、举重等。但需要保证的就是慢慢地、一步一步地开始做这些运动。产妇的腹部肌肉因怀孕被伸展过了，那就意味着它们不能像怀孕之前一样支撑其后背了。在开始其健身计划之前，还是应该先征求医生的意见。

（二）孕期及哺乳期女子健身锻炼的营养补充

合理的营养和科学的健身锻炼是促进孕期和哺乳期女子及下一代的健康的重要保证。孕妇和乳母均为需要加强营养的特殊人群，因为胎儿生长发育所需的各种营养素均来自母体，孕妇本身也需为分娩和分泌乳汁储备一定的营养素；乳母则需分泌乳汁来供给幼儿的生长发育。

1. 孕早期女子的膳食指南

（1）膳食清淡、适口。清淡、适口的膳食能增进食欲，易于消化，并有利于降低怀孕早期的妊娠反应，使孕妇尽可能多地摄取食物，满足其对营养的需要。清淡、适口的食物包括各种新鲜蔬菜和水果、大豆制品、鱼、禽、蛋以及各种谷类制品，可根据孕妇当时的喜好适宜地进行安排。

（2）少食多餐。怀孕早期反应较重的孕妇，不必像常人那样强调饮食的规律性，更不可强制进食、进食的餐次、数量、种类及时间应根据孕妇的食欲和反应的轻重及时进行调整，采取少食多餐的办法，保证进食量。为降低妊娠反应，可口服少量 B 族维生素，以缓解症状。随着孕吐的减轻，应逐步过渡到平衡膳食。

（3）保证摄入足量富含碳水化合物的食物。怀孕早期应尽量多摄入富含碳水化合物的谷类或水果，保证每天至少摄入 150g 碳水化合物（约合谷类 200g）。因妊娠反应严重而完全不能进食的孕妇，应及时就医，以避免因脂肪分解产生酮体，对胎儿早期脑发育造成不良影响。

（4）多摄入富含叶酸的食物并补充叶酸。怀孕早期叶酸缺乏可增加胎儿发生神经管畸形及早产的危险。妇女应从计划妊娠开始尽可能早地多摄取富含叶酸的动物肝脏、深绿色蔬菜及豆类。由于叶酸补充剂比食物中的叶酸能更好地被机体吸收利用，因此建议孕妇受孕后每日应继续补充叶酸 400Mg，直至整个孕期。叶酸除有助于预防胎儿神经管畸形外，也有利于降低妊娠高脂血症发生的危险。

叶酸的良好来源为动物肝肾、鸡蛋、豆类、绿叶蔬菜、水果及坚果等。

2. 孕中、末期女子健身锻炼的膳食指南

孕期适当的健身锻炼可以促进机体代谢，避免营养素摄入过剩在体内的积蓄，出现肥胖。适量运动可增强血液循环，增强对疾病的抵抗力。另一方面，健身锻炼可以增加食欲，促进营养物质的吸收，有利于均衡营养。要求如下：

（1）适当增加鱼、禽、蛋、瘦肉、海产品的摄入量。鱼、禽、蛋、瘦肉是优质蛋白质的良好来源，其中鱼类除了提供优质蛋白质外，还可提供更多不饱和脂肪酸（如 22 碳 6 烯酸），这对怀孕 20 周后婴儿大脑和视网膜功能发育极为重要。蛋类尤其是蛋黄，是卵磷脂、维生素 A 和维生素 B2 的良好来源。建议从孕中、末期每日增加总计约 50～100g 的鱼、禽、蛋、瘦肉的摄入量，鱼类作为动物性食物的首选，每周最好能摄入 2～3 次，每天还应摄入 1 个鸡蛋。除食用加碘盐外，每周至少进食 1 次海产品，以满足孕期碘的需要。

（2）适当增加奶类的摄入。奶或奶制品富含蛋白质，对孕期蛋白质的补充具有重要意义，同时也是钙的良好来源。由于中国传统膳食不含或少有奶制品，每日膳食钙的摄入量仅 400mg 左右，远低于建议的钙适宜摄入量。从孕中期开始，每日至少摄入 250mL 的牛奶或相当量的奶制品及补充 300mg 的钙，或喝 400～500mL 的低脂牛奶，以满足钙的需要。

（3）常吃含铁丰富的食物。伴随着从怀孕中期开始的血容量和血红蛋白的增加，孕妇成为缺铁性贫血的高危人群。此外，基于胎儿铁储备的需要，宜从孕中期开始增加铁的摄入量，建议常摄入含铁丰富的食物，如动物血、肝脏、瘦肉等，必要时可在医生指导下补充小剂量的铁剂。同时，注意多摄入富含维生素 C 的蔬菜、水果，或在补充铁剂时补充维生素 C，以促进铁的吸收和利用。

值得说明的是，由于孕期对各种微量营养素需要的增加大于能量需要的增加，通过增加食物摄入量，以满足微量营养素的需要极有可能引起体重过多增长，并因此会增加发生妊娠糖尿病和出生巨大儿的风险。因此，孕妇应适时监测自身的体重，并根据体重增长的速率适当调节食物摄入量。

3. 哺乳期女子的膳食指导

根据《中国居民膳食指南（2020）》要求，在一般人群膳食指南 10 条的基础上，哺乳期妇女膳食指南增加以下三条内容：

（1）增加鱼、禽、蛋、瘦肉及海产品摄入。动物性食品如鱼、禽、蛋、瘦肉等可提供丰富的优质蛋白质，乳母每天应增加总量 100～150g 的鱼、禽、蛋、瘦肉，其提供的蛋白质应占总蛋白质的1/3以上。如果增加动物性食品有困难时，可多食用大豆类食品以补充优质蛋白质。为预防或纠正缺铁性贫血，也应多摄入些动物肝脏、动物血、瘦肉等含铁丰

富的食物。

此外，乳母还应多吃些海产品，对婴儿的生长发育有益。

（2）适当增饮奶类，多喝汤水。奶类含钙量高，易于吸收利用，是钙的最好食物来源。乳母每日若能饮用牛奶 500mL，则可从中得到约 600mg 优质钙。对那些不能或没有条件饮奶的乳母，建议适当多摄入可连骨带壳食用的小鱼、小虾，大豆及其制品，以及芝麻酱及深绿色蔬菜等含钙丰富的食物。必要时可在保健医生的指导下适当补充钙制剂。此外，鱼、禽、畜类等运动性食品宜采用煮或煨的烹调方法，促使乳母多饮汤水，以便增加乳汁的分泌量。

（3）产褥期食物多样，不过量。产褥期的膳食同样应是多样化的平衡膳食，以满足营养需要为原则，无须特别禁忌。我国大部分地区都有将大量食物集中在产褥期消费的习惯；有的地区乳母在产褥期膳食单调，大量进食鸡蛋等食品，其他食品如蔬菜水果则很少选用。要注意纠正这种食物选择和分配不均衡的问题，保持产褥期食物多样充足而不过量，以利于乳母健康，保证乳汁的质与量，以及持续地进行母乳喂养。

第十章 健身教练的职业规划

作为一项朝阳产业的主力军，健身教练行业已经成为当下热爱健身行业年轻人的选择，并且作为一种热门的职业选择受到越来越多的关注。这个职业的性质、类别划分以及发展前景，乃至对于整个健身行业发展的意义都将作为一个重要的课题予以提出，并寻求解答。本章将从以上几个方面进行详细分析，从而为健身教练职业描绘出一个较为清晰的职业发展蓝图。

第一节 健身教练职业规划的内涵

职业规划又可称作职业生涯设计或职业计划，指的是通过制定健身教练职业目标，确定实现目标的手段，得到不断发展的过程。职业生涯设计的关键在于健身教练个人的职业目标与现代商业健身房提供的条件、机会的最佳配合。追求成功是任何商业健身房和健身教练个人的本质目标。每个商业健身房和健身教练个人都渴望实现自身的价值。职业规划对健身教练个人和现代商业健身房都具有重要意义。

一、健身教练职业生涯和职业规划的定义

（一）健身教练职业生涯

健身教练职业生涯就是一名健身教练的终身职业经历，是一名健身教练一生中连续从事的职业，不仅包括过去、现在和未来那些可以实际观察到的职业发展过程，而且还包括个人对职业生涯发展的见解和期望。具体而言，健身教练职业生涯一般是指以心理开发、生理开发、智力开发、技能开发、伦理开发等人的潜能开发为基础，以现代商业健身房的健身与健美指导服务工作内容的确定和变化，工作业绩的评价，工资待遇、职称、职务的变动为标志，以满足会员健身与健美需求为目标的工作经历和内心体验的经历。与职业不同，健身教练职业生涯是个发展的概念，即将健身教练个人的职业生活看作是一个动态的过程，具有浓厚的个人色彩。可以说，健身教练职业生涯是人一生中最重要的历程，是追求自我实现的重要人生阶段，对人生价值起着决定性作用。

（二）健身教练职业规划

健身教练职业规划也可称为健身教练职业生涯设计，是指个人和现代商业健身房相结合，在对一名健身教练职业生涯的主客观条件进行测定、分析、总结研究的基础上，对自己的兴趣、爱好、能力、特长、经历及不足等各方面进行综合分析与权衡，结合时代特点，根据自己的健身与健美职业倾向确定其最佳的职业奋斗目标，并为实现这一目标做出行之有效的安排。例如：做出个人健身与健美职业的近期和远景规划、职业定位、阶段目标、路径设计、评估与行动方案等一系列计划与行动。健身教练职业生涯设计的目的绝不只是协助个人按照自己的资历条件找一份工作，达到和实现个人目标，更重要的是帮助个人真正了解自己，为自己定下事业大计，筹划未来，拟定一生的方向，进一步详细估量

内、外部环境的优势和限制，在"衡外情，量己力"的情形下设计出各自合理且可行的健身教练职业生涯。

二、健身教练职业规划的意义

进行健身教练职业规划的原因在于每一个人都希望在自己的健身教练职业生涯中，能够最大限度地发挥自己的潜能，有效地实现自我价值，从而保证在健身教练的事业上取得更大的成就。在一个人有限的生命中，职业生涯往往占有绝对重要的位置。据调查统计，在健身行业工作的大部分健身教练，平时工作的时间占可利用社会活动时间的 71％～92％。可见，健身教练职业生涯活动伴随了他们的大半生，甚至更长远，拥有成功的健身教练职业生涯才可能实现完美人生。因此，健身教练职业规划也就具有特别重要的意义。

（一）健身教练职业规划是满足人生需求的重要手段

现代人大部分时间是在社会组织中度过的。作为个人生命中投入时间、精力最多的人生组成部分，健身教练职业生涯使我们体验到爱与被爱的幸福，受人尊敬、享受美和成就感的快乐。素质愈高，精神需求愈高级，对健身教练职业生涯的期望也就愈大，更需要对健身教练职业进行合理规划。

（二）健身教练职业规划可以促进人的全面发展

现代人追求身心全面发展。随着生活质量和健康教育程度的提高，人们的自我健身与健美意识逐渐增强，对健身教练的职业素质也提出了更高要求。健身教练渴望拥有健康的体质、健美的体形、丰富的健身知识、运动健身的能力、良好的人际关系，渴望在健身事业上有所建树的同时，享有幸福和谐的家庭生活和丰富多彩的休闲时光。健身教练职业与自身的全面发展有着密不可分的关系。健身教练职业规划是自身全面发展的重要手段，而成功的健身教练职业生涯，最终是要获得自身的全面发展。

（三）促成自我实现，作出更大贡献

健身教练职业规划并不停留在把健身教练职业作为谋生手段的水平，而是指向个人生命的意义。在这里，健身教练职业不仅仅是谋生手段，而是实现个人价值，追求理想生活的重要途径。每个人都是自己人生事业的规划者和耕耘者，规划自我发展蓝图，设计未来人生旅途，为实现自我价值创造机会，并扬长避短，最终迈向成功。一名健身教练没有进行职业规划，可能也能获得健身事业的成功。但是，有了有效的健身教练职业规划，取得更快的成功和更大的成就就有了更明确的指向。它不仅引导健身教练从业者努力去追寻自己所渴望的生活方式，更重要的是为现代商业健身房、会员群体和社会健康带来更大贡献。

（四）发掘自我潜能，增强个人实力

（1）一份有效的健身教练职业规划，将会引导你认识自身的个性特质、现有和潜在的资源优势，帮助你重新认识自身的价值并使其持续增值。

（2）一份有效的健身教练职业规划，将会引导你对自己的综合优势与劣势进行对比分析。

（3）一份有效的健身教练职业规划，将会使你树立明确的职业发展目标与职业理想。

（4）一份有效的健身教练职业规划，将会引导你评估个人目标与现状间的距离。

（5）一份有效的健身教练职业规划，将会引导你前瞻与实际相结合的职业定位，搜索或发现新的或有潜力的职业机会。

（6）一份有效的健身教练职业规划，将会使你学会如何运用科学的方法，采取切实可行的步骤和措施，不断增强你的职业竞争力，实现自己的职业目标与理想。

总之，使你能够充分发挥个人的专长，开发自己的潜能，克服健身教练职业生涯发展困阻，避免人生陷阱，获得健身事业的成功。

（五）应对来自健身行业的竞争压力

当今社会是变革的时代，健身行业到处充满激烈的竞争。物竞天择，适者生存。无论是现代商业健身房还是健身教练个人，无不希望在这场无穷无尽的竞争中脱颖而出，并保持立于不败之地。变革所带来的紧迫感要求健身教练个人必须不断提高素质，才能应对健身行业竞争的挑战，适应现代商业健身房的发展要求和工作质量要求。

三、健身教练职业规划的过程

因为健身教练职业生涯设计是一个试图去满足健身教练和现代商业健身企业需要的互动过程，所以，为健身教练制定职业规划就需要双方的共同参与。需要现代商业健身企业和健身教练个人在不同的阶段和领域作出各自的努力。

一个健身教练职业计划从自我认识（或自我评价）开始，因为一个人只有首先正确地认识自己，才能选择一个适合自己的职业，建立一个可实现的目标。一般来说，在健身教练职业生涯设计中，要做以下三个主要工作：

（1）通过有效的沟通渠道，了解健身教练的兴趣、爱好和追求，并对健身教练的能力、潜力进行评估，确定健身教练的职业目标是否现实。这些一方面可以通过分析招聘中的种种测试结果以及反映他们的教育、技能水平和以往经历的书面材料来完成；另一方面可以通过健身企业人力资源部或教学培训部组织定期的绩效评估，以及管理层与健身教练的面谈得到。

（2）保存与职业有关的健身教练的资料，及时地公布现代商业健身企业内部所有空缺的职位，并且保证所有的健身教练都能得到这些信息，以便给符合条件的健身教练一个公平的机会，确保现代商业健身企业内部候选人的职业目标和技能，能够与现代商业健身企业内部的晋升机会公开、公正地匹配起来。[①] 很多现代商业健身企业为了帮助健身教练发展，都制定并执行了内部晋升制度，为了确保内部晋升顺利地执行，保存每个健身教练的工作记录和绩效评估结果，及时地公布空缺的职位，是非常重要的。

（3）结合现代商业健身企业的发展战略和个人的职业发展规划，为健身教练提供必需的培训。健身教练在一个现代商业健身企业内的职业发展，可能表现为被提升到一个更高的职位上去，横向调动或被调到一个级别较低但有较多发展机会的职位上去等。每一次工作变动，或者需要健身教练承担更大的责任，或者要求健身教练掌握新的技能。因此，为使健身教练胜任新的工作，顺利地沿着健身教练职业道路实现其职业目标，现代商业健身企业必须根据自身的发展战略，给健身教练提供相应的培训，这样既保证了现代商业健身企业长远发展所需的人才和技能储备，也满足了健身教练职业发展的需要。

---

① 卢玮，陈亮. 职业教练 健康与健身教练［M］. 北京：清华大学出版社，2021：28

第二节　健身教练职业规划是健身行业发展的需要

国务院颁发的《全民健身计划纲要》与国家人力资源和社会保障部将"健身教练"增设为社会体育指导员职业鉴定项目等举措，拉开了我国健身行业商业健身房健身教练服务体系在课程的目标、结构、内容、实施、评价和管理等各个方面创新和突破的序幕，对健身教练提出了更高的要求，健身教练面临着新的挑战和机遇。因而，健身教练必须根据现代商业健身企业的服务新理念，重新制定或调整健身教练职业规划，以尽快实现健身教练角色的转化，满足事业发展的需要。

一、健身行业要求教练角色重新定位

（一）由传统的"教练"向创造者转化

健身房传统的健身服务关注会员的健身基础知识与基本技能的掌握，健身教练的职责主要定位在健身知识、技能的输出和传递上，充当着一种"搬运工"的角色。会员的健身消费活动变成了一种单调乏味、机械重复的"操作"，形成了"我教，你练"的局面。广大健身教练产生了"职业倦怠"，沦为只是按照固有程序机械运行的毫无思想、缺乏创新意识的"教练"。在这种单调乏味的健身指导活动中，健身教练只是把自己的工作视为一种义务和奉献，体验不到自己职业生活的快乐、幸福，更感受不到自我生命价值和意义的实现。

现代商业健身企业的健身和健美课程是健身教练与会员不断通过创新而实现自我生命价值的过程，是健身教练与会员互相促进、共同提高的"教学相长"、"互动双赢"的动态生成过程，是一种富于创造性，并从中获得精神愉悦和自我提升的创造性的生命活动。就健身与健美教学活动而言，健身与健美课程要求由重传授向重发展转变；由统一规格健身指导向差异性健身指导转变；由重健身教练"教"向重会员"学"转变；由重结果向重过程转变；由单向信息交流向综合信息交流转变；由居高临下向平等融洽转变；由健身教学竞技模式化向健身教学个性化转变等。[①]

（二）由传统的健身课程被动执行者向研究者转化

以往，国家制定统一的健身课程计划、课程标准、课程实施，健身教练无法参与课程改革的重要决策，缺乏改革的自主权，难以将自己的健身教学思想付诸实践，只是扮演着健身课程"技术操作员"和被动执行者的角色。

现代健身行业的健身课程的实施给健身教练提出了多方面的挑战，健身教练只有正确定位自己的研究者身份，才能成为健身课程实施与改革的积极参与者和主动适应者。健身教练不再是一个简单的"技术操作员"，而是对自己的健身教学指导行为加以反思、研究与改进，提出最贴切的改进意见。成熟的健身教练应该是研究型的健身教练，不仅具有有效的经验行为，还要有理性的思考，应能解释、反思自己的健身教学实践，以完善健身教练服务实践。

---

① 杨国廷. 健身瑜伽教练员培训教程［M］. 北京：人民体育出版社，2019：17.

（三）由国民健身教育的被动参与者向设计者和开发者转化

在传统的健身课程背景下，由于受传统竞技体育教育的影响，健身房的健身教练追求的是大众普及率，无暇顾及人性化健身课程改革的新动向，并且大部分健身教练在健身课程课堂教学中已形成了一种固定的竞技式的教学模式，他们不愿冒险再花费更多的时间和精力去探索和研究新的国民健身指导服务方式。所以，在健身房以往的健身课程改革中，健身教练只是充当着被动参与者甚至抵制者的角色。

现代健身行业的新理念，特别强调鼓励健身教练与本专业的同行、专家共同承担起国民健身服务课程设计和开发的责任，在国民健身服务课程设计和开发上拥有更大的专业自主权，提倡健身教练依据自己健身房会员的发展水平和发展需要，自主决定采取什么样的健身指导服务方式，与会员一起协商他们的培训计划，促使健身教练由国民健身服务课程改革的旁观者和被动执行者，转变为国民健身服务课程改革的主动参与者、设计者和开发者。

（四）由传统的专业个人主义向合作者转化

在传统体育健身课程背景下，健身教练的教学是为了追求个人奋斗，在一所健身房里教练员与教练员之间很少发生协作互动，并且有时还有"同行是冤家"的狭隘思想作怪，阻碍了正常的交流与沟通，发挥不出合力的效应，浪费了大量资源。

现代健身行业新理念和国民健身服务课程的创新与改革，打破了健身教练"专业个人主义"的局限，在教练员与教练员之间、教练员与国民健身服务课程专家之间开展广泛的交流、合作与沟通，建立一个具有主体性、开放性的合作型健身教练集体。健身教练基于共同关心的问题进行合作性研究，不仅有利于健身房会员的健康成长，而且还可以推动现代商业健身房的创新与变革。另外，现代健身知识、技能体系的创新发展过程经历了一个整合—分化—整合的过程，人类越来越认识到分化的健身科学知识、技能很难解决人类面临的健身价值、健康问题、健身信仰危机的问题，世界在人的眼中越来越成为一个整体，需要人类的整体把握，于是健身知识、技能进入了一个整合化的时期。健身教练要由分科健身知识、技能的专家转向健身知识、技能整合的通才。因此，必须加强体育专业健身学科和跨学科健身教练之间的合作。

（五）由健身教练中的"唯一主角"向"平等中的首席"转化

作为传统传授者角色的健身教练，在传统的健身教学模式下，他们是唯一的健身知识、技能的拥有者，会员是健身知识、技能的接受者。健身教练单独拥有权力，会员要在健身教练的控制和监督下进行练习。健身教学指导以健身知识、技能传授为宗旨，会员的情感、意志、兴趣、性格等不大受健身教练的关注。健身指导的内容、方法、进程、结果和质量等，都由健身教练决定和负责。会员参加练习的任务和责任就是开放地"操练"和接受评定。

现代健身新理念认为，国民健身服务课程的本质是交往，在平等的交往中健身教练和会员才会产生智力、情感的共鸣，才会有会员心灵的自由、创造灵感的迸发，"一言堂""唯我独尊"的健身课程教学课堂只会使会员的思维被"殖民化"，只会毁灭会员的创造活力。健身教练的职责现在越来越少地传递知识、技能，而越来越多地激励思考，除了正式职能外，他将越来越成为一位健身顾问、一位服务者、一位帮助者、一位交换意见者、一位帮助发现矛盾论点而不是拿出现成真理的人。健身房中的健身教练和会员都应是主角，健身教练只是主角中的"首席",引导国民健身服务课程实施教学的方向和节奏。健身教练的主要职能从传统的健身知识、技能传授者转变成为健身知识、技能学习的促进者。帮助会员确定适当的健身、健心、健智、健美目标,并确认和协调达到目标的最佳途径;指导会员形成良好的健身锻炼习惯;创设丰富的健身练习情境,激发会员的锻炼动机,培养健身锻炼兴趣,充分调动会员科学锻炼的积极性;为会员提供各种便利,为会员服务;建立一个接纳的、支持性的、宽容的健身教学课堂气氛;作为国民健身服务工作的参与者,与会员分享他们的感情和想法;和会员一道寻找科学健身的真理;能够承认过失与错误等。

二、健身行业私教课更需要健身教练职业规划

健身教练职业规划是一个有机的、动态的、逐步展开的过程,在健身教练职业生涯的早期,人们一般都会有一个健身教练职业目标和实现目标的手段的设想,但是在实际工作过程中,人们会遇到各种各样的具体问题,得到与原规划不同或不一致的职业体验,特别是由于健身教练职业经验的不断积累和年龄的增长而引起价值观和需要的新的变化,都会导致对自我价值和目标及实现目标途径的重新认识,从而会修正自己的健身教练职业目标,因而健身教练职业规划就会相应发生适当的变动。

目前,知识经济的发展和商业健身企业中"流汗"经济的兴起,使得现代商业健身房越来越依赖健身教练的主动性与创造性才干。有见地的商业健身企业大打人才战,通过提高企业内部的人力资源管理效率,来求得企业在健身行业竞争市场上的胜出。在这种背景下,越来越多的商业健身企业将"健身教练职业生涯开发与管理"艺术引入人力资源管理工作流程,而帮助健身教练进行职业生涯规划是其中一项核心内容。为了打好人才保卫战,充分用好人才,健身企业要求了解健身教练职业生涯发展个人计划,并通过支持帮助健身教练,逐步实现个人职业生涯规划来留住人才,提高现代商业健身企业的组织效率。这时,如果健身教练本人不能有意识地主动配合健身企业组织的人力资源规划,将错失发展良机,并可能被健身企业组织淘汰出局。

相比之下,健身行业的竞争并不比其他企业界逊色。现代商业健身企业国民健身服务课程的设置,给健身教练带来的挑战是前所未有的,健身教练角色的转变也是历史性的,再加上健身教练资格证书向社会的开放,给健身教练带来了空前的压力。目前,每位健身教练都面临着角色发展的洪流:

(1)在国民健身服务过程中更多地履行多样化的职能,更多地承担健身房国民健身服务课程教学的责任。

(2)从一味强调知识的传授转向着重组织会员的健身技能的学习,并最大限度地开发健身房组织内部新的健身知识和技能资源。

(3)注重国民健身服务的个性化,改进健身教练与会员的关系。

(4)实现健身教练之间更为广泛的合作,改进健身教练与健身教练的关系。

(5)更广泛地利用现代健身教育技术,掌握必须的知识与技能。

(6)更密切地与健身房会员合作,更经常地参与会员的健身活动。

(7)更广泛地参加对客户服务与售后服务活动。

遗憾的是,目前,健身教练对角色发展还不太适应,对健身教练职业生涯设计还比较

陌生。这不仅会严重影响我国健身教练个人潜能的发挥，更重要的是会影响现代商业健身房国民健身服务课程创新与改革的顺利进行。这不能不引起广大健身教育工作者和健身行业管理者的高度重视。

健身教练为什么要制定个人发展计划？因为这是不得不这样做的事。从业现代商业健身房可能要求必须制定一个又一个或多个目标的个人或个体职业发展计划。

但是，即便没有被要求制定个人健身教练职业发展计划，这也是必须要做的事。一个计划提供了一个基本框架。没有明确的目标，就很难取得相应的结果。目标代表了健身教练决定要做的事。

有人说，成功需要能力加机会，能力可以不断地培养积累，而机会却不是个人能控制的。这里忠告每一位健身教练：或许机会不是自身所能控制的，但是，及早设计健身教练职业生涯规划，却能够让自己在激烈的健身行业竞争中不迷失自我，立于不败之地。当机会来临时，就会比别人抓得更快、更牢！

第三节　职业规划是健身教练实现自我价值的需要

"自我实现"来源于美国心理学家马斯洛的人本主义心理学，其真正含义是当人们获得了生理、安全和情感需要的满足以后，就要追求自我实现的满足，即在与环境积极协调与适应的前提下，个人潜能的充分发挥。为做到这一点，个人必须超越自我。用马斯洛的话说就是："自我实现的人无一例外都献身于他们自身以外的事业，某种他们自己以外的东西"。"自我实现意味着充分、忘我、集中全力、全神贯注地经历生活"，"表达这种体验的关键词语是忘我'，这也就是学习型社会所提倡的，超越自我。"[①]

一、健身教练自我实现的意义

自我价值的实现，决不可以曲解为"自私自利""自我中心"等。因为自我实现的双向性，客观上要求社会和集体必须重视个人的合理权益，充分发挥个人的积极性和能动的创造性，为个人能力的挖掘创造必要的条件；同时，个人对社会又必须具有高度的责任感和奉献意识，个人只有对社会作出贡献，才能得到社会的尊重，求得自我需要的满足。

随着我国健身行业的确立，现代商业健身企业规模的扩张，整个健身教练群体的自我意识得以强化，他们的学习、工作、生活开始由靠别人安排转向提高自身素质，发挥自身潜能，掌握自身命运。他们从自我和自我存在意义的思考出发，树立起"我是我自己的主人"的自主意识，选择表现自己本质与价值的选择意识，"我为社会留些什么"的社会意识，"我为成功而生"的竞争意识，"成为我自己"的发展意识，以发挥会员丰富的潜能，使潜能转变为显能，使可能性成为现实性，这就是实现自我。自我实现的标准是人类幸福和自我完善。但是，自我完善不能脱离社会、集体和最大多数人的最大利益，而是要坚持为人类谋幸福的原则。这一点是自我实现与自私自利的个人主义的最大区别。

人生需求是不断递进的，如满足了基本生理需求后，还有友爱和归属的需求、受尊敬

---

① （美）马斯洛（MASLOWA．H．）著；唐译，译. 马斯洛人本哲学［M］. 长春：吉林出版集团有限责任公司，2013：32－35

的需求、自我实现的需求……所有这些需求实际上都要通过职业生涯活动来实现和丰富。通过从事一份健身教练职业，我们可以获得生命赖以存活的基本条件，如衣食住行；通过从事一份健身教练职业，可以获得人们的认可、尊敬、友爱，享受美好生活；通过从事一份健身教练职业，能够发挥自己的潜能，体现自我价值，体验到幸福的成就感……然而，如果仅仅有一份健身教练职业还是远远不够的，只有对健身教练职业进行良好规划，才能实现健身教练职业对人生的真正价值——自我实现。

二、自我实现健身教练职业生涯的追求

健身教练在现代商业健身企业所从事的职业，是一个能够为会员提供全方位、多样化健康生活方式服务、具有挑战性和获取报酬的职业；同时，也有机会提升自己。作为人类身心健康的工程师，我们在较低层次上的需要得到满足后，自我实现自然就成为健身教练职业生涯所追求的目标。

（一）全面性

（1）具有超群的智慧、理性的自觉。具体地讲，健身教练应具有博学、理性、创新的品质。博学指广博的文化修养、专业理论体系和实践系统；理性指以正确运用智力为特征的理解、判断和推动力；创新精神指不墨守成规、不囿旧说、勇于探索、不断进取。[①]

（2）具有爱憎分明的情绪和态度，过人的克服内心障碍的自制力和坚韧性。核心是有一颗热爱顾客之心。

（3）具有高度的社会责任感，并为之付出不懈的努力。在思想上是无私的，在容量上是无限的，在情感上是无保留的，在教育上是无终极的。

（4）具有对美的事物敏锐的感悟力和执著的追求精神。健身教练不仅是健身知识和健身技能的传播者，道德健康的引路人和文明智慧的开拓者，同时，也作为审美对象站在顾客面前，健身教练的审美情操是一种教育手段，更是一种教育力量。

（二）主体性

健身教练应该是充分发挥了个人主动性和潜能的人，发挥人的主观能动性。从其需要层次讲，他能把进取、成就、自我实现的需要当作主导需要，有崇高的健身教育理想、信念，坚定不移地献身于全民健身事业，并能将此种需要转化为行为的动力。从其素质上讲，他应有较高的素质，有能力实现个人的需要及目标，会将能力的提高放在一个十分重要的位置；从其意志、情感上讲，他应具有优良的情感和顽强的意志，热爱全民健身事业，热爱顾客，能够忍受中级需要甚至低级需要的匮乏，向自我实现迈进。

（三）价值性

全民健身的真谛在于"健康"，而健康的核心在于培养顾客健全的人格，这就在客观上要求健身教练人格的健康化、科学化。尊重健身教练人格的主体性、价值性，使健身教练人格具有丰富的个性。具有自主自律、能动性和创造性的自由个性，核心是能够实现人的全面发展。从目前我国健身教练人格发展的现状来讲，人格正在向自主性、自律性、竞争性、开放性发展，这是非常好的，符合人格的发展趋势。然而，我们也注意到，目前不少健身教练信念淡化、拜金主义严重，为达到个人目的，投机钻营、弄虚作假、损人利

---

① 相建华. 中国健身私人教练员职业生涯设计［M］. 北京：北京体育大学出版社，2007：77

己、精神疲软、信仰危机、职业枯竭，这些偏离于市场经济体制人格的价值，是不能构成"自我实现"型人格的。

（四）创造性

健身教练劳动是一种以健身房顾客为对象、以健康顾客人生为目的的创造性劳动。健身教练的工作不可能有一成不变的固定公式和现成模式，需要在国民健身指导服务劳动中通过艰辛的工作，因人因事，因时因地而异，运用现代国民健身服务理论，采取科学健身方法，才能取得科学健身的效果。国民健身指导服务艺术的掌握和运用，全靠健身教练在国民健身服务劳动的实践中去创造。所以，健身教练职业规划最重要的一条就是能保证自我实现与现代商业健身房利益的最佳结合。

第四节　健身教练职业规划的要素与步骤

设计职业生涯的目的不仅能帮助健身教练实现目标，更重要的是有利于健身教练真正了解自己，从而设计出符合自己特点的合理可行的职业生涯和发展方向。尤其是在健身市场竞争激烈和健身房组织机构变革的时候，不但要掌握个人的竞争优势，更需要配合周围环境变化的趋势，把握机会、发展潜能、实现目标。然而，应当如何进行健身教练职业生涯规划？这是健身教练职业设计最关键的环节。

一、健身教练职业规划的要素

既然健身教练职业规划具有明显的个性化特征，不同的健身教练在作其职业生涯规划时，所考虑的因素也有所不同。总体说来，一些因素是必须考虑的，如对自我的全面认识、对外部环境的评估、个人目标的抉择以及落实目标的措施安排等，这些因素就是健身教练职业生涯规划的基本要素。

我国人事科学研究者罗双平用一个精辟的公式总结出了职业规划的三大要素，即：

职业规划＝知己＋知彼＋抉择

俗话说"知己知彼，百战百胜"。在健身教练职业规划中，所谓"知己"就是自我认识与自我了解。"知彼"就是熟悉周围的环境，特别是与健身教练职业发展有关的工作世界。知己知彼相互关联，确定的健身教练的个人生涯目标要符合现实，而不是一厢情愿；对从事的健身与健美事业要感兴趣，而不是被动地去干；所从事的国民健身服务工作能发挥专长，发挥了个人的强项；对健身教练工作的环境能够适应，而不是感到处处困难，难以生存。做到以上几条就说明健身教练职业规划不仅做到了"知己"、"知彼"，而且还作出了正确的"抉择"。

罗双平展示了"知己""知彼"和"抉择"三大要素间的关系与具体内容①（图10-1）：

① 罗双平．职业生涯规划［M］．北京：中国人事出版社，1999：27

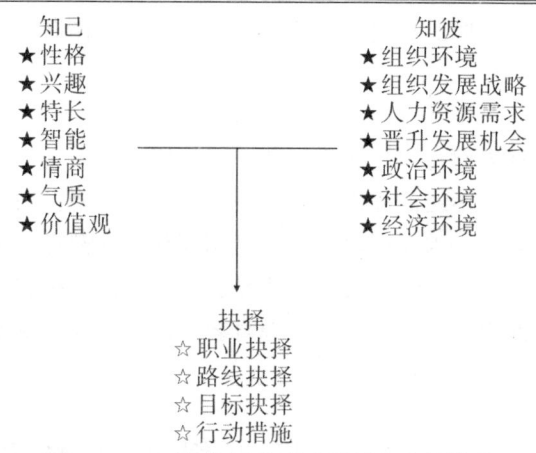

图 10-1　健身教练职业规划要素关系

一个完整有效的健身教练职业规划应包括自我评估、外部环境分析、目标确立、实施策略和反馈评估五个环节，每一个环节都设计若干具体内容。

二、健身教练职规划的步骤

健身教练职业规划步骤概括起来可以分为自我认识、确立目标、自我与环境的评估、职业的选择、职业生涯策略、评估与反馈六个阶段。

（一）自我认识/评价

健身教练要正确评价自己，在制定事业计划、设计职业规划时要全面考虑，譬如生活目的，就是你想从生活中得到什么，换句话说，什么对你最重要，是家庭、社会名声、事业还是金钱；有何特长（特长就是你的特殊才能），兴趣所在，即我想干什么，我能干什么，我应该干什么，在众多的健身与健美服务职业面前我会选择什么等。必须正确地认识自身的客观条件与相关的自然环境、人文环境，了解本专业、本行业在整个国民经济中所处的地位、形势及发展趋势，以此作为设计健身教练职业规划的基础。

（二）确立目标

根据自己的具体情况及特点，健身教练应明确自己的职业理想与追求目标，因为明确的目标可以成为追求成就的推动力、鞭策力，有利于排除干扰、集中精力实现奋斗目标。人的奋斗目标，应分为长远目标和阶段目标。长远目标是基于健身教练个人对社会、对环境、对自己理解的基础上确定的远期发展目标和远大志向，它需要健身教练个人经过长期的不懈奋斗、艰苦努力才有可能实现。因此，在确定长远目标时要立足现实、慎重选择、全面考虑，使之既有现实性又有前瞻性。而阶段目标则是在一定时期内为实现长远规划而制定的短期目标，它不像长期目标那样遥远、宏大，但更具体、更现实，在特定时段内对健身教练个人的影响更直接。完成阶段性目标，也是为健身教练个人长远目标的实现迈出了关键一步。

（三）自我与环境的评估

在确立目标之后，要进行自我与环境的匹配评估，也就是评估一下自己是否具备实现目标的主客观条件。自我评估包括自己的性格、兴趣、特长、学识、技能、思维、道德水准以及社会中的自我等。环境评估主要是评估各种环境因素对自己健身教练职业生涯发展的影响。每一个人都处在一定的环境之中，离开这一环境便无法生存与成长，所以，在制订个人的健身教练职业规划时，要分析环境条件的特点、环境的发展变化情况、自己在这个环境中的地位、环境对自己提出的要求以及环境对自己有利的条件和不利因素等。只有对这些环境因素充分了解，才能做到在复杂的环境中趋利避害，使你的健身教练职业设计具有实际意义。

（四）职业定位

定位就是为职业目标与自己的潜能及主客观条件谋求最佳平衡。据统计，在职业定位不当的人群中，有80％以上的人在事业上是失败者。因此职业定位的正确与否，直接关系到人生事业的成功与失败。在职业定位的过程中要考虑性格与职业的匹配，兴趣与职业的匹配，特长与职业的匹配，内外环境与职业的相适应。良好的职业定位是以自己的最佳才能、最优性格、最大兴趣、最有利的环境等信息为依据进行的。职业定位一般有短期目标、中期目标、长期目标之分。适合自身特点是职业定位的着眼点。主要考虑以下几个因素：第一，从客观现实出发，考虑个人意愿同社会需要和健身房需要之间的关系；第二，比较鉴别，首先在健身房要求与自己要求之间进行比较，将健身房的要求具体化，如从事健身教练职业则要求有较强的语言表达能力、逻辑思维能力、为人师表、关心爱护客户等条件，以此与个人素质进行对比，把与个人素质最接近的职业作为选择目标，然后在多种备选职业目标中进行比较，选出条件更合适、更符合自己的特长，经过努力能很快胜任、有发展前途的职业；第三，扬长避短，当职业定位与个人的思想、爱好、个性特点、专业特长最接近时，人的工作兴趣最浓，个人主观能动性最容易激发出来，因此，职业定位时应充分发挥专长；第四，适时调整，根据情况的发展、形式的变化，要及时调整择业目标，不能固执己见，一成不变。

（五）实施策略

实施策略是指为实现职业目标而采取的行动策略，一般都是具体的、可行性较强的。在确定具体的职业选择目标后，行动成了关键环节。没有达到目标的行动，目标就难以实现，也就谈不上事业的成功。这里所指的行动主要是指落实目标的具体措施，主要包括教育、培训、实践等方面的措施。例如，在职业素质方面，计划学习哪些知识，掌握哪些技能，开发哪些潜能等。

（六）评估与反馈

健身教练的国民健身服务是一项创新性很强的工作，健身教练开始工作后，经过一段时间的适应，虽然逐渐熟悉掌握本职工作，但随时都会遇到改革，会发现在理想工作与现实工作之间存在的偏差。健身教练的工作是否与自己的择业目标相吻合，自己的工作能力、业务水平、所学专业、业余爱好是否与工作岗位的要求相一致，是否做到了"人职相配"，这都需要通过职业评估来进行确定。评估现代商业健身房时不仅要看单位提供的工作条件、工资水平、福利待遇与同行业同类健身房企业是否大致一样，更要注重健身企业的人事环境、人力资源管理水平、工作体制、管理机制、培训计划、奖惩制度、晋升制度、发展潜力等因素。职业定位评估一方面可作为修正自我职业目标的依据，另一方面，更可以作为个人下一轮职业生涯设计的重要参考依据。

俗话说：计划赶不上变化。尤其在现代健身教练职业领域，只有变化是永恒的主题。影响健身教练职业生涯设计的因素很多。有的变化因素是可以预测的，而有些则难以预料。人是善变的，环境也是多变的。成功的健身教练职业生涯设计需要时时审视内外环境的变化，不断对自己的设计进行评估和修订，并调整自己的前进步伐。具体操作，参见健身教练职业设计流程图（图10—2）：

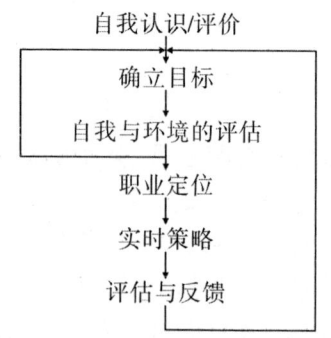

图10—2　健身教练员职业设计流程图

第五节　健身教练职业规划的原则、标准与误区

健身教练职业规划既要有挑战性，又要注意避免好高骛远，还要注意适时调整以防走偏，因此应该遵循健身教练职业规划的原则、依据科学的标准。

一、健身教练职业规划的原则

（一）长期性原则

规划一定要从长远考虑，着眼于大方向。

（二）挑战性原则

目标或措施是具有挑战性，是勇往直前还是仅保持原状而已？目标选择能否对自己起到内在的激励作用？如果完成计划，会带来成就感吗？

（三）清晰性原则

考虑目标、措施是否清晰、明确？实现目标的步骤是否直截了当？各种安排是否具体？

（四）可行性原则

从事实出发了吗？充分考虑到个人、社会和健身房环境的特点和需要了吗？与社会、健身房需求协调吗？各阶段的路线划分与措施安排具体可行吗？勿做不着边际的幻想。

（五）适时性原则

达到各种目标的行动安排、先后次序是否作出了明确的时间限制或标准？时间表足以作为日后行动检查的依据吗？

（六）适应性原则

目标或措施是否有弹性或缓冲性？是否能随着环境的变化而作调整？

（七）持续性原则

人生的各个发展阶段应该持续连贯地衔接，做规划也应考虑到生涯发展的整个历程，作全程的考虑。各具体规划与人生总规划一致吗？主要目标与分目标是否一致？

二、健身教练职规划的标准

什么样的计划才是一个健身教练好的职业发展计划？需重点要把握好如下几点：[①]

（1）要表明个人对提高实践的需要，但是这些一定要与会员、健身房、地区的需要紧密联系起来。

（2）要集中把提高会员健康水平作为健身教练职业发展的总目标，并把健身教练的目标与已知的健身房会员的基本需要结合起来。

（3）要反映健身房、地区或政府全民健身的主动性。

（4）要把反思作为健身教练个人学习和发展的一部分。

（5）要包括健身教练职业发展活动的有关证明。

（6）要以《全民健身纲要》的精神和健身教练专业发展方针为指导，制订和实施个人学习目标。

为了制订一个好的健身教练职业发展计划，应该根据以下内容来思考。

（1）根据会员的身体健康状况和评价结果来了解健身房会员的需要。

（2）工作健身房的目标和发展计划。

（3）健身和健美技能与教学实践。

（4）个人的兴趣爱好。

（5）如何评价自身的努力。

（6）如何证明自身的努力。

（7）全民健身纲要精神和健身教练专业发展方针。

三、健身教练职业规划的误区

我们根据现代健身房健身教练的实际情况进行了梳理和讨论，以供有志于从事健身教练的人员进行职业规划时借鉴。

误区之一：我的目标就是当技术总监或总教练。

不少人相信"不想当将军的士兵，不是好士兵"这句话。其实，现实生活中的情况是，将军的位置很少，如果大家目标都是当将军，那么这种主观愿望就会与客观条件产生差距，使你在执行计划时，产生许多挫折感。现代商业健身房也是如此，一个健身房也就是一位总教练或技术总监，加上总教练助理等领导人数也有限，判定职业前程时想当技术总监或总教练的上进精神固然可嘉，但更要脚踏实地，要从实际出发，切实可行，不可操之过急；当技术总监或总教练不仅仅需要能力，有时还要机遇。

误区之二：能做好下属就能做好领导。

有人认为，只要把本职工作做好，就可以升位领导，其实不然。优秀的健身运动员不一定是好的健身教练，一些表现优异的健身教练升任技术总监或总教练后却表现不佳，这是因为现代健身房的领导还需要专业工作以外的条件，如决策能力、协调能力、领导能力等。所以在健身房某个职位做得好，并不表明在其他职位会做得更好。

[①] 国家体育总局职业技能鉴定指导中心.社会体育指导员职业培训教材 健身教练 第2版［M］.北京：高等教育出版社，2019：105

误区之三：成功的关键在于运气。

很多健身教练坚信成功者是由于有好的机会，因此，他们被动地等待命运的安排，而不去主动地计划、经营和努力把握自己的生活，这种人只能守株待兔。

误区之四：做健身课程计划是健身房教学培训部的事，与我无关。

健身课程计划是健身房教学培训部和健身教练个人双方都参与的事，最终的实现者是健身教练本人。因此，不能抱着做一天和尚撞一天钟的态度来对待自己的未来（将自己的一切交予别人）。

误区之五：只有加班工作，才会得到赏识。

有些健身教练以为在健身房呆的时间越长，越能显示自己的勤奋。其实工作效率和工作业绩是最重要的，整天忙忙碌碌不出成果和效益，并不是一个有效的职业工作者（只讲形式，忽视内容；只讲付出，忽略结果）。

误区之六：由领导决定升迁的快慢。

如果过于迷信领导对升迁的影响，就会因为迎合他的好恶而妨碍自己真正的发展，看不清自己的问题，这样会使自身走入歧途（以为一切是给别人做事）。

误区之七：不管事大、事小，都要尽力去做。

有些健身教练总说自己忙，老有干不完的活。由于事无巨细，浪费了很多时间和精力，应该将要做的事做好计划，分清轻重缓急，要抓住主要矛盾，不要芝麻西瓜一把抓。

误区之八：生活是生活，工作是工作，内外有别。

有些健身教练不愿意自己的配偶过问工作，觉得没必要让他们了解自己的职业前程计划。其实，家庭的支持对于健身教练工作成功很重要。另外，健身教练职业前程计划也不要忽略了自己的生活乐趣。因为，工作和生活都是人生的重要目标的两个重要成分。那种"燃烧了自己照亮别人"的蜡烛精神和"到死丝方尽"的春蚕精神，需要随时代进步加以调整。

误区之九：这山望着那山高。

这种心态，总是觉得别人的工作更理想，因此产生跳槽的想法，而没有想到，到了新的工作岗位要建立新的人际关系，面对新的矛盾和挑战，不管什么工作都是不容易的。因此，要客观分析自己的工作，要有现实的态度。

参考文献

[1] 胡红梅. 运动 营养与健康 [M]. 广州：华南理工大学出版社，2021. 05.

[2] 谢宾，王新光，时春梅. 高校体育教学与运动训练研究 [M]. 长春：吉林人民出版社，2021. 10.

[3] 徐金庆，高洪杰. 全民健身的实用路径及保障体系构建 [M]. 北京：中国书籍出版社，2021. 01.

[4] （加）苏珊·克莱纳. 翁静琪，译. 健身饮食的科学 第4版 [M]. 北京：科学技术文献出版社，2021. 10.

[5] 卢玮，陈亮. 职业教练 健康与健身教练 [M]. 北京：清华大学出版社，2021. 08.

[6] 杨萍. 健美操与科学健身 [M]. 北京：人民体育出版社，2021. 06.

[7] 刘胜，贾鹏，张先松. 健身理论与方法指导 [M]. 武汉：湖北人民出版社，2021. 09.

[8] 惠清俊，惠浩，谢瑱. 你会健身吗 [M]. 西安：陕西科学技术出版社，2020. 05.

[9] 王恒. 大学生健身与健康指导 [M]. 哈尔滨：哈尔滨工程大学出版社，2020. 09.

[10] 贺明. 运动损伤的诊治 [M]. 北京：中国纺织出版社，2020. 07.

[11] 张家春，毛逸铭. 运动健身风险管理学 [M]. 上海：上海交通大学出版社，2019. 08.

[12] 黎鹰. 运动损伤与预防 [M]. 杭州：浙江大学出版社，2019. 08.

[13] 易锋，刘德华. 体育健身原理与方法 [M]. 苏州：苏州大学出版社，2019. 08.

[14] 徐益雄. 全民健身背景下我国健身健美运动的推广与实用指导 [M]. 北京：中国书籍出版社，2019. 06.

[15] 顾亚婷. 运动康复干预与全面健身运动处方研究 [M]. 北京：新华出版社，2019. 02.

[16] 修晶，莫祥德. 健身俱乐部团操课实用教程 [M]. 上海：上海交通大学出版社，2019. 08.

[17] 上海体适能培训学院. 随时随地玩健身 [M]. 上海：复旦大学出版社，2018. 12.

[18] 贺道远，宋经保. 运动健身理论与方法 [M]. 武汉：武汉大学出版社，2018. 01.

[19] 王金花. 健康中国与全民健身的融合发展研究 [M]. 北京：北京理工大学出版社，2018. 05.

[20] 徐雅莉，骆繁荣. 休闲体育科学论及健身方法指导 [M]. 北京：中国书籍出版社，2018. 05.

[21] 潘丽英. 全民健身服务体系构建与运动方法研究 [M]. 北京：新华出版社，2018. 04.

[22] 李敬敬. 健美操健身研究与价值学解读 [M]. 长春：吉林文史出版社，2018. 08.

[23] 谢正阳. 全民健身公共服务体系研究 来自苏南地区的创新实践 [M]. 苏州：苏州大

学出版社，2018.09.

[24] 孙宝国. 大学生体质现状与健身意识提高研究 [M]. 北京：中国纺织出版社，2018.10.

[25] 邱建钢，杜建华，王纯. 和谐社会 科学健身 [M]. 成都：电子科技大学出版社，2017.12.

[26] 沈芸. 休闲体育与全民健身研究 [M]. 西安：西安交通大学出版社，2017.09.

[27] 祝慧英. 中国体育健身休闲产业发展研究 [M]. 北京：中国广播影视出版社，2017.07.

[28] 王佳. 全民健身服务体系建设与实践 [M]. 北京：新华出版社，2017.09.

[29] 费加明. 城市老年人健身 生命质量特征及运动干预研究 [M]. 上海：生活·读书·新知三联书店，2017.05.

[30] 吴限红. 健身性健美操可持续发展研究 [M]. 长春：吉林人民出版社，2017.09.